Basiswissen Psychologie

Reihe herausgegeben von

Jürgen Kriz, Institut für Psychologie, Universität Osnabrück, Osnabrück, Deutschland

Beiratsmitglieder

Markus Bühner, Department Psychologie, Ludwig-Maximilians-Universität München, München, Bayern, Deutschland

Thomas Goschke, Fakultät Psychologie, Technische Universität Dresden, Dresden, Deutschland

Arnold Lohaus, Fakultät für Psychologie und Sportwissenschaft, Universität Bielefeld, Bielefeld, Deutschland

Jochen Müsseler, Institut für Psychologie, RWTH Aachen, Aachen, Nordrhein-Westfalen, Deutschland

Astrid Schütz, Institut Psychologie, Otto-Friedrich-Universität Bamberg, Bamberg, Bayern, Deutschland

Die erfolgreiche Lehrbuchreihe im Programmbereich Psychologie: Das Basiswissen ist konzipiert für Studierende und Lehrende der Psychologie und angrenzender Disziplinen, die Wesentliches in kompakter, übersichtlicher Form erfassen wollen.

Eine ideale Vorbereitung für Vorlesungen, Seminare und Prüfungen: Die Bücher bieten Studierenden in aller Kürze einen fundierten Überblick über die wichtigsten Ansätze und Fakten. Sie wecken so Lust am Weiterdenken und Weiterlesen.

Neue Freiräume in der Lehre: Das Basiswissen bietet eine flexible Arbeitsgrundlage. Damit wird Raum geschaffen für individuelle Vertiefungen, Diskussion aktueller Forschung und Praxistransfer.

Herausgegeben von
Prof. Dr. Jürgen Kriz
Universität Osnabrück

Wissenschaftlicher Beirat
Prof. Dr. Markus Bühner
Ludwig-Maximilians-Universität München

Prof. Dr. Thomas Goschke
Technische Universität Dresden

Prof. Dr. Arnold Lohaus
Universität Bielefeld

Prof. Dr. Jochen Müsseler
RWTH Aachen

Prof. Dr. Astrid Schütz
Otto-Friedrich-Universität Bamberg

Weitere Bände in der Reihe https://link.springer.com/bookseries/12310

Erich Schröger · Sabine Grimm ·
Dagmar Müller

Biologische Psychologie

2., vollständig überarbeitete und erweiterte
Auflage

Erich Schröger [iD]
Wilhelm-Wundt-Institut für Psychologie
Universität Leipzig
Leipzig, Deutschland

Sabine Grimm
Institut für Physik
Technische Universität Chemnitz
Chemnitz, Deutschland

Dagmar Müller
Wilhelm-Wundt-Institut für Psychologie
Universität Leipzig
Leipzig, Deutschland

Zusätzliches Material zu diesem Buch finden Sie auf http://www.lehrbuch-psychologie.springer.com.

ISSN 2626-0441 ISSN 2626-0492 (electronic)
Basiswissen Psychologie
ISBN 978-3-662-65178-0 ISBN 978-3-662-65179-7 (eBook)
https://doi.org/10.1007/978-3-662-65179-7

Die Deutsche Nationalbibliothek verzeichnet diese Publikation in der Deutschen Nationalbibliografie; detaillierte bibliografische Daten sind im Internet über http://dnb.d-nb.de abrufbar.

1. Aufl.: © VS Verlag für Sozialwissenschaften I Springer Fachmedien Wiesbaden GmbH 2010
2. Aufl.: © Springer-Verlag GmbH Deutschland, ein Teil von Springer Nature 2022
Das Werk einschließlich aller seiner Teile ist urheberrechtlich geschützt. Jede Verwertung, die nicht ausdrücklich vom Urheberrechtsgesetz zugelassen ist, bedarf der vorherigen Zustimmung des Verlags. Das gilt insbesondere für Vervielfältigungen, Bearbeitungen, Übersetzungen, Mikroverfilmungen und die Einspeicherung und Verarbeitung in elektronischen Systemen.
Die Wiedergabe von allgemein beschreibenden Bezeichnungen, Marken, Unternehmensnamen etc. in diesem Werk bedeutet nicht, dass diese frei durch jedermann benutzt werden dürfen. Die Berechtigung zur Benutzung unterliegt, auch ohne gesonderten Hinweis hierzu, den Regeln des Markenrechts. Die Rechte des jeweiligen Zeicheninhabers sind zu beachten.
Der Verlag, die Autoren und die Herausgeber gehen davon aus, dass die Angaben und Informationen in diesem Werk zum Zeitpunkt der Veröffentlichung vollständig und korrekt sind. Weder der Verlag, noch die Autoren oder die Herausgeber übernehmen, ausdrücklich oder implizit, Gewähr für den Inhalt des Werkes, etwaige Fehler oder Äußerungen. Der Verlag bleibt im Hinblick auf geografische Zuordnungen und Gebietsbezeichnungen in veröffentlichten Karten und Institutionsadressen neutral.

Einbandabbildung: © Siarhei/stock.adobe.com

Planung/Lektorat: Joachim Coch, Judith Danziger
Springer ist ein Imprint der eingetragenen Gesellschaft Springer-Verlag GmbH, DE und ist ein Teil von Springer Nature.
Die Anschrift der Gesellschaft ist: Heidelberger Platz 3, 14197 Berlin, Germany

Vorwort

Die Biologische Psychologie stellt die biologischen Grundlagen bzw. Korrelate der Gesamtheit aller psychischen Funktionen, also des Erlebens und Verhaltens, in den Mittelpunkt ihrer Betrachtungen. Sie untersucht den Zusammenhang von Physis (Körper, insbesondere Gehirn) und Psyche (Geist, im Sinne des englischen „mind"). Mit dieser Einführung in die Biologische Psychologie stellen wir die Inhalte und Methoden des Fachgebiets vor, vermitteln erforderliches Hintergrundwissen und geben anschauliche Beispiele. Das Buch richtet sich an Studierende der Psychologie, aber auch benachbarter Wissenschaftsdisziplinen (etwa aus Linguistik, Philosophie, Biologie, Informatik, Medizin oder Rechtswissenschaften). Für interessierte Laien sollte es ebenfalls verständlich sein.

Die Neuauflage behält die Grundstruktur der Erstauflage bei. Zuerst erfolgt eine gründliche Hinführung zum Feld der Biologischen Psychologie. Wie kann man Körperliches und Psychisches in Beziehung setzen? Wir tun das, indem wir sowohl Physis als auch Psyche als informationsverarbeitende Systeme betrachten, die vergleichbare Funktionen erfüllen, aber durch (teilweise) unterschiedliche Konzepte beschrieben werden. In einem eigenen Kapitel stellen wir dann die zahlreichen modernen Methoden der Biopsychologie mit ihren enormen Möglichkeiten vor, aber auch mit ihren Grenzen. In den weiteren Kapiteln befassen wir uns mit dem Verhältnis von Physis und Psyche auf unterschiedlichen Betrachtungsebenen des Körperlichen (besonders des Gehirns). Zunächst nehmen wir eine eher molare (d. h. übergeordnete Einheiten betreffende) Betrachtungsebene ein und erläutern, in welcher Beziehung verschiedene Gehirnstrukturen zu Erleben und Verhalten stehen. In den nächsten Kapiteln verlassen wir die systemische Ebene und begeben uns jeweils eine Betrachtungsebene tiefer; wir werden also zunehmend detaillierter bzw. molekularer. Dabei betreten wir die Ebene der Nervenzellen, um psychologischen Phänomenen auf die Spur zu kommen.

Anschließend tauchen wir in die subzelluläre und genetische Ebene ein. In einem letzten Kapitel beleuchten wir weitere körperliche informationsverarbeitende Systeme, um diese mit dem Erleben und Verhalten (also der Informationsverarbeitung der Psyche) in Beziehung zu setzen.

Das Buch wurde gegenüber der Erstauflage aus dem Jahr 2010 in weiten Teilen aktualisiert, und es wurde durch neue Abschnitte ergänzt (etwa um die Themen Gene und Verhalten, Epigenetik, Geschlechtsdifferenzierung, Immunsystem, Darm-Hirn-Achse und Mikrobiom). Es sind zwei Autorinnen, nämlich Sabine Grimm und Dagmar Müller, dazugestoßen, die mit dem ursprünglichen Allein-Autor, Erich Schröger, seit über 20 Jahren in Forschung und Lehre zur Biologischen Psychologie kooperieren. Sie haben wesentliche ergänzende Expertise in das Buch eingebracht.

im Januar 2022
Erich Schröger
Sabine Grimm
Dagmar Müller

Inhaltsverzeichnis

1 Was ist Biologische Psychologie? 1
   1.1 Biopsychologie im Kanon der psychologischen Fächer 1
   1.2 Drei Richtungen der Biopsychologie 5
   1.3 Teildisziplinen der Biopsychologie 15
   1.4 Die Psyche als Prozess und Ergebnis 18
   1.5 Die biologische Instanziierung der Psyche 22
   1.6 Untersuchung des Zusammenhangs von Physis und Psyche 24
   1.7 Das unlösbare Leib-Seele-Problem 26
   1.8 Zur Struktur des Buches 29

2 Biopsychologische Methoden 31
   2.1 Die essentielle Bedeutung der Methoden 31
   2.2 Biologische Methoden 33
   2.3 Peripher-psychophysiologische Methoden 36
   2.4 Methoden zur Messung von Gehirnaktivität 46
   2.5 Methoden zur Veränderung von Gehirnaktivität 62
   2.6 Die Rolle der biopsychologischen Methoden für den Erkenntnisgewinn 64

3 Wichtige Gehirnstrukturen und ihre Funktion 67
   3.1 Sichtweisen des Gehirn-Psyche-Zusammenhangs 67
   3.2 Das menschliche Gehirn und seine Entwicklung 74
   3.3 Rautenhirn: vitale und kognitive Funktionen 78
   3.4 Mittelhirn: Beiträge zur Wahrnehmung, Motorik und Aktivierung 81
   3.5 Vorderhirn, Zwischenhirn: Tor zum Bewusstsein und zum Hormonsystem 84

3.6   Vorderhirn, Endhirn: subkortikale Beiträge zu Motorik,
      Emotion und Gedächtnis 87
3.7   Vorderhirn, Neokortex: Der Sitz der Person 94

4 Neurone als funktionale Grundelemente des Nervensystems 107
4.1   Die Psyche als Resultat eines Systems aus An- und
      Aus-Zuständen 107
4.2   Nervenzellen 110
4.3   Die Nervenzelle im Aus-Zustand 112
4.4   Die Nervenzelle im An-Zustand 113
4.5   Die Weiterleitung von An-Zuständen: Synapsen und
      Neurotransmitter 117
4.6   Der Aufbau von Information in neuronalen Netzwerken 127

5 Gene und Verhalten – Subzelluläre Ebene 137
5.1   Gene und die Weitergabe der Erbinformation an die nächste
      Generation 138
5.2   Die Umsetzung der genetischen Information im Organismus ... 140
5.3   Regulation der Genexpression und epigenetische
      Phänomene 144
5.4   Geschlechtsentwicklung und Geschlechtsdifferenzen aus
      subzellulärem Blickwinkel 149

6 Weitere für die Psyche wichtige informationsverarbeitende
      Systeme 157
6.1   Vegetatives Nervensystem: Homöostase 157
6.2   Endokrines System: Hormone 159
6.3   Immunsystem: Abwehr von Krankheitserregern 161
6.4   Interaktive Systeme: Darm-Hirn-Achse und Mikrobiom 164
6.5   Interaktion von Psyche und vegetativem Nervensystem,
      endokrinem System und Immunsystem: Stress 168

Literatur 177

Sach- und Personenverzeichnis 187

Was ist Biologische Psychologie? 1

1.1 Biopsychologie im Kanon der psychologischen Fächer

Definition Die Biologische Psychologie (kurz: Biopsychologie) ist ein Teilgebiet der Psychologie, das sich mit dem Erleben und Verhalten des Menschen befasst. Die Biopsychologie berücksichtigt beim Verstehen und Erklären psychischer Phänomene nicht nur psychologische, sondern auch biologische Aspekte. Sie interessiert sich insbesondere für Beziehungen zwischen den physischen (körperlichen) Zuständen und Prozessen auf der einen Seite und den psychischen (seelischen) Zuständen und Prozessen auf der anderen Seite.

Gegenstand der Biopsychologie Als ein Teilgebiet der Psychologie beschäftigt sich die Biopsychologie mit psychischen Phänomenen, man spricht auch von psychischen Tatsachen, Ereignissen oder Leistungen, auch von Erscheinungen des Psychischen (des Mentalen, des Geistigen). Das können zum einen sehr konkrete Phänomene sein, wie das Verstehen eines gesprochenen Satzes oder das Lachen einer Person als Reaktion auf einen gelesenen Satz. Es kann sich aber auch um allgemeinere Phänomene handeln, nämlich um in gewisser Hinsicht ähnliche Phänomene, die einer gemeinsamen Kategorie zugeordnet werden können, wie etwa dem Sprachverstehen, dem Humor, dem Gedächtnis usw. Das trifft für alle Teilgebiete der Psychologie zu. Da sich die Biopsychologie auch für biologische Aspekte interessiert (insofern sie für psychische Phänomene eine Rolle spielen), sind auch körperliche „Tatsachen" von Interesse. Diese werden ebenfalls häufig zu allgemeineren Kategorien zusammengefasst, etwa bestimmten biologischen Systemen, wie etwa dem Nervensystem, dem kardiovaskulären System (Herz-Kreislauf-System),

© Springer-Verlag GmbH Deutschland, ein Teil von Springer Nature 2022
E. Schröger et al., *Biologische Psychologie,* Basiswissen Psychologie,
https://doi.org/10.1007/978-3-662-65179-7_1

dem endokrinen System (Hormonsystem), dem Immunsystem oder dem Magen-Darm-System. Obgleich alle diese körperlichen Kategorien auch mit psychischen Phänomenen in Zusammenhang stehen, ist für die Biologische Psychologie das Nervensystem, insbesondere das Gehirn von herausragendem Interesse. Der Gehirn-Psyche-Zusammenhang wird daher in diesem Band eine besonders wichtige Rolle spielen.

Biologische Psychologie ist Psychologie Die biologischen Systeme werden natürlich vorwiegend in anderen Wissenschaften untersucht, wie etwa in der Biologie oder in der Medizin. Die Biologische Psychologie zeichnet sich dadurch aus, dass sie die wechselseitigen Beziehungen zwischen dem Physischen (Körperlichen) und dem Psychischen erforscht. Das tun in gewisser Weise auch Fächer anderer Wissenschaften, man denke etwa an das Fach Humanbiologie aus der Biologie oder das Fach Neurologie aus der Medizin. Die Biologische Psychologie betrachtet den Zusammenhang zwischen Körper und Psyche jedoch aus einer psychologischen Perspektive, sie ist also in erster Linie Psychologie und nicht Biologie oder Medizin. Sie versucht Phänomene, die zur Wissenschaft Psychologie gehören, besser zu verstehen, indem sie physische Korrelate dieser Phänomene berücksichtigt. Dieser Blick über die eigenen Grenzen wird auch in anderen psychologischen Fächern gepflegt. Beispielsweise will die Sozialpsychologie psychologische Phänomene unter Berücksichtigung soziologischer Aspekte besser verstehen.

Biopsychologie als Teilgebiet anderer psychologischer Fächer In den Ordnungen des Studiengangs „Bachelor of Science (B.Sc.) Psychologie" sind neben der Biologischen Psychologie typischerweise folgende Fächer abgedeckt: Allgemeine Psychologie beziehungsweise Kognitive Psychologie, Entwicklungspsychologie, Sozialpsychologie, Persönlichkeitspsychologie, Methoden der Psychologie, Psychologische Diagnostik, Klinische Psychologie, Pädagogische Psychologie sowie Arbeits- und Organisationspsychologie. Dieser Fächerkanon wird gelegentlich etwas modifiziert beziehungsweise erweitert, wie beispielsweise mit der Neuropsychologie, der Verkehrspsychologie, der Gesundheitspsychologie oder der Forensischen Psychologie. Da stellt sich die Frage nach dem Verhältnis der Biologischen Psychologie zu diesen anderen psychologischen Fächern. Diese Frage ist nicht so einfach zu beantworten, weil man in jedem dieser Fächer auch eine biopsychologische Perspektive einnehmen kann. So sind beispielsweise die Entwicklung des Menschen über die Lebensspanne oder die Persönlichkeit des Menschen ohne Kenntnis der biologischen Korrelate nicht vollständig zu verstehen. Folglich könnte jedes psychologische Fach biopsychologische Teilgebiete enthalten. Dies trifft

1.1 Biopsychologie im Kanon der psychologischen Fächer

tatsächlich zu, denn viele Lehrbücher der psychologischen Fächer und Teildisziplinen behandeln ausführlich biopsychologische Aspekte, beispielsweise bei der Allgemeinen Psychologie oder der Klinischen Psychologie. Es gilt auch für die Fachbücher zu den Teildisziplinen wie der Wahrnehmungspsychologie (aus der Allgemeinen Psychologie) oder der Klinischen Kinderpsychologie (aus der Klinischen Psychologie).

Biopsychologie als Voraussetzung für die Approbation als Psychotherapeutin oder als Psychotherapeut In der Approbationsordnung für Psychotherapeutinnen und Psychotherapeuten vom 4. März 2020 sind die Wissensbereiche der hochschulischen Lehre für den Bachelor- und Masterstudiengang vorgegeben, die bei dem Antrag auf Zulassung zur psychotherapeutischen Prüfung nachzuweisen sind. Dazu gehört auch die Biologische Psychologie. Außerdem sind Grundlagen der Medizin und der Pharmakologie für Psychotherapeutinnen und Psychotherapeuten zu erwerben und im beruflichen Handeln zu berücksichtigen. Viele der dabei aufgelisteten Wissensbereiche sind auch Bestandteil der Biologischen Psychologie (u. a. Neuroanatomie, Aufbau und Funktion des Nervensystems, Biologische Grundlagen psychischer Störungen und Symptome, Genetik und Verhaltensgenetik, Psychopharmaka). Diese Themengebiete werden auch in diesem Lehrbuch behandelt, allerdings nicht in jedem Fall in der fachlichen Tiefe und dem erforderlichen Anwendungsbezug wie dies in der Medizin und der Pharmakologie gewährleistet wird. Insofern ist die Biologische Psychologie für zukünftige Psychotherapeuten und Psychotherapeutinnen interessant. Sie spielt aber auch in vielen anderen psychologischen Grundlagen- und Anwendungsfächern eine wichtige Rolle (z. B. in der Kognitiven Psychologie oder in der Persönlichkeitspsychologie). Auch Studierende anderer Fächer, wie der Biologie oder der Philosophie besuchen oft Veranstaltungen aus der Psychologie, etwa im Nebenfach.

Biopsychologie als eigenständiges inhaltliches Fach Statt eine biopsychologische Wahrnehmungspsychologie und eine biopsychologische Klinische Psychologie und so weiter getrennt voneinander zu beschreiben, kann man auch versuchen, wichtige biopsychologische Grundlagen, die für verschiedene andere psychologische Fächer und ihre Teildisziplinen relevant sind, gemeinsam darzustellen. Genau dies erfüllen Lehrbücher der Biologischen Psychologie. Dabei wird dann in gewissem Maß von den konkreten Inhalten der anderen Fächer abstrahiert und es werden eher wichtige Grundfunktionen und Prinzipien behandelt, die – mehr oder weniger – in allen Fächern eine Rolle spielen. Auch das vorliegende Lehrbuch will, in sehr komprimierter Weise, die Zusammenhänge zwischen grundlegenden körperlichen und psychischen Zuständen und Prozessen aus psychologischer Perspektive behandeln. Diese Zusammenhänge sind für viele psychologische Fächer relevant. Diese etwas allgemeinere Herangehensweise kann und soll die spezifische Biopsychologie der anderen psychologischen Fächer nicht ersetzen, aber sie schafft einen ersten Überblick, der den späteren Zugang zu den Details erleichtern wird.

Biopsychologie als ein methodisches Fach Eine weitere Aufgabe der Biologischen Psychologie ist es, für andere psychologische Fächer Methoden zu erschließen, die sie für ihre inhaltliche Forschung nutzbringend einsetzen können. Die Biologische Psychologie ist also nicht nur ein inhaltliches, sondern auch ein methodisches Fach. Dieses Lehrbuch wird daher ausgewählte Methoden – wie etwa die Elektroenzephalographie (EEG) oder die funktionelle Kernspintomographie (fMRT) – kurz vorstellen. Selbstverständlich werden die für das Verständnis erforderlichen Grundkenntnisse der Biologie und der Neurowissenschaften ebenfalls vermittelt.

Der Begründer der modernen Psychologie und der Biopsychologie: Wilhelm Wundt Als einer der wichtigsten Begründer der modernen Psychologie als eigenständige akademische Disziplin gilt Wilhelm Wundt (1832–1920). Er etablierte das Experiment als Methode zur Untersuchung psychischer Phänomene und betonte damit eine naturwissenschaftliche Ausrichtung der Psychologie. In seinem Lehrbuch „Grundzüge der physiologischen Psychologie" (1874) geht er auf die physiologischen Grundlagen psychischer Prozesse ein. So schreibt er auf S. 858 „Mit zureichender Sicherheit läßt sich wohl der Satz als begründet ansehen, daß sich nichts in unserem Bewußtsein ereignet was nicht in bestimmten physiologischen Vorgängen seine körperliche Grundlage fände. Die einfache Empfindung, die Synthese der Empfindungen zu Vorstellungen, die Assoziation und Wiedererweckung der Vorstellungen, endlich die Vorgänge der Apperzeption und der Willenserregung sind begleitet von physiologischen Nervenprozessen". Wundt vertrat jedoch keinen reduktionistischen Materialismus, sondern einen psychophysischen Parallelismus, der aber (und das ist ungewöhnlich) „psychophysische Wechselbeziehungen" mitdenkt. Wundt wollte damit die Psychologie mit den Naturwissenschaften und den Geisteswissenschaften versöhnen. Interessanterweise verortet Wundt die Elemente, die das Psychische konstituieren, auf einer rein psychologischen Ebene. Demnach ist das Psychische eine nicht auf das Physiologische reduzierbare, aber trotzdem empirisch zu untersuchende eigenständige und eigengesetzliche Entität (Prinzip der psychischen Kausalität: Psychisches wird nur durch Psychisches erzeugt). Es soll erwähnt werden, dass Wundt nicht nur die experimentelle Richtung der Psychologie fundierte, sondern er entwickelte auch die Völkerpsychologie, die man heute eher als Kulturpsychologie und Vergleichende Psychologie bzw. Entwicklungspsychologie der höheren kognitiven Prozesse bezeichnen würde (vor allem in seinem 10-bändigen Werk „Völkerpsychologie. Eine Untersuchung der Entwicklungsgesetze von Sprache, Mythus und Sitte"). Damit ist er auch ein wichtiger Begründer der sozial- und geisteswissenschaftlichen Ausrichtung der Psychologie.

1.2 Drei Richtungen der Biopsychologie

Bevor wir uns mit verschiedenen Teildisziplinen der Biopsychologie (wie etwa Neuropsychologie, Psychophysiologie oder Neuroendokrinologie) befassen (siehe Abschn. 1.3), wollen wir drei Richtungen der biologischen Psychologie unterscheiden. Wenn man biopsychologische Forschung in Bezug auf die zeitliche Perspektive, die sie jeweils berücksichtigt, analysiert, lässt sich eine aktualgenetisch-situative Richtung, eine phylogenetisch-evolutionäre Richtung und eine ontogenetisch-individualpsychologische Richtung der Biopsychologie charakterisieren. Diese Unterscheidung ließe sich auch für die Psychologie generell treffen. Da wir hier aber den biologischen Korrelaten des Psychischen besondere Aufmerksamkeit widmen, entwickeln wir diese Unterscheidung in Bezug auf die Biopsychologie.

(1) Aktualgenetisch-situative Richtung
Das Psychische ist ein Getränkeautomat!? Das zu Erklärende (Explanandum) der aktualgenetisch-situativen Richtung der Biopsychologie ist ein konkretes psychologisches Phänomen (z. B. das Verstehen eines gesprochenen Satzes), das dann als verstanden gilt, wenn die notwendigen und hinreichenden Gründe seines Auftretens – nämlich die sie verursachenden biopsychologischen Prozesse – aufgedeckt sind. Sie bilden das Erklärende (Explanans). Stark karikiert kann das Psychische (z. B. das Lachen) so erklärt werden, wie man auch einen Getränkeautomaten erklären kann: die Ausgabe eines bestimmten Getränks (z. B. von Wasser) durch den Getränkeautomaten gilt als verstanden, wenn man die notwendigen und hinreichenden Bedingungen dafür identifiziert hat, dass das Getränk ausgegeben wird. Solch eine Erklärung wird die aktuelle innere Beschaffenheit des Getränkeautomaten berücksichtigen – wie etwa seine tatsächlich vorrätigen Getränke, die mechanischen Bestandteile, welche die Selektion und den Transport eines Getränks zum Ausgabeschacht leisten, oder die monetären Funktionen, welche die Abwicklung der baren oder elektronischen Bezahlung erfüllen – und die aktuelle äußere Situation (wie etwa den Münzeinwurf). Es handelt sich um einen informationsverarbeitenden, einen kybernetischen Ansatz, der jedoch über einen reinen Funktionalismus

(siehe nächster Absatz) hinausgeht, da er auch die materiellen Bedingungen (die biologische Instanziierung, siehe Abschn. 1.4) explizit mit einbezieht.

„Wie"- bzw. „Was"-Fragen Die zeitgenössische Biopsychologie folgt vorwiegend der aktualgenetisch-situativen Perspektive, und wir werden uns in diesem Buch daher hauptsächlich mit dieser Richtung der Biopsychologie beschäftigen. Sie versucht „Wie"-Fragen bzw. „Was"-Fragen mehr oder weniger abstrakter Kategorien psychischer Ereignisse zu beantworten, z. B.: Wie funktioniert bzw. was ist das Lachen? Welche biopsychologischen Prozesse liegen dem Lachen zugrunde? Welche Elemente des Lachens können dabei unterschieden werden? Wie wird das Lachen ausgelöst oder wie kann es beendet werden? Die aktualgenetisch-situative Richtung der Biopsychologie stellt sich also Fragen folgender Art: Wie funktioniert bzw. was ist das Satzverständnis? Wie funktioniert das Gedächtnis? Wie funktioniert die Psyche?

Elemente und Mechanismen als Antworten Die aktualgenetisch-situative Richtung der Biopsychologie versucht also Ereignisse des Psychischen durch die Untersuchung der zugrunde liegenden psychischen und physischen Prozesse vollständiger und damit besser als dies unter alleiniger Berücksichtigung der psychischen Prozesse der Fall wäre zu verstehen. Diese Richtung der Biopsychologie fragt nach den beteiligten Elementen und Mechanismen, die den interessierenden psychischen Phänomenen zugrunde liegen. Die Neurokognition der Sprache (ein Teilgebiet der aktualgenetisch-situativen Richtung der Biopsychologie, siehe auch Abschn. 3.1) versucht beispielsweise, die verschiedenen Stufen der Analyse der auf den Hörer eintreffenden Sprachinformationen aufzuklären und herauszufinden, welche neuroanatomischen Regionen dazu beitragen (und welche nicht oder in geringerem Umfang), und wie sie das tun.

(2) Phylogenetisch-evolutionäre Richtung
Darwins Evolutionstheorie. Der phylogenetisch-evolutionären Biopsychologie geht es darum, bestimmte psychische Ereignisse in einem größeren zeitlichen Kontext, etwa einer stammesgeschichtlichen Perspektive, zu verstehen. Ganz analog zur Evolutionsbiologie von Charles Darwin (1809–1882), die bestimmte biologische Merkmale (wie etwa die Schnabelform der Darwinfinken) als Resultat der Evolution durch Variation und Selektion (bei den Darwinfinken spricht man von adaptiver Radiation, also einer Auffächerung in mehrere spezialisierte Arten) erklärt, werden auch bestimmte psychische Merkmale (etwa das menschliche Lachen) aus einer evolutionären Perspektive betrachtet.

1.2 Drei Richtungen der Biopsychologie

„Warum"- oder „Wozu"-Fragen In gewisser Weise verfolgt Biopsychologie aus einer phylogenetischen, evolutionären Perspektive „Warum"- oder „Wozu"-Fragen: Warum hat sich beim Menschen Lachen, Satzverständnis, Gedächtnis entwickelt? Durch die Kenntnis der evolutionären Vorläufer dieser psychischen Phänomene und der Variation dieser Phänomene über verschiedene Arten kann man sie besser verstehen. Bereits Darwin hat in seinem Werk „On the Origin of Species" (1859) die Anwendung seiner Evolutionstheorie auf die Psychologie vorausgesehen: „In der fernen Zukunft sehe ich offene Felder für weitaus wichtigere Untersuchungen. Die Psychologie wird auf eine neue Grundlage gestellt werden, nämlich die des notwendigen Erwerbs jeder psychischen Kraft und Fähigkeit durch Abstufung [sukzessive Modifikationen über Generationen hinweg]. Auf den Ursprung des Menschen und seine Geschichte wird ein Licht geworfen werden." (Darwin, 1859, S. 458). William James (1842–1910), der „Father of American Psychology" (Kallen, 2021), nahm häufig Bezug auf Darwins Theorie über die evolutionären Grundlagen des menschlichen Verhaltens. Beispielsweise ging er in seinem Werk „The Principles of Psychology" bei der Abhandlung des Instinktes „Furcht" (James, 1890, Kapitel 24) auf die evolutionären Grundlagen von bestimmten Phobien beim Menschen ein. So hat die Agoraphobie (Angst vor dem Überqueren großer Plätze) und das mit ihr verbundene Vermeidungsverhalten für den heutigen Menschen zwar keinen Nutzen mehr, kann aber evolutionär verstanden werden: Tiere könnten sie evolutionär erworben haben, um nicht schutzlos möglichen Feinden ausgesetzt zu sein. Bei Personen mit Agoraphobie kann dieser Instinkt möglicherweise aktiviert worden sein.

Die Strukturalismus-Funktionalismus-Debatte der Psychologie um 1900 In der Strukturalismus-Funktionalismus-Debatte der Psychologie Ende des 19. bis Anfang des 20. Jahrhunderts wurde darüber gerungen, ob die Psychologie sich eher um „Was"-Fragen oder eher um „Wozu"-Fragen kümmern soll. Der englisch-US-amerikanische Experimentalpsychologe Edward Titchener (1867–1927) betonte als Vertreter des Strukturalismus das Primat der „Was"-Frage, wonach die Psychologie sich zuerst darum bemühen soll, die Grundelemente des Bewusstseins zu identifizieren. Für unbewusste und biologische Prozesse interessierte sich Titchener dagegen weniger. Die Vertreter des Funktionalismus, wie etwa der US-amerikanische Psychologe James Angell (1869–1949) oder auch William James, fragten nach der Gesamtheit der mentalen Prozesse, in welcher Beziehung diese zu biologischen Prozessen stehen und wie sie sich evolutionär gebildet haben. Dies erklärt die starke Bezugnahme der psychologischen Vertreter des Funktionalismus auf Darwin und deren Interesse an evolutionären Fragestellungen. Der Vollständigkeit wegen sei erwähnt, dass sich, auch nach Auffassung der damaligen Protagonisten des Funktionalismus, Strukturalismus und Funktionalismus nicht gegenseitig ausschließen, sondern die „Was"- und „Warum"-Fragen sich ergänzende Beiträge zum Verständnis psychologischer Phänomene liefern.

Funktionalismus in der Philosophie des Geistes Es gibt noch einen weiteren Funktionalismus-Begriff, der sich mit dem eben diskutierten Funktionalismus der Psychologie um 1900 nicht völlig deckt, nämlich den aus der Philosophie des Geistes, einem Teilgebiet der Philosophie. Das bei der Erläuterung zur aktualgenetisch-situativen Richtung der Biopsychologie angeführte Gleichnis zum Getränkeautomaten ist übrigens der Philosophie des Geistes entlehnt. Dieser Funktionalismus ist der Auffassung, dass mentale Zustände funktionale Zustände darstellen und sich über ihre Funktion definieren, die sie im Gesamtkomplex der Zustände einnehmen, der im gegebenen Zusammenhang relevant ist. Allerdings ist dabei (im Gegensatz zur Annahme der aktualgenetisch-situativen Richtung der Biopsychologie) die materielle Implementierung der Funktion nicht entscheidend, wie u. a. der US-amerikanische Philosoph Jerry Fodor (1935–2017) meint.

Was ist nun der Unterschied zwischen den beiden Funktionalismus-Begriffen? Die evolutionäre Richtung der Biopsychologie fragt nach der Funktion bestimmter psychischer Phänomene auf einer zeitlich größeren Dimension und ist damit kompatibel mit dem Funktionalismus der Psychologie um 1900. Der oben beschriebene Funktionalismus der Psychologie des Geistes fragt zwar auch nach dem „Wozu", aber in einem zeitlich kürzeren Kontext und ist damit kompatibel mit der aktualgenetisch-situativen Richtung der Biopsychologie. Am Beispiel des Getränkeautomaten würde die Frage nach der Funktion (die „Wie"-funktioniert-Frage) beispielsweise so beantwortet werden können: Über den Münzschacht wird die Münze vom Einwurfschlitz zu den Modulen transportiert, in denen der Soll-Ist-Abgleich des Getränkepreises mit den eingeworfenen Münzen erfolgt. Für die evolutionäre Biologie oder evolutionäre Psychologie würde die Beantwortung der „Wozu"-Frage auch die Kenntnis der technischen Entwicklung von Apparaten, in denen Gegenstände transportiert werden (wie etwa die Form oder das Material), und die Variabilität der technischen Lösungen für solche Transporte einschließen.

Wundts Völkerpsychologie als Evolutionäre Psychologie Der Vollständigkeit halber sei darauf verwiesen, dass Wilhelm Wundt in seiner Völkerpsychologie ebenfalls einen evolutionär vergleichenden Ansatz verfolgt hat. Die Völkerpsychologie, die man heute als vergleichende Psychologie oder Kulturpsychologie bezeichnen würde, untersucht Phänomene, die Produkte höherer geistiger Prozesse sind – wie Sprache, Denken, Kunst – durch analytische und vergleichende Beobachtung eben dieser Phänomene (z. B. Überlieferungen früherer Kulturen). So beschäftigte sich Wundt in seiner Völkerpsychologie beispielsweise mit der Entwicklung von Gesellschaftsformen von der Urgesellschaft über die Stammesgesellschaft zur politischen Gesellschaft und beleuchtete dabei auch Geschlechterbeziehungen. Er berichtet, dass in der Urgesellschaft des Menschen nicht – wie damals oft vermutet – Promiskuität, sondern Monogamie verbreitet war, in der ein gleichberechtigtes Geschlechterverhältnis bestand (Wundt, 1928, S. 203 ff.). Auch seine Tierpsychologie nimmt eine vergleichende Perspektive ein: „… die Tiere sind Wesen, deren Erkenntnis von der des Menschen nur durch die Stufe der erreichten Ausbildung verschieden ist. Zwischen Mensch und Tier besteht keine tiefere Kluft als innerhalb des Tierreichs selber." (Wundt, 1863, S. 458). In diesem Sinne kann Wundt als Vertreter der Biopsychologie phylogenetisch-evolutionärer Richtung verstanden werden.

Psychologie der Führung und des kooperativen Verhaltens Als ein aktuelles Beispiel der phylogenetisch-evolutionären Richtung soll kurz die Forschung des Organisationspsychologen Mark van Vugt skizziert werden. Er beschäftigt sich mit dem Thema Führung in sozialen Gruppen bzw. Organisationen. Wenn Individuen in Gruppen leben, müssen die Interessen und Aktivitäten der Gruppenmitglieder koordiniert werden. Dabei stellt sich die Frage, wie dies geschieht. Häufig wird dies durch das Verhalten einer kleinen Minderheit der Gruppenmitglieder oder sogar nur einer Person, eines Führers bzw. einer Führerin, realisiert. Nach van Vugt haben die Prinzipien und Mechanismen, wie sich Führung bildet und wie sie operiert, einen evolutionären Ursprung. Wenn man diesen versteht, so van Vugt, versteht man besser, wie Gruppen gesteuert werden und kann dann möglicherweise unerwünschten Mechanismen vorbeugen. So gibt es eine Reihe artübergreifender morphologischer, physiologischer und behavioraler Merkmale von Individuen, die die Wahrscheinlichkeit erhöhen, dass diese Individuen die Führung übernehmen. Manche dieser Merkmale sind für soziale Gruppen in der heutigen Gesellschaft sicherlich angemessen, wie etwa vorhandene Expertise bei der Bewältigung bestimmter Problemsituationen. Andere sind eher als evolutionäre Relikte zu betrachten, die sich vor sehr langer Zeit unter ganz anderen Bedingungen im Tierreich adaptiv entwickelt haben. Dazu gehören für erfolgreiche Führung eigentlich arbiträre Merkmale wie beispielsweise das Geschlecht, die Körpergröße und das Körpergewicht, die überraschenderweise positiv mit Führerschaft korrelieren. Van Vugt zeigt auf, wie wir uns durch unser „Steinzeitgehirn" beeinflussen lassen, und wie man dem vorbeugen kann (z. B. Giphart, R. & van Vugt, M., 2018).

(3) Ontogenetisch-individualpsychologische Richtung
Bei der ontogenetisch-individualpsychologischen Richtung der Biopsychologie geht es darum, durch die Zusammenschau der psychologischen und biologischen Entwicklung, den Menschen von der Geburt bis zur erwachsenen und schließlich alternden Person zu verstehen. Die Untersuchung der Entwicklung der Emotionen über die Lebenszeit des Menschen ist eine typische Fragestellung des ontogenetischen Kontextes. Ab wann zeigen Kinder prosoziales Verhalten? Wie ändert sich der Anteil positiver Emotionen im Alter? Wie entwickelt sich das Gedächtnis über die Lebensspanne? Der berücksichtigte zeitliche Kontext der ontogenetischen Richtung ist also größer als der der aktualgenetisch-situativen Richtung, aber kleiner als der der phylogenetisch-evolutionären Richtung. Sie stellt also eine Mischung der beiden anderen Richtungen dar, d. h. man kann die ontogenetisch-individualpsychologische Richtung der Biopsychologie eher aktualgenetisch-situativ oder aber evolutionär-vergleichend betreiben. Da der ontogenetisch-individualpsychologische Ansatz sehr gut vorwiegend im Grundlagenfach Entwicklungspsychologie (teilweise auch in anderen psychologischen Fächern, etwa der Persönlichkeitspsychologie) abgebildet ist, wird er in diesem Buch nicht weiter vertieft.

Diese drei Richtungen der (Bio-)Psychologie (Tab. 1.1) lassen sich in Bezug auf den zeitlichen Kontext und (teilweise) auf die Art der Fragestellungen („Wie funktioniert eine aktuelle psychische Leistung?" versus „Wozu hat sich eine bestimmte psychische Leistung entwickelt?") gut unterscheiden. Gelegentlich findet sich in einzelnen Arbeitsgruppen auch die Verbindung von zwei oder sogar allen drei Richtungen. Diese Verknüpfung bringt oft besonders innovative Forschung hervor. Wir werden zwei ausgewählte Beispiele vorstellen, nämlich die Verknüpfung der phylogenetisch-evolutionären und der ontogenetisch-individualpsychologischen Richtung wie sie in der Theorie vom Psychologen Michael Tomasello zur Einzigartigkeit des Menschen verfolgt wird, sowie die Verknüpfung aller drei Richtungen wie sie durch die Psychologin Angela Friederici in ihrer Theorie zur Sprachverarbeitung vorgenommen wird.

Mensch werden: Eine Theorie der Verknüpfung von evolutionärer und ontogenetischer Sichtweise Michael Tomasello stellt die Frage nach der Einzigartigkeit des Menschen im Tierreich (Tomasello, 2019). Eine Möglichkeit, diese Frage zu untersuchen, ist die Darwinsche Evolutionstheorie; da es sich um das Besondere des Menschseins in Abgrenzung zu den Tieren handelt, ist es also ein Ansatz der phylogenetisch-evolutionären Richtung der (biologischen) Psychologie. Eine andere Möglichkeit dieser Frage nachzugehen, liefert die Kulturtheorie, wonach die Einzigartigkeit des Menschen durch die (vom Menschen selbst geschaffene) kulturelle Entwicklung bedingt ist. Tomasello hält jeden der beiden Ansätze für

1.2 Drei Richtungen der Biopsychologie

Tab. 1.1 Vergleich der drei Richtungen der (Bio-)Psychologie

	Aktualgenetisch- situativ	Phylogenetisch- evolutionär	Ontogenetisch- individuell
Zeitlicher Kontext	Millisekunden bis Minuten (unter Umständen Monate oder Jahre)	Jahrzehnte bis Jahrtausende	Einzelne Lebensabschnitte bis gesamte Lebensspanne
Forschungsgegenstand	Psychische Merkmale (psychische Leistungen bzw. Phänomene; Ausdruckserscheinungen des Psychischen)		
Methodische Schwerpunkte	Experimentalpsychologisch, korrelativ, neurowissenschaftlich	Vergleich (u. a. von Verhalten, Morphologie, Genen) über Generationen und/oder Spezies	Experimentalpsychologisch, korrelativ, neurowissenschaftlich und vergleichend über Lebensphasen/Kulturen/Spezies

(Fortsetzung)

Tab. 1.1 (Fortsetzung)

	Aktualgenetisch- situativ	Phylogenetisch- evolutionär	Ontogenetisch- individuell
Beispielfragen	Wie funktioniert das Verstehen eines Satzes? Was charakterisiert die Farbwahrnehmung? Wie können Fakten effizient über längere Zeiträume gelernt werden?	Warum hat sich die Sprache entwickelt? Warum verhalten sich verschiedene Arten altruistisch?	Wie erfolgt die moralische Entwicklung beim Kind? Warum nehmen positive Emotionen im Alter zu?
Art der Antworten	Mechanismen/Prinzipien des Auftretens bestimmter psychischer Merkmale in der aktuellen Situation unter Berücksichtigung zugrunde liegender bzw. beteiligter neurobiologischer (z. B. Hirnregionen, Hormone) und psychologischer (z. B. Instruktion, Erfahrung, Persönlichkeit) Kontexte	Rekonstruktionen der Herausbildung psychischer Merkmale als Ergebnis phylogenetischer und kultureller Prozesse; erklärt warum/wozu die psychischen Merkmale entstanden sind, die in der aktualgenetisch-situativen und ontogenetisch-individuellen Richtung beforscht werden	Mechanismen/Prinzipien der Entwicklung psychischer Merkmale über die gesamte Lebensspanne oder einzelne Lebensabschnitte (z. B. Emotion, Intelligenz); verfolgt aktualgenetische und/oder evolutionäre Ansätze aus der Perspektive der ontogenetischen Entwicklung

1.2 Drei Richtungen der Biopsychologie

sich allein als untauglich, der Frage gerecht zu werden. Es sei nämlich rätselhaft, wie ein „neuer evolutionärer Stammbaum" so etwas Neues wie den Menschen hervorbringen könne. Es sei aber auch rätselhaft, wie ein Individuum zu der erforderlichen kognitiv-gesellschaftlichen Fähigkeit kommen könne, um sich erfolgreich an der Kultur(-entwicklung) und deren Weitergabe zu beteiligen. Tomasello wählt einen Mittelweg bzw. eine Kombination beider Ansätze, nämlich die Beschreibung und Erklärung der „Ontogenese der menschlichen Psychologie" von Kindern bis zu einem Alter von etwa sieben Jahren im Vergleich zur Ontogenese der Psyche unserer nächsten Verwandten, nämlich der Menschenaffen. Aus den Forschungsergebnissen seiner Arbeitsgruppe am Leipziger Max-Planck-Institut für Evolutionäre Anthropologie identifiziert er verschiedene Entwicklungspfade der Ontogenese, die beim Menschen besonders sind, die aber auch bei Menschenaffen zu finden sind, wie etwa soziale Kognition, kooperatives Verhalten oder kulturelles Lernen. Diese Unterschiede zwischen den Spezies sind teilweise evolutionär (im Sinne Darwins) angelegt und bilden sich im Individuum über Reifungsprozesse heraus. Die Biologie bildet jedoch nur die Voraussetzung, mit der die Kultur dann die eigentliche Arbeit erledigt. Kulturelle Entwicklung markiert – nach Tomasello – den kritischen Unterschied zwischen den Spezies. Speziell das Verstehen und Teilen der Intentionen der sozialen Interaktionspartner, die sogenannte „theory of mind", und die darauf aufbauende Kommunikation und Kooperation ist einzigartig beim Menschen herausgebildet.

Diese Theorie von Tomasello stellt ein Beispiel für eine erfolgreiche Verknüpfung der phylogenetisch-evolutionären und ontogenetisch-individualpsychologischen Richtung dar. Allerdings führt Tomasello die biologischen Voraussetzungen nicht weiter aus und man könnte kritisieren, dass er wichtige phylogenetisch-evolutionäre und aktualgenetisch-situative Erkenntnisse der Biologischen Psychologie vernachlässigt. Diese Kritik geht insofern ins Leere, als dass man mit einer neuen Theorie oft Akzente setzen will, die in existierenden Theorien so noch nicht gesetzt wurden, und dazu nicht alle Facetten mit einbeziehen muss. Es gibt jedoch auch Theorien, die neben der evolutionären und der ontogenetischen Richtung zusätzlich sehr stark die aktualgenetische Richtung einbeziehen, wie die Theorie der Sprachverarbeitung von Angela Friederici, die wir im nächsten Abschnitt ansprechen.

Das Friederici-Modell der Sprachverarbeitung: Die Verknüpfung von aktualgenetischer, evolutionärer und ontogenetischer Sichtweise Angela Friederici vom Leipziger Max-Planck-Institut für Kognitions- und Neurowissenschaften geht in ihrem Modell insbesondere auf die Syntax und die Semantik ein (Friederici, 2017a). Die Forschung zur Syntax untersucht die Prozesse und Strukturen, die dem regelkonformen Zusammenfügen von Wörtern zu Sätzen beim Verstehen und der Produktion von Sprache zugrunde liegen, während sich die Forschung zur Semantik der Extraktion bzw. Produktion der sinnhaften Bedeutung von Sprache widmet. Friederici interessiert sich besonders für die an der Sprachverarbeitung beteiligten Hirnareale und deren Funktion im Rahmen der Sprachverarbeitung, also für die Neuroarchitektur der Sprache. Beispielsweise konnte sie für Syntax und Semantik getrennte Schaltkreise identifizieren, die durch unterschiedliche Faserbündel-Verbindungen realisiert werden. Resultierend aus zahlreichen Forschungen aus einer aktualgenetisch-situativen Perspektive unterscheidet sie dabei zwei dorsal – d. h. rückenseitig – verlaufende Pfade und zwei ventral – d. h. bauchseitig – verlaufende Pfade im Gehirn (Abb. 1.1). Einer der beiden dorsalen Pfade (hellblaue Linie) unterstützt vermutlich die Zuordnung von Gehör zu Motorik; der andere (dunkelblaue Linie) ist für syntaktische Verarbeitungsprozesse zuständig.

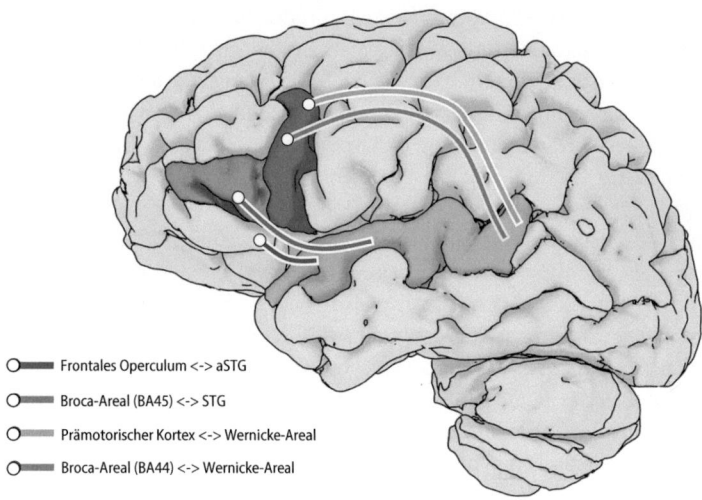

Abb. 1.1 Strukturelle Konnektivität verschiedener an der Sprachverarbeitung beteiligter Hirnareale. Zwei dorsale (blau) und zwei ventrale (rot) Faserbündel verbinden frontale mit temporalen Arealen. Die dorsale Verbindung zwischen Broca-Areal und Wernicke-Areal (dunkelblau) unterscheidet den Menschen von anderen Primaten (evolutionärer Aspekt). Die Funktionalität dieser Verbindung entwickelt sich erst im Verlauf der menschlichen Individualentwicklung (ontogenetischer Aspekt); weitere Details im Text; (a) STG: (anteriorer) superior temporaler Gyrus; (Abbildung erstellt mit Unterstützung von Marc Pabst, Universität Leipzig, stark vereinfacht nach Friederici et al., 2017)

Für den einen der beiden ventralen Pfade (hellrot) gilt es als relativ sicher, dass er eine Rolle bei der semantischen Verarbeitung spielt. Die Funktion des anderen ventralen Pfads (dunkelrot) ist noch nicht gut geklärt, aber er ist wohl auch an der Sprachverarbeitung beteiligt. Friederici beschränkt sich in ihrer Sprachforschung nicht nur auf die aktualgenetisch-situative Biopsychologie, sondern sie schließt ganz explizit die ontogenetische und sogar die evolutionäre Perspektive ein. So hat sie herausgefunden, dass der längere der beiden ventralen Pfade bei Kindern sehr stark, bei Erwachsenen dagegen weniger zur Sprachverarbeitung genutzt wird (Brauer et al., 2011). Ein Vergleich der Faserverbindungen zwischen verschiedenen Spezies (Makaken, Mensch) zeigt, dass der an der Syntaxverarbeitung beteiligte dorsale Pfad bei Makaken kaum entwickelt (und im Übrigen bei neugeborenen Menschen noch nicht myelinisiert) ist. Dies weist darauf hin, dass die Herausbildung der zweiten dorsalen Faserverbindung (dunkelblaue Linie), eine entscheidende evolutionäre Grundlage der Sprachentwicklung beim Menschen bildet (Friederici et al., 2017).

1.3 Teildisziplinen der Biopsychologie

Der Biopsychologie werden eine Reihe von Teildisziplinen zugeordnet, die hier tabellarisch aufgelistet werden. Dabei ist nicht immer eindeutig zu entscheiden, ob es sich bei einem bestimmten Forschungsgebiet tatsächlich um eine Teildisziplin der Biopsychologie handelt, um ein separates psychologisches Fach oder gar um eine eigenständige wissenschaftliche Disziplin eines anderen Faches (z. B. der Medizin oder der Biologie). Außerdem ändert sich diese Zuordnung im Laufe der Zeit, das heißt, neue Teildisziplinen entstehen, andere Teildisziplinen verlieren an Bedeutung und wiederum andere entwickeln sich zu eigenständigen Fächern. Es kommt weniger darauf an, diese Zuordnung ein für alle Mal festzulegen, sondern es geht vielmehr darum, das Wissen um die körperlichen Korrelate des Psychischen und das Wissen um die Methoden, diese zu untersuchen, in die Psychologie einzubringen. Man kann das als eine wichtige Aufgabe der Biologischen Psychologie verstehen. In der folgenden Liste findet sich eine (nicht vollständige) Aufzählung von solchen (Teil-)Disziplinen der Biopsychologie mit einer kurzen Definition, einer exemplarischen Methode, einem exemplarischen Forschungsfeld und einem ausführlichen spezialisierten Lehrbuch.

- *Psychophysiologie:* untersucht Beziehungen zwischen psychischen und physiologischen Prozessen. In einer engen Definition fungieren dabei die Indikatoren der psychischen Prozesse als unabhängige (d. h. in der Untersuchung systematisch modifizierte) Variablen und die Indikatoren der physiologischen

Prozesse als abhängige (d. h. in ihrer speziellen Ausprägung beobachtete) Variablen. Die verwendeten Untersuchungsverfahren sind (meist) nicht-invasiv und konzentrieren sich vorrangig (aber nicht ausschließlich) auf den Menschen als Untersuchungsgegenstand. Die Psychophysiologie arbeitet grundlagenwissenschaftlich und anwendungsorientiert. Eine beispielhafte Forschungsmethode ist die Elektroenzephalographie. Ein exemplarisches Forschungsfeld ist die Gesichterwahrnehmung (Cacioppo et al., 2016).

- *Physiologische Psychologie:* untersucht Beziehungen zwischen physiologischen und psychischen Prozessen. In einer engen Definition werden physiologische Parameter systematisch variiert (unabhängige Variablen) und die Auswirkungen dieser Variation auf psychische Parameter (abhängige Variablen) untersucht. Die Physiologische Psychologie ist grundlagenwissenschaftlich ausgerichtet und nutzt häufig invasive Untersuchungsverfahren (Tierstudien). In einer breiten Definition wird Physiologische Psychologie als Synonym für Biologische Psychologie verwendet. Eine exemplarische Forschungsmethode stellt die Ableitung der Aktivität einzelner Neurone dar; exemplarisches Forschungsfeld: Zuordnung von Hirnarealen zu psychischen Funktionen (Carlson, N., 2004).
- *Neuropsychologie:* untersucht traditionell Folgen von Hirnläsionen auf psychische Prozesse. In einer breiteren Definition befasst sie sich mit dem Zusammenhang zwischen Gehirn und Verhalten. Die Klinische Neuropsychologie beschäftigt sich mit der Diagnose und Therapie von psychischen Funktionsstörungen aufgrund von angeborenen oder erworbenen Hirnschädigungen (nicht-invasiv, Mensch). Sie hat sich vor kurzem von einer Teildisziplin der Biopsychologie zu einem eigenständigen Fach entwickelt; exemplarische Forschungsmethode: neuropsychologische Tests; exemplarisches Forschungsfeld: Auswirkung von Schlaganfällen auf die Sprache (Bellebaum et al., 2011).
- *Psychoendokrinologie, Psychoneuroendokrinologie:* untersucht Zusammenhänge zwischen psychischen, neuronalen und endokrinologischen Prozessen; invasiv und nicht-invasiv (Tier und Mensch); grundlagenwissenschaftlich und anwendungsbezogen; eng verwandt mit der Psychoneuroimmunologie; interdisziplinäres Fach (nicht nur Biopsychologie); exemplarische Forschungsmethode: Bestimmung von Hormonkonzentrationen; exemplarisches Forschungsfeld: Vergleich von hormonell Gesunden und Kranken hinsichtlich ihrer psychischen Funktionen (Ehlert & von Känel, 2011).
- *Psychoimmunologie, Psychoneuroimmunologie:* untersucht Zusammenhänge zwischen psychischen, neuronalen und immunologischen Prozessen. Das

1.3 Teildisziplinen der Biopsychologie

Immunsystem ist mit der Erkennung und Abwehr von körperfremden Stoffen (Antigenen) und Mikroorganismen betraut. Es interagiert in vielfältiger Weise mit dem neuroendokrinologischen System und psychischen Funktionen; invasiv und nicht-invasiv (Tier und Mensch); grundlagenwissenschaftlich und anwendungsbezogen; eng verwandt mit der Psychoendokrinologie; interdisziplinäres Fach; exemplarische Forschungsmethode: Messung des (zellulären) Immunstatus; exemplarisches Forschungsfeld: Stressforschung (Kirschbaum & Hellhammer, 1999).

- *Psychopharmakologie:* untersucht Wirkungen von psychoaktiven Substanzen auf Gehirn und Verhalten; invasiv und nicht-invasiv (Tier und Mensch); therapeutische Zielsetzung; eher Teilgebiet der Pharmakologie, aber auch biopsychologische Teildisziplin; exemplarische Methode: Substanznachweis mit molekularbiologischen Methoden; exemplarisches Forschungsfeld: Wirkung von Coffein auf kognitive Leistungen (Gründer & Benkert, 2012).
- *Vergleichende Psychologie ("comparative psychology"):* vergleicht tierisches und menschliches Verhalten; nicht-invasiv (Tier und Mensch); grundlagenwissenschaftlich; exemplarische Methode: systematische Beobachtung von spontanem Verhalten; exemplarisches Forschungsfeld: "theory of mind", d. h. Erkenntnis, dass auch andere Individuen Absichten oder Erwartungen haben (Call et al., 2017).
- *Evolutionäre Psychologie:* untersucht Erleben und Verhalten aus einer evolutionären Perspektive, das heißt, als Resultat der Anpassung an Umweltanforderungen, die über natürliche und sexuelle Selektion erfolgt; nicht-invasiv (Mensch); grundlagenwissenschaftlich; exemplarische Methode: Erhebung der Präferenzen bei der Partnerwahl; exemplarisches Forschungsfeld: Sexuelle Attraktivität (Buss, D., 2004).

Biologische Psychologie als Lehrfach Im Jahre 2005 wurde Biologische Psychologie in den Empfehlungen der „Deutschen Gesellschaft für Psychologie e. V. (DGPs)" zur Einrichtung von Bachelor- und Masterstudiengängen in Psychologie an den Universitäten als Pflichtmodul definiert. Dies trifft auch für den polyvalenten Bachelorstudiengang der Approbationsordnung für Psychotherapeutinnen und Psychotherapeuten zu. Seitdem schreiben unseres Wissens alle akkreditierten Studiengänge zum B.Sc. in Psychologie sowie zum polyvalenten Bachelorstudiengang in ihren Studien- und Prüfungsordnungen Biologische Psychologie als Pflichtfach im Umfang von 6 bis 12 ECTS-Punkten vor. ECTS bedeutet „European Credit Transfer and Accumulation System" und soll Leistungen von Studierenden innerhalb der europäischen Hochschulen vergleichbarer und damit leichter transferierbar machen als dies mit den traditionellen Notensystemen der Fall war. Die meisten anderen psychologischen Fächer wie Allgemeine Psychologie oder Klinische Psychologie lehren ebenfalls Methoden und/oder Inhalte der Biologischen Psychologie. In dem im Rahmen der Reform der Psychotherapeutenausbildung zu etablierenden Masterstudiengang Klinische Psychologie und Psychotherapie ist die Biologische Psychologie ebenfalls fester Bestandteil, und die biologischen Grundlagen psychischer Zustände/Prozesse spielen eine besonders wichtige Rolle (siehe *Biopsychologie als Voraussetzung für die Approbation als Psychotherapeutin oder als Psychotherapeut*, Abschn. 1.1).

Organisationsformen der Biologischen Psychologie Die in Forschung und Lehre tätigen Psychologen und Psychologinnen sind in der „Deutschen Gesellschaft für Psychologie e. V." organisiert. Aufgaben und Ziele der DGPs sind auf die Förderung und Verbreitung der wissenschaftlichen Psychologie ausgerichtet. Die DGPs hat Fachgruppen zur Förderung von Teilgebieten der Psychologie eingerichtet. Eine davon ist die Fachgruppe „Biologische Psychologie und Neuropsychologie". Parallel dazu existiert die „Deutsche Gesellschaft für Psychophysiologie und ihre Anwendung e. V." (DGPA). Auch sie hat sich zum Ziel gesetzt, die wissenschaftliche Erforschung des Zusammenwirkens von physiologischen, psychischen und sozialen Prozessen zu fördern. Die Biologische Psychologie ist auch in der „Deutschen Forschungsgemeinschaft" (DFG), der zentralen Selbstverwaltungsorganisation der deutschen Wissenschaft, vertreten. Dort gibt es das Gremium der so genannten Fachkollegien, die maßgeblich bei der Qualitätssicherung der Begutachtung von Anträgen auf Forschungsgelder und bei der Vorbereitung von Förderentscheidungen der DFG mitwirken. Die Biopsychologie wird in den Fachkollegien „Psychologie" und „Neurowissenschaften" repräsentiert.

1.4 Die Psyche als Prozess und Ergebnis

Der Informationsverarbeitungsansatz Alles, was wir erleben (Wahrnehmung), fühlen (Emotion), erinnern (Gedächtnis), anstreben oder vermeiden (Motivation), wollen (Intention), beachten (Aufmerksamkeit), tun (Motorik, Handlung), verstehen oder ausdrücken (Sprache, Kommunikation), kann als Resultat eines äußerst diffizil funktionierenden Systems verstanden werden, das Informationen aufnimmt, selektiert, speichert, verarbeitet, weiterleitet, verändert, neu schafft und letztlich interpretiert und somit „versteht". Dieses System entspricht unserer Psyche, der Gesamtheit unseres Erlebens und Verhaltens einschließlich der subpersonalen psychischen Prozesse und Zustände, durch die das Erleben und Verhalten hervorgebracht werden. In diesem Sinne ist Psyche als Prozess und zusätzlich als Ergebnis

1.4 Die Psyche als Prozess und Ergebnis

des Prozesses zu verstehen. Mit „subpersonal" ist eine Ebene der Zustände und Prozesse gemeint, die der Person nicht bewusst ist und die sie im Regelfall auch nicht intentional kontrollieren kann, welche aber am Zustandekommen der bewusstseinsfähigen Zustände beteiligt ist. Ein Beispiel wären unbewusste Motive, wie etwa das Streben nach Anerkennung, die unser Verhalten (mit-)bestimmen können, ohne dass wir uns dessen (aktuell) explizit bewusst sind. Ein anderes Beispiel wäre das implizite Wissen über eine Regel in unserer Umwelt, das wir unbewusst nutzen. Hier kann man das Phänomen der Größenwahrnehmung anführen. Die Wahrnehmung der Größe eines Objekts berechnen wir nämlich unbewusst aus der Größe der Abbildung des Objekts auf der Netzhaut und der wahrgenommenen Entfernung des Objekts. So schätzen wir den am Horizont erscheinenden Mond als sehr viel größer ein als wenn dieser im Zenit steht (obwohl er natürlich immer gleich groß ist und auch auf unserer Netzhaut in beiden Fällen fast identisch abgebildet wird). Dieses Phänomen entsteht, weil wir die Entfernung zwischen uns und dem am Horizont erscheinenden Mond aufgrund der Nutzung von Hinweisreizen (wie z. B. die Silhouette einer Stadt) hinreichend korrekt abschätzen können. Die Entfernung zum im Zenit stehenden Mond jedoch unterschätzen wir, da uns analoge Hinweisreize am Himmel fehlen. Bei gleich großer Abbildung auf der Netzhaut erscheint uns dann das (vermeintlich) weiter entfernte Objekt (der Mond am Horizont) als größer. Während bewusste Zustände und Prozesse nur einen kleinen Ausschnitt unserer Psyche darstellen, sind die meisten psychisch relevanten Zustände und Prozesse subpersonaler Art, also unserem bewussten Zugriff entzogen. Das betrifft auch viele der Zustände und Prozesse, die Bewusstsein überhaupt erst ermöglichen. Dieser Ansatz prägt nicht nur die Biopsychologie, sondern ist für die gesamte Psychologie konstitutiv. Ergänzend soll betont werden, dass unbewusste Zustände und Prozesse durchaus zu einem bestimmten Zeitpunkt bewusst werden können.

Hierarchische Dekomposition Die Erklärung des „Was" bzw. „Wie" eines Ereignisses findet jeweils auf einer bestimmten Hierarchieebene statt. Am Beispiel der Größenwahrnehmung ist es die (bereits abgeschätzte) Entfernung und die (bereits bestimmte) retinale Größe; aus diesen beiden Elementen wird als neue Repräsentation die tatsächliche (veridikale) Größe des Objekts berechnet. Damit ist eine funktionale Erklärung bzw. Beschreibung geliefert, mit der man sich aber noch nicht zufriedengeben muss. Hier kommt nun das Prinzip der hierarchischen Dekomposition ins Spiel. Demnach kann man nun in jeden Bestandteil der Erklärung quasi hineinzoomen, also eine (psychische bzw. physische) Ebene in der Hierarchie tiefer steigen: Am Beispiel der Größenwahrnehmung kann man also untersuchen, wie die wahrgenommene Entfernung oder die retinale Größe bestimmt wird, oder wie die operationale Verknüpfung der beiden Repräsentationen konkret erfolgt. Wenn man dies wüsste, hätte man das Ereignis noch besser verstanden. Im nächsten Schritt könnte man wieder eine Ebene tiefer gehen. Die Auflösung der zu analysierenden psychischen wie körperlichen Elemente wird dabei immer feiner. Im Sinne eines infiniten Regresses könnte man theoretisch bis auf subatomare Hierarchieebenen oder noch weiter bis zum tatsächlichen Grund des Ereignisses gehen. Rein praktisch wird man das nicht oder nur bis zu einem gewissen Grad tun können, weil der Aufwand nicht mehr in Relation zum Erfolg steht oder uns die wissenschaftlichen Möglichkeiten, dies zu leisten, nicht zur Verfügung stehen. Rein pragmatisch wird man das gar nicht tun wollen, weil es dabei leicht sein kann, dass man das Phänomen, für das man sich eigentlich interessiert, zunehmend aus dem Blick verliert. Für unterschiedliche Forschungsdisziplinen, die sich alle mit dem Menschen beschäftigen, werden sich also bestimmte präferierte Hierarchieebenen ergeben. Für eine Sozialpsychologin werden dies andere sein als für eine Biopsychologin, eine Biochemikerin wird noch tiefere Ebenen berücksichtigen und eine Physikerin noch tiefere. Die Bedeutung einer genuin psychologischen Erklärungsebene wird aus systemtheoretischer Sicht durch das Emergenzprinzip unterstrichen, demzufolge die Eigenschaften eines Phänomens nicht zwangsläufig durch die Eigenschaften der das Phänomen bildenden Einzelelemente bestimmt ist. Aus gestaltpsychologischer Sicht entspricht dem Emergenzprinzip das Prinzip, dass das Ganze oft mehr ist als die Summe seiner Teile.

Die explanatorische Lücke zwischen Außen- und Innenperspektive Die Psyche umfasst sowohl die von außen (aus einer Perspektive der dritten Person) erfahrbaren Eigenschaften als auch die von innen (aus einer Perspektive der ersten Person, also des Ich oder des Selbst) zugänglichen Zustände. Ein Beispiel für einen Ausschnitt der Psyche aus einer Außenperspektive wäre die durch eine Studentin oder einen Studenten berichtete erlebte Zufriedenheit (oder Unzufriedenheit) mit der Lehrveranstaltung Biologische Psychologie, die durch eine Lehrevaluation am Ende des Moduls erhoben werden kann. Ein Beispiel für einen Ausschnitt unserer Psyche aus einer Innenperspektive wäre das eigentliche Sich-Anfühlen dieser Zufriedenheit (oder Unzufriedenheit) einer Studentin oder eines Studenten. Die Innenperspektive entzieht sich grundsätzlich einem naturwissenschaftlichen Zugang. In der philosophischen Literatur wird dies manchmal mit der erlebten Röte der Farbe Rot erläutert. Die Wissenschaft kann die notwendigen und vielleicht sogar die hinreichenden Bedingungen für das Erleben der Farbe Rot untersuchen, aber dabei letztlich nicht die explanatorische Lücke der Perspektive der dritten Person zur Perspektive der ersten Person schließen. Um es noch deutlicher zu machen: Wenn jemand Schmerzen hat (Innenperspektive) und mir darüber berichtet, empfinde ich selbst keine Schmerzen, kann mir aber ungefähr vorstellen, wie es dem anderen dabei geht

1.4 Die Psyche als Prozess und Ergebnis

(Außenperspektive). Sogar wenn ich über Empathie dann selbst Schmerzen empfinden würde, wären dies immer noch meine Schmerzen und nicht die des anderen. Trotz dieser prinzipiellen Beschränkung bleibt viel Relevantes und Interessantes aus der Perspektive der dritten Person zu erforschen. Tatsächlich wird diese Debatte um die explanatorische Lücke zwischen Erster-Person-Perspektive und Dritter-Person-Perspektive in der Philosophie schon länger geführt und sie ist wohl noch nicht abgeschlossen.

Eine überraschende Beschränkung der Innenperspektive Das System Psyche umfasst auch – wie vorher erwähnt – all jene Tatsachen, die am Zustandekommen unseres Erlebens und Verhaltens beteiligt sind. Diese Prozesse und Zustände sind meist nicht so einfach zugänglich. Der Innenperspektive sind sie oft sogar grundsätzlich unzugänglich. Auch wenn dieser Sachverhalt für viele von uns überraschend ist, ist sie durch mehrere Beispiele belegbar: So erleben wir "nur", wie sich die Röte der Farbe Rot anfühlt, aber wir erleben nicht, wie dieses Erlebnis entsteht! Wir können Farben sehen, weil wir über ein entsprechendes System der Farbverarbeitung (von den Sinnesrezeptoren bis zur visuellen Sehrinde des Großhirns) verfügen, welches letztlich zu unserem Wahrnehmungs-Erlebnis (Perzept) „rot" führt. Wir besitzen jedoch kein analoges Verarbeitungssystem (weder über entsprechende Sinnesrezeptoren noch über entsprechende Hirnareale), das uns darüber in Kenntnis setzt, wie das Farberlebnis in uns entsteht. Ein anderes Beispiel: Wir erkennen eine uns vertraute Person, aber wiederum wissen wir nicht, wie diese Erkenntnis entsteht! Wir verfügen über ein komplexes und noch nicht vollständig verstandenes System, das die Wiedererkennung von vertrauten Personen leistet (das z. B. Teile der Großhirnrinde einschließt, die wir in Kap. 3 besprechen werden), aber wir besitzen kein System, das uns dabei „zusehen" lässt, wie dies geschieht. Man könnte einwenden, dass wir doch wissen, welcher Reiz bei uns einen Schmerz verursacht hat, oder dass es doch unmittelbar einsichtig ist, dass diese Person in uns die Liebe entfacht hat. Das erklärt jedoch nicht das Zustandekommen des Schmerzes oder des Verliebtseins. Der gefühlte taktile Reiz und die gesehene Person sind bestenfalls die Auslöser, es müssen aber viele Prozesse in uns ablaufen, damit wir Schmerz oder Liebe tatsächlich erfahren. Der Dritte-Person-Perspektive sind (einige) dieser Prozesse durch wissenschaftliche Herangehensweise zugänglich. Die funktionalen Grundlagen unseres Erlebens und Verhaltens – also die Voraussetzungen, die subjektives Erleben und Verhalten zustande bringen – sind über die Außenperspektive wissenschaftlich zugänglich und stellen damit einen zentralen Gegenstand der wissenschaftlichen Psychologie, und somit auch der Biologischen Psychologie, dar.

1.5 Die biologische Instanziierung der Psyche

Das Nervensystem Das wichtigste materielle (physiologische, biologische) Korrelat dieses eben beschriebenen Systems Psyche ist das Nervensystem. Es ist definiert als die Gesamtheit aller Nervenzellen (in die oft auch die Gliazellen eingeschlossen werden) eines Lebewesens im zentralen (Neurone im Gehirn und Rückenmark) und peripheren (Neurone außerhalb von Gehirn und Rückenmark) Nervensystem. Man sagt auch, dass unsere mentalen Funktionen beziehungsweise Leistungen durch das Nervensystem (insbesondere durch das Gehirn) „instanziiert" werden. Der Begriff Instanziierung kommt aus der Philosophie des Geistes und meint die Art und Weise, wie eine bestimmte psychische Funktion bei uns Menschen materiell realisiert wird. Nehmen wir das Beispiel des Schachspielens: Auch Computer können (in gewisser Weise) Schach spielen. Bei Computern wird diese Fähigkeit jedoch anders realisiert als bei uns. Wir interessieren uns dafür, wie diese Fähigkeit beim Menschen zustande kommt.

Auch Tiere haben eine Psyche Da auch Tiere mit einem Nervensystem ausgestattet sind und wir mit verschiedensten Ausdruckserscheinungen des Psychischen aus dem Tierreich konfrontiert sind (z. B. Schmerzverhalten oder einsichtiges Verhalten), haben wir doppelten Grund auch Tieren eine Psyche zuzuschreiben. Die Vergleichende Psychologie hat hier in den letzten Jahren den Ausdruck „animal cognition" geprägt. Auch Tiere können einsichtsvoll handeln, eine Persönlichkeit besitzen oder wie etwa Primaten, um das Wissen anderer Individuen wissen. Die sogenannte Tierpsychologie wurde bereits von Wilhelm Wundt etabliert und macht dort einen wichtigen Teil der Vergleichenden Psychologie aus.

Geist-Gehirn-Zusammenhang Die Biologische Psychologie interessiert sich also für die Zusammenhänge zwischen der Psyche (einschließlich der den psychischen Ausdruckserscheinungen zugrunde liegenden psychischen Prozesse und Zustände) und denjenigen körperlichen Prozessen und Zuständen, die maßgeblich an der Instanziierung der Psyche beteiligt sind. Es geht somit – wie vorher vereinfacht ausgedrückt – im Wesentlichen um den Zusammenhang von Psyche und Gehirn. Dabei können sowohl die Psyche als auch das Gehirn auf hierarchisch unterschiedlichen Ebenen betrachtet werden, wobei nicht alle Ebenen so ohne weiteres miteinander vergleichbar sind.

Ebenen des Nervensystems Auf der Seite des Körperlichen kann man die Organebene, die neuronale Systemebene, die neuronale Netzwerkebene, die Ebene lokaler neuronaler Schaltkreise, die neuronale Zellebene und schließlich die synaptische und sogar die molekulare Ebene betrachten (siehe *hierarchische Dekomposition*, Abschn. 1.4). Auf der Organebene kann man das Zentralnervensystem (Gehirn und Rückenmark) vom peripheren Nervensystem unterscheiden und deren jeweilige Beiträge zu psychischen Funktionen untersuchen. Ebenfalls auf der Organebene kann beispielsweise das Gehirn von anderen Organen – etwa vom Herzen oder von der Nebennierenrinde – unterschieden und können deren differenzielle Beiträge zur Psyche bestimmt werden. So gibt etwa die Nebennierenrinde das Hormon Cortisol ab, das bei der Stressreaktion eine wichtige Rolle spielt. Auf der Ebene neuronaler Systeme unterscheidet man unterschiedliche Gehirnstrukturen und Gehirnareale und versucht deren Beitrag zu bestimmten psychischen Funktionen aufzuklären. Als ein Beispiel sei die Zirbeldrüse (Epiphyse) erwähnt, eine kleine Struktur im Zwischenhirn (Diencephalon), deren Funktion beim Schlaf-Wach-Rhythmus von Bedeutung ist. Auf der Ebene neuronaler Netzwerke wird das Zusammenspiel der verschiedenen Hirnareale bei der Realisierung einer bestimmten psychischen Funktion untersucht. Bestimmte Teile des Frontallappens und des Scheitellappens im Vorderhirn tragen beispielsweise zum räumlichen Arbeitsgedächtnis bei. Auf der Ebene lokaler neuronaler Schaltkreise werden Teilleistungen einer kleinen Gruppe von Nervenzellen innerhalb bestimmter Areale untersucht. Hier sei das Berechnen von Hell-Dunkel-Kontrasten bei der Präsentation eines visuellen Reizes als Beispiel genannt. Noch detaillierter wird es auf der synaptischen und der molekularen Ebene. Auf der synaptischen Ebene wird etwa der Einfluss eines bestimmten Neurotransmitters auf die Übertragung der elektrischen Erregung zwischen zwei Zellen untersucht. Auf der molekularen Ebene wird zum Beispiel bestimmt, unter welchen Bedingungen Gene aktiv werden, die für die Synthese bestimmter Proteine benötigt werden, welche beispielsweise unseren 24-h-Rhythmus mitbestimmen.

Ebenen des Psychischen Ähnlich wie auf der neurobiologischen Seite kann man auch auf der psychologischen Seite Phänomene auf unterschiedlichen Ebenen untersuchen. In Abb. 1.2 sind einige Ebenen der physischen und der psychischen Seite gegenübergestellt. Die Biologische Psychologie untersucht die Zusammenhänge zwischen diesen beiden Seiten. Dabei ist es offensichtlich, dass nicht jede Beschreibungsebene der einen Seite so ohne weiteres zu jeder beliebigen Beschreibungsebene der anderen Seite in Beziehung gesetzt werden kann.

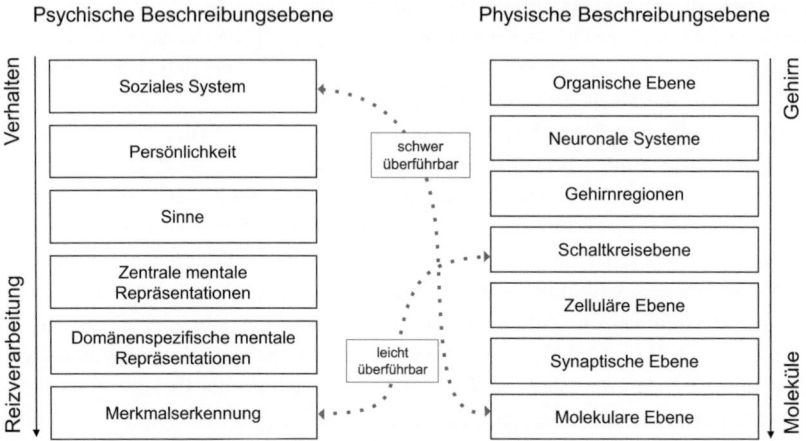

Abb. 1.2 Die Biologische Psychologie versucht Phänomene der Psyche und Phänomene des Körpers (insbesondere des Gehirns) miteinander in Beziehung zu setzen; manche Ebenen lassen sich leicht ineinander überführen, andere weniger leicht (Abbildung erstellt mit Unterstützung von Marc Pabst, Universität Leipzig)

1.6 Untersuchung des Zusammenhangs von Physis und Psyche

Wie erfolgt nun die Untersuchung der Beziehung zwischen Gehirn und Psyche? Im Prinzip ist dies mit drei unterschiedlichen Herangehensweisen möglich.

Korrelative Herangehensweise Mittels der ersten Variante kann man untersuchen, welche Merkmale auf der einen Seite mit welchen Merkmalen der anderen Seite systematisch variieren. Man sucht also nach Korrelationen zwischen psychischen und körperlichen Variablen. Dies macht sich die traditionelle Neuropsychologie zu Nutze. Sie bestimmt, ob und inwiefern die Art und das Ausmaß bestimmter Gehirnläsionen mit der Art und dem Ausmaß bestimmter kognitiver Beeinträchtigungen zusammenhängen. Der Vorteil dieser korrelativen Herangehensweise besteht darin, dass man Variablen miteinander in Beziehung setzen kann, die man nicht experimentell manipulieren kann oder darf (z. B. weil dies gegen ethische Gebote verstoßen würde). Der Nachteil besteht darin, dass man nicht so leicht Ursache-Wirkungs-Beziehungen feststellen und damit Kausalaussagen treffen kann. Dies ist deshalb problematisch, weil nicht immer klar ist, welche der beiden Variablen nun die andere

1.6 Untersuchung des Zusammenhangs von Physis und Psyche

beeinflusst oder ob nicht gar eine dritte (nicht berücksichtigte) Variable die Variation in den beiden betrachteten Variablen auslöst. Ein Beispiel ist die Studie von Eleanor Maguire et al. (2000), in der gezeigt wurde, dass Londoner Taxifahrer im Vergleich zu Kontrollprobanden eine Vergrößerung der Gehirnstruktur aufweisen, die für das Raumgedächtnis wichtig ist (Hippocampus). Es könnte nun sein, dass Taxifahren in London, bei dem hohe Anforderungen an das räumliche Gedächtnis gestellt werden, zu einer Vergrößerung des Hippocampus führt. Es könnte aber auch sein, dass Personen, die aufgrund eines relativ großen Hippocampus eine verbesserte räumliche Orientierung aufweisen, häufiger Taxifahrer werden als Personen mit kleinem Hippocampus; eventuell, weil sie mit größerer Wahrscheinlichkeit die schwierige Taxiprüfung bestehen. Wir werden in Kap. 3 noch mal darauf zurückkommen.

Wenn man Kausalbeziehungen aufklären will (und das will die Biologische Psychologie ja als naturwissenschaftliches Fach), bietet sich eine experimentelle Herangehensweise an. Genau dies ist Gegenstand der zweiten und dritten Herangehensweise. Hierbei wird gezielt die Variable der einen Seite variiert und die Auswirkung(en) dieser Manipulation auf die Ausprägung der Variable auf der anderen Seite ermittelt.

Experimentelle Variation körperlicher Variablen ➜ *Messung psychischer Variablen (Physiologische Psychologie)* Die Physiologische Psychologie im engeren Sinn führt experimentelle Manipulationen am Körper durch und misst, welche Auswirkungen das auf die Psyche hat. Im Tierversuch werden beispielsweise bestimmte Läsionen im Gehirn gesetzt und deren Auswirkungen auf das Lernen und das Gedächtnis bestimmt. Im Humanversuch werden beispielsweise die Wirkungen bestimmter Substanzen (z. B. Psychopharmaka) auf die Psyche ermittelt. Es sei daran erinnert, dass der Begriff Physiologische Psychologie häufig auch breiter gefasst wird und dann synonym zu Biologischer Psychologie ist.

Experimentelle Variation psychischer Variablen ➜ *Messung körperlicher Variablen (Psychophysiologie)* Umgekehrt manipuliert die klassische Psychophysiologie die Psyche und misst die dadurch bedingten Reaktionen des Körpers. Im Alltag einer psychophysiologisch arbeitenden Wissenschaftlerin beziehungsweise eines Wissenschaftlers heißt das beispielsweise, dass man einer freiwilligen Versuchsperson bestimmte auditive oder visuelle Reize (z. B. Musikstücke oder Bilder) präsentiert, mit denen die Person bestimmte Aufgaben lösen muss. Zum Beispiel soll sie sich die Reize merken oder sie nach einem bestimmten Kriterium beurteilen. Mittels geeigneter Methoden – wie etwa der Aufzeichnung des Elektroenzephalogramms (EEG) – ist es möglich, die durch die Aufgabenbearbeitung hervorgerufenen Reaktionen des Gehirns zu messen. Diese Reaktionen können Aufschluss über die

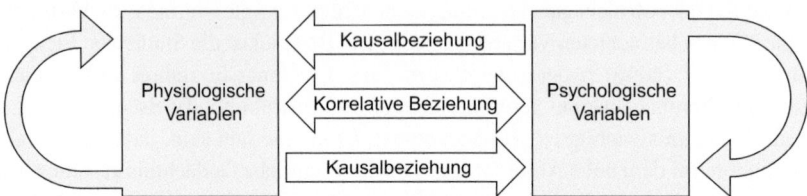

Abb. 1.3 Der Zusammenhang zwischen Physis und Psyche kann mit drei Herangehensweisen untersucht werden. Es können korrelative Beziehungen zwischen physiologischen und psychologischen Variablen bestimmt werden; man kann Kausaleinflüsse von physiologischen auf psychologische Variablen oder von psychologischen auf physiologische Variablen ermitteln (Abbildung erstellt mit Unterstützung von Marc Pabst, Universität Leipzig)

beteiligten Prozesse und Hirnregionen geben. In Abb. 1.3 sind die drei unterschiedlichen Herangehensweisen der Biologischen Psychologie, mit denen körperliche und geistige Variablen (Gehirn und Psyche) miteinander in Beziehung gesetzt werden, illustriert. Die traditionelle Unterscheidung von Neuropsychologie, Physiologischer Psychologie und Psychophysiologie wird inzwischen nicht mehr so streng getroffen. Dennoch kann sie dem „Einsteiger" von großem Nutzen sein, um das noch unbekannte Feld zu sortieren.

1.7 Das unlösbare Leib-Seele-Problem

Wechselseitige Beeinflussung von Physis und Psyche Bisher sind wir mehr oder weniger implizit davon ausgegangen, dass die neurobiologischen Vorgänge und Zustände die psychischen Vorgänge und Zustände auslösen beziehungsweise verändern. Obwohl diese Sichtweise in diesem Lehrbuch häufig dominiert, sollte man sich darüber im Klaren sein, dass es sich um eine einseitige Sichtweise handelt. Selbstverständlich ist auch die umgekehrte Sichtweise möglich. Es können sich also auch psychische Prozesse und Zustände auf körperliche Prozesse und Zustände auswirken. Dies wird bei allen psychischen Prozessen und Zuständen deutlich, die personalen Ursprungs sind, die also durch uns selbst als zu freien Entscheidungen befähigte Personen verursacht wurden. Ein Beispiel sei hier die Intention mit dem Lesen dieses Büchleins fortzufahren oder aber etwas anderes zu tun. Zu den zahlreichen eindrucksvollen Beispielen aus der Psychophysiologie zählt, dass auditive Areale unserer Hirnrinde auch dann aktiviert werden, wenn wir uns ein bestimmtes Musikstück lediglich vorstellen und also gar keinen tatsächlichen akustischen Input erhalten. Beeindruckende Belege für die Modulation des Gehirns durch die Psyche liefern auch andere Teildisziplinen der Biologischen Psychologie. So hat die Stressforschung gezeigt, dass dauerhafte und/oder besonders traumatische Erlebnisse zum Verlust von Neuronen im Hippocampus führen können. Das wirkt sich wiederum negativ auf bestimmte kognitive Leistungen (z. B. das Gedächtnis) aus. Die beachtlichen Erfolge der Methode des Biofeedback bei der Behandlung von diversen körperlichen Beschwerden – wie etwa Migräne – demonstrieren ebenfalls, wie der Geist den Körper beeinflussen kann.

Ist unser Wille frei? Materialistischer Reduktionismus Man könnte der Annahme, dass der Geist den Körper beeinflusst, entgegenhalten, dass wir in unseren Entscheidungen letztlich nicht frei sind, sondern bestimmte subpersonale oder zufällige Ursachen, die letztlich auf materielle Ursachen zurückgeführt werden können, für unsere Entscheidungen verantwortlich sind. Diese materiellen Gegebenheiten bestimmen im Endeffekt darüber, ob wir nun im Lehrbuch weiterlesen oder nicht. Beispielsweise könnte es die Neugierde sein, die uns dazu treibt, weiter zu lesen. Ob wir nun aber neugierig sind oder nicht, entscheiden wir nicht selbst. Unsere Neugier kann vielmehr auf verschiedenste Ursachen zurückgeführt werden. So könnte uns die Natur beispielsweise mit einem bestimmten Dopamin-Rezeptor-Polymorphismus ausgestattet haben, der unser Interesse nach Neuem anregt und entsprechendes Verhalten zur Befriedigung der Neugier induziert. Unter Polymorphismus versteht man in der Population vorkommende Variationen eines Gens, die die Ausprägung unterschiedlicher auf körperliche Merkmale oder aber auch auf Persönlichkeitseigenschaften bezogener Phänotypen bedingen können. Es gibt in der Tat eine Variante des Dopamin-Rezeptor-Gens, die eine erhöhte Konzentration dopaminsensitiver Rezeptoren an den Neuronen, die Dopamin als Neurotransmitter verwenden, bedingt. Träger dieses Polymorphismus könnten dann ein verstärktes Streben aufweisen, nach immer neuen Anregungen in der Umwelt zu suchen („novelty seeking"). Wir werden in Kap. 5 allerdings noch ausführen, dass die Vielfalt komplexer Merkmale – wie z. B. Persönlichkeitseigenschaften – nicht anhand der Ausprägung einzelner Gene erklärt werden kann. Auch das Beispiel, dass psychischer Stress negative neurobiologische Sekundäreffekte erzeugen kann, lässt sich materialistisch umdeuten. Der psychische Stress hat ja notwendigerweise ein physiologisches Korrelat, etwa die Ausschüttung bestimmter Hormone (z. B. Adrenalin, Adrenocorticotropin, Glucocorticoide), die wiederum langfristig die entsprechenden physiologischen Schädigungen bewirken können. Auch die anderen zuvor genannten Beispiele sind gegen diese Art des materialistischen Reduktionismus (d. h. gegen den Ansatz, alle psychischen Vorgänge auf materielle Gegebenheiten zu reduzieren) nicht immun. Einen interessanten Beitrag zur Debatte über die Existenz bzw. Nicht-Existenz des freien Willens liefert der Psychologe und Philosoph Wolfgang Prinz, wonach Willensfreiheit zwar kein naturwissenschaftliches Faktum, sondern ein kulturelles Konstrukt (eine „soziale Institution[en] im Dienste der kollektiven Regulierung individuellen Handelns"), aber eben doch existent und damit auch ein möglicher Gegenstand der Forschung sei (Prinz, 2004).

Materialismus, Mentalismus, Dualismus Was ist denn nun primär? Das Physische? Das Psychische? Ist beides gleichwertig? In gewisser Weise sind wir hier beim alten Leib-Seele-Problem, für das bisher unterschiedliche Lösungen vorgeschlagen wurden. Dualistische Theorien nehmen die Position ein, dass Leib und Seele zwei fundamental verschiedene Entitäten darstellen. Dabei können sich nach interaktionistischen dualistischen Theorien (z. B. René Descartes, 1596–1650) die materielle und die geistige Welt gegenseitig beeinflussen. Descartes war übrigens davon überzeugt, dass die physisch-psychische Interaktion über die oben angesprochene Zirbeldrüse erfolgt. Gottfried Wilhelm Leibniz (1646–1716) dagegen prägte einen psychophysischen Parallelismus, wonach das Psychische und das Physische nicht interagieren, sondern in einer durch Gott geschaffenen prästabilisierten Harmonie unabhängig voneinander koexistieren. Im Gegensatz zu den dualistischen Theorien leugnen die monistischen Theorien die grundsätzliche Verschiedenheit von Leib und Seele. Sie tun dies, indem sie das eine auf das andere reduzieren oder indem sie deren Gleichheit annehmen. Monismus ist übrigens ein Kunstwort, das so viel bedeutet wie „Es gibt nur eines". Mentalisten wie der irische Theologe George Berkeley (1685–1753) bezweifeln die Existenz des Materiellen. Berkeley entwickelte einen radikalen subjektiven Idealismus, nach dem nur die Inhalte unseres Bewusstseins existieren. Umgekehrt beschränken sich die Materialisten wie etwa der Philosoph Ludwig Feuerbach (1804–1872) nur auf die Annahme der Existenz des Materiellen. Identitätstheoretiker wie der Philosoph Friedrich Schelling (1775–1854) meinten hingegen, dass das Ideale und das Reale identisch sind. Die Frage nach dem Leib-Seele-Problem wurde also auf ganz verschiedene Art und Weise beantwortet. Das Leib-Seele-Problem scheint folglich nicht eindeutig lösbar zu sein, es beschäftigt jedenfalls noch immer das Gemüt der Schreiber und Leser, wie die Fülle an Literatur zu diesem Thema vermuten lässt.

Was bedeutet das für die Biologische Psychologie? Vermutlich verfolgen viele naturwissenschaftlich arbeitende Biopsychologinnen und Biopsychologen einen materialistischen Ansatz. Aber es gibt auch prominente naturwissenschaftliche Vertreter, die sich mit dem Zusammenhang von Psyche und Gehirn beschäftigen und sich explizit zum Dualismus bekennen. Beispielsweise vertrat der australische

Physiologe Sir John Eccles (1903–1997) einen ausgeprägten interaktionistischen Dualismus, der allerdings wenig Akzeptanz fand. Die Anerkennung seiner naturwissenschaftlichen Leistungen blieb davon jedoch unbeeinflusst; so erhielt er für seine Forschungen zur Synapse 1963 den Nobelpreis. Dies zeigt, dass die philosophische Grundposition, die man zum Leib-Seele-Problem einnimmt, für die praktische Tätigkeit in den Naturwissenschaften, die sich mit dem Verhältnis von Körper und Geist befassen, vermutlich wenig unmittelbare Bedeutung hat. Für uns sollte klar sein, dass man eine biologische Perspektive einnehmen kann, um psychologische Phänomene besser zu verstehen, und auch an den biologischen Konsequenzen psychischer Prozesse interessiert sein kann. Je nach Standpunkt kann man die eine oder die andere Wirkrichtung betrachten, sich für interaktive Wirkungen interessieren oder auf die Konstatierung von korrelativen Beziehungen beschränken. Jede dieser Herangehensweisen kann ihre Berechtigung haben. Wichtig ist, dass sich aus dem gewählten Betrachtungswinkel relevante Fragen ergeben und sich empirisch überprüfbare Hypothesen entwickeln lassen. Auch wenn das Leib-Seele-Problem nicht unmittelbar lösbar ist, beschränkt das nicht die Arbeitsfähigkeit der Biopsychologie.

1.8 Zur Struktur des Buches

Nachdem die Biologische Psychologie Methoden erschließt, die für die Biopsychologie selbst, aber auch für andere psychologische Fächer wichtige Erkenntnisinstrumente darstellen, wird den Methoden ein größeres Kapitel gewidmet. Wir stellen es an den Anfang, weil die Kenntnis der Methoden beim Lesen der inhaltlichen Kapitel hilft. Trotzdem sollte jedes Kapitel isoliert für sich verständlich sein. In den weiteren Kapiteln werden wir „Wichtige Gehirnstrukturen und ihre Funktion", „Neurone als funktionale Grundelemente des Nervensystems", „Gene und Verhalten – Subzelluläre Ebene" und „Weitere für die Psyche wichtige informationsverarbeitende Systeme" behandeln. Wir bewegen uns also von höheren Ebenen, etwa den Hirnlappen, zunehmend in tiefere Ebenen, etwa den Nervenzellen, den Neurotransmittern und den Hormonen (hierarchische Dekomposition). Die uns bekannten Lehrbücher der Biopsychologie machen es umgekehrt, sie fangen beim „Detail", der Mikroebene (Neuron) an und kommen dann erst zum „Groben", der Makroebene (Gehirn). Beide Zugänge haben ihre Vor- und Nachteile für die Leser und Leserinnen. Unser Ansatz erleichtert Neulingen (insbesondere aus den Geistes- und Sozialwissenschaften) den Einstieg in die Biopsychologie. Der übliche Ansatz erlaubt eine wissenschaftlich systematischere Taxonomie des Faches. Dieses Lehrbuch beinhaltet einen verhältnismäßig höheren Anteil an wissenschaftstheoretischen Erläuterungen. Auch werden alle drei Richtungen der Biopsychologie angesprochen, am stärksten die aktualgenetisch-situative Richtung, aber auch die phylogenetisch-evolutionäre und die ontogenetisch-individualpsychologische. Insgesamt dient das einer breiteren, ersten Orientierung im Fach Biopsychologie. Für die vertieftere Auseinandersetzung mit einzelnen Teilgebieten der Biopsychologie stehen spezialisierte Lehrbücher zur Verfügung.

Überblicksliteratur

- Bellebaum, C., Thoma, P., & Daum, I. (2012). Neuropsychologie. Springer VS Verlag für Sozialwissenschaften.
- Buss, D. M. (2004). Evolutionäre Psychologie (2 ed.). Pearson Studium.
- Cacioppo, J. T., Tassinary, L. G., & Berntson, G. (2016). Handbook of psychophysiology (4 ed.). Cambridge University Press.
- Call, J., Burghardt, G. M., Pepperberg, I. M., Snowdon, C. T., & Zentall, T. (2017). APA handbook of comparative psychology: Basic concepts, methods, neural substrate, and behavior (Vol. 1). American Psychological Association.
- Carlson, N. R. (2004). Physiologische Psychologie (Vol. 8). Pearson Studium.
- Ehlert, U., & von Känel, R. (Hrsg.). (2011). Psychoendokrinologie und Psychoimmunologie. Springer.
- Gründer, G., & Benkert, O. (Hrsg.). (2012). Handbuch der Psychopharmakotherapie. Springer.
- Kirschbaum, C., & Hellhammer, D. (1999). Psychoendokrinologie und Psychoimmunologie. Hogrefe, Verlag für Psychologie.

Biopsychologische Methoden 2

2.1 Die essentielle Bedeutung der Methoden

Wie oben ausgeführt erschließt sich der Zusammenhang zwischen körperlichen und geistigen Zuständen und Prozessen nicht durch Introspektion, sondern vorwiegend durch eine experimentelle Herangehensweise. Dafür sind Methoden erforderlich, die es erlauben, relevante körperliche und psychische Zustände und Prozesse messbar zu machen (wenn sie als abhängige Variablen dienen) beziehungsweise systematisch zu verändern (wenn sie als unabhängige Variablen dienen). Was für jede andere wissenschaftliche Disziplin gilt, gilt auch für die Biologische Psychologie: Ohne die adäquaten Methoden gäbe es die entsprechende wissenschaftliche Disziplin nicht. Die Methoden sind der Disziplin quasi inhärent und müssen nach dem Stand des Faches professionell angewendet, permanent weiterentwickelt und stets kritisch hinterfragt werden.

Die Gefahr von Methodenfehlern Es ist grundsätzlich zu bedenken, dass Fehler bei der Durchführung einer bestimmten Methode zu unbrauchbaren Ergebnissen führen. Ebenso führen Fehleinschätzungen der Aussagefähigkeit der mit einer bestimmten Methode erzielten Ergebnisse zu Interpretationsfehlern. Hier sollte man sich die Erkenntnis des einflussreichen Philosophen und Theologen Thomas von Aquin (ca. 1225–1274) zu Herzen nehmen, wonach ein kleiner Irrtum am Anfang ein großer Irrtum am Ende sein wird („Quia parvus error in principio magnus est in fine"). Kenntnisse über die Methoden der Biopsychologie sind daher unentbehrlich, um die wissenschaftlichen Ergebnisse besser verstehen und um ihre Aussagekraft besser einschätzen zu können. Das gilt nicht nur für Psychologinnen und Psychologen, die wissenschaftlich arbeiten, sondern auch für solche, die wissenschaftliche Erkenntnisse für ihre Tätigkeit nutzen (und das tun letztlich alle). Aus diesem Grund enthält dieses Lehrbuch ein eigenes Methodenkapitel. Da die Vielfalt der zur Verfügung stehenden Methoden enorm ist, können nur die wichtigsten Methoden vorgestellt werden.

Methoden, um Psychisches zu messen und zu verändern Die Messung und die Variation von psychischen Zuständen und Prozessen erfolgt in der Biologischen Psychologie nicht anders als in anderen psychologischen Fächern. Es werden beispielsweise Methoden der Psychophysik genutzt, um im Rahmen von wahrnehmungspsychologischen Fragestellungen absolute Wahrnehmungsschwellen oder Unterschiedsschwellen zu messen; es werden Methoden der mentalen Chronometrie (insbesondere Reaktionszeitmessungen) genutzt, um die zeitliche Organisation von mentalen Prozessen zu bestimmen; es werden Tests der psychologischen Diagnostik genutzt, um beispielsweise die Intelligenz oder die Ängstlichkeit einer Person zu ermitteln, und so weiter und so fort. Diese Methoden zur Messung der Psyche werden hier nicht separat vorgestellt, weil sie nicht genuin biopsychologisch sind. Ebenso werden die Methoden zur Variation psychischer Zustände und Prozesse nicht extra erörtert. Dazu gehören beispielsweise Methoden aus der Lernpsychologie zur Modifikation von Gedächtnisinhalten z. B. mittels klassischer oder operanter Konditionierung; oder Methoden aus der Emotionspsychologie zur Induktion bestimmter Gefühle z. B. mit Hilfe von Bildvorlagen aus dem International Affective Picture System (IAPS, Lang et al., 1997). Schließlich sei noch aus der Stressforschung der so genannte „Trierer Sozialer Stress Test" erwähnt, ein standardisiertes Verfahren, mit dem psychosozialer Stress ausgelöst wird (Kirschbaum et al., 1993). Zur detaillierten Beschreibung solcher wichtigen, aber eben nicht genuin biopsychologischen Methoden sei auf die entsprechenden anderen Lehrbücher der Reihe „Basiswissen Psychologie" verwiesen, wie etwa Gedächtnis, Entwicklungspsychologie, Sprache und Denken, Wahrnehmung und Aufmerksamkeit oder Klinische Psychologie.

Methoden, um Körperliches zu messen und zu verändern Hier kann man zwei Gruppen unterscheiden: Zur ersten Gruppe gehören Verfahren aus nichtpsychologischen Disziplinen wie der Physiologie, der Neurobiologie, der Biochemie und der Genetik. Mithilfe dieser Methoden, die wir der Einfachheit halber im Folgenden als biologische Methoden bezeichnen, werden die Struktur und Funktionsweise von Organismen untersucht und damit wichtige Grundkenntnisse für die Biologische Psychologie gewonnen. Trotz ihres hohen Stellenwerts können sie hier nur kurz behandelt werden. Zur zweiten Gruppe gehören Verfahren, die von biopsychologisch arbeitenden Forschern und Forscherinnen speziell zur Untersuchung des Zusammenhangs zwischen Physis und Psyche eingesetzt werden. Diese psychophysiologischen Verfahren werden natürlich nicht nur von Psychologinnen und

Psychologen genutzt und stammen auch größtenteils nicht aus der Psychologie, wie beispielsweise bildgebende Verfahren. Sie gewinnen jedoch zunehmend an Bedeutung und werden inzwischen nicht nur in der Biopsychologie, sondern in fast allen psychologischen Fächern erfolgreich eingesetzt. Die psychophysiologischen Methoden werden daher hier ausführlicher dargestellt.

2.2 Biologische Methoden

Mikroskopie: Unsichtbares sichtbar machen Viele für die Biopsychologie bedeutsame Strukturen des Organismus – wie etwa die Bestandteile von Nervenzellen und oft auch die Nervenzellen selbst – sind kleiner als das Auflösungsvermögen des menschlichen Auges. Es wurden daher unterschiedliche mikroskopische Methoden entwickelt, um diese Begrenzung aufzuheben. Besonders bekannt ist das Lichtmikroskop. Im einfachsten Fall wird durch optische Linsen eine Vergrößerung erreicht, die es zulässt, Objekte mit einem Abstand von 0,2 bis 0,3 µm (Mikrometer; 1 µm ist ein Tausendstel Millimeter) zu unterscheiden. Die Auflösung von Lichtmikroskopen ist damit etwa 100-fach besser als die des menschlichen Auges. In Kombination mit bestimmten Methoden zur Färbung von Zellen beziehungsweise Zellbestandteilen an Schnittpräparaten können damit die Elemente des Nervensystems dargestellt werden. Dies hat zuerst der Italiener Camillo Golgi (1843–1926) gemacht und so den nach ihm benannten Golgi-Apparat entdeckt (Dröscher, 1998), einen Zellbestandteil, der an der Synthese und dem Transport von Proteinen beteiligt ist. Ebenfalls unter Nutzung dieser Methode entdeckte der spanische Mediziner Santiago Ramón y Cajal (1852–1934), dass das Nervensystem nicht aus morphologisch und funktionell miteinander verschmolzenen Zellen (d. h. einem Synzytium) sondern aus einzelnen, voneinander getrennten Nervenzellen besteht, die über Synapsen miteinander verbunden sind. Für ihre Entdeckungen erhielten Golgi und Ramón y Cajal übrigens 1906 gemeinsam den Nobelpreis für Medizin. Der Wellencharakter des Lichts bedingt, dass mit Lichtmikroskopen keine noch höhere Auflösung erzielt werden kann. Das sogenannte Elektronenmikroskop verwendet statt einer Lichtquelle eine Elektronenquelle, wodurch die Auflösung im Vergleich zum Lichtmikroskop um etwa das 1000-fache verbessert wird. Dadurch können sogar einzelne Ionenkanäle der Membran einer Nervenzelle dargestellt werden. Moderne Verfahren der Mikroskopie nutzen Laserstrahlen, z. B. die sogenannte Fluoreszenzmikroskopie. Dabei werden fluoreszierende Moleküle in spezifische Zellen eingebracht, welche durch Laserstrahlen zum Leuchten angeregt werden. Daraus lassen sich hochaufgelöste Bilder berechnen, die die Darstellung einzelner Zellen, Zellbestandteile und Moleküle erlauben. Das Bahnbrechende an dieser Methode ist, dass nicht nur fixierte Präparate mikroskopiert werden können, sondern auch Gewebe im lebenden Organismus. Mit fortschreitender Zunahme der zeitlichen Auflösung dieser Methode lassen sich damit detaillierte Videoaufnahmen von Abläufen innerhalb der Zelle erstellen, zum Beispiel Prozesse innerhalb der Axone und Dendriten von Nervenzellen im visuellen Kortex, die durch die Präsentation visueller Reize mit bestimmten Eigenschaften in Gang gesetzt werden (vgl. Chen et al., 2013). Mit diesen und anderen mikroskopischen Methoden wurden für die Biopsychologie wichtige Erkenntnisse über unser Nervensystem gewonnen (siehe Kap. 3–5).

Molekularbiologische Methoden: Noch Kleineres sichtbar machen Noch detailliertere Erkenntnis darüber, wie Information innerhalb und zwischen Nervenzellen weitergeleitet wird (siehe Kap. 3 und 4) und wie Gene (Kap. 5) oder Hormone (Kap. 6) wirken, liefern die Molekularbiologie, die Biochemie und die Genetik. Diese Disziplinen interessieren sich für zelluläre Prozesse und untersuchen dazu die Träger der Erbinformation (Desoxyribonukleinsäure [DNA] und Ribonukleinsäure [RNA]), die zugehörige Proteinbiosynthese (Genexpression) und die Genregulation. So lassen sich etwa mittels der Gelelektrophorese verschiedene Arten von Molekülen trennen. Dabei treibt ein elektrisches Feld die Moleküle durch ein feinporiges Gel, das diese in Abhängigkeit von ihrem spezifischen Molekulargewicht und/oder ihrer Ladung unterschiedlich schnell passieren. Mit enzymgekoppelten Immunadsorptionstests lassen sich Proteine und Hormone in einer Probe (Urin, Blut, Speichel) nachweisen. Diese Tests beruhen im Prinzip darauf, dass eine hochspezifische Reaktion eines Antikörpers mit seinem Antigen (d. h. dem nachzuweisenden Stoff) stattfindet. Im Test wird das Antigen durch Bindung an einen spezifischen Antikörper aus der zu analysierenden Probe extrahiert. Ein zweiter spezifischer Antikörper, der mit einem bestimmten Enzym gekoppelt ist, bindet nachfolgend an das extrahierte Antigen. Dieses Enzym wiederum löst eine Farbreaktion aus, deren Stärke von der Konzentration des Antigens in der Probe abhängt. Man spricht hier auch von Immunassay-Verfahren. So kann beispielsweise das Stresshormon Cortisol (ein Steroidhormon der Nebennierenrinde) auf einfache Weise als abhängige Variable gemessen werden. Damit kann man dann zum Beispiel die Stressreaktivität eines wichtigen Stresssystems bestimmen, nämlich der Hypothalamus-Hypophysen-Nebennierenrinden-Achse. Wir werden in Kap. 6 darauf zurückkommen. Üblicherweise erfolgen solche Analysen über kommerziell arbeitende externe Labore, die die Auswertung mit standardisierten Verfahren durchführen. In der Psychoneuroendokrinologie und Psychoneuroimmunologie werden solche Verfahren routinemäßig herangezogen. Insofern sind diese Methoden

2.2 Biologische Methoden

inzwischen Bestandteil des Kanons biopsychologischer Methoden. Manche biopsychologische Arbeitsgruppen verfügen sogar über eigene Labormöglichkeiten, um diese Verfahren einzusetzen.

Molekulargenetische Methoden: Biotechnologie und Gentechnik Mittels gentechnischer Methoden kann das Erbmaterial einer Zelle modifiziert werden. So können spezielle DNA-Sequenzen entweder zusätzlich ins Genom eingebaut oder aber aus dem Genom entfernt beziehungsweise funktionsuntüchtig („knock-out") gemacht werden. Gerade in den letzten Jahren hat die sogenannte „Genschere" CRISPR/Cas9 für großes Aufsehen gesorgt (Jinek et al., 2012). Das CRISPR/Cas9-System ermöglicht es, DNA mit hoher Präzision an beliebiger Stelle zu manipulieren und ist dabei einfach, effizient und preiswert im Vergleich zu alternativen Verfahren. Durch gentechnische Manipulation und die Untersuchung von deren Auswirkung auf die Organismen werden Erkenntnisse über die Funktion der entsprechenden DNA-Abschnitte gewonnen. Gentechnisch veränderte Organismen mit ihren ganz speziell erzeugten Eigenschaften dienen dann als Modelle für die Untersuchung psychischer Funktionen oder bestimmter Erkrankungen. So sind gentechnisch veränderte Mäuse (sogenannte „knock-out"-Mäuse), denen z. B. das Gen zur Codierung eines speziellen Glutamatrezeptors entfernt wurde, nicht mehr in der Lage, den Weg durch ein Unterwasserlabyrinth aufgrund visueller Orientierungspunkte zu erlernen (Tsien et al., 1996).

Optogenetik Einen großen Fortschritt in der neurowissenschaftlichen Forschung hat die Optogenetik gebahnt. Dabei handelt sich um einen technologischen Ansatz, bei dem mithilfe gentechnischer Veränderungen lichtsensitive Kanalproteine in spezifische Nervenzelltypen eingebracht werden. Da Kanalproteine eine wesentliche Rolle beim Aufbau von Aktionspotenzialen spielen, können so präparierte Neurone durch implantierte Leuchtdioden gezielt aktiviert oder deaktiviert werden. Dies erlaubt es, klare kausale Zusammenhänge zwischen der Aktivität spezifischer Neurone und den assoziierten Veränderungen im Verhalten herzustellen. Im Vergleich zu anderen Verfahren, zum Beispiel zu direkter elektrischer Stimulation bestimmter Hirnregionen, kann die Stimulation hier sehr gezielt erfolgen und sich auf bestimmte Untergruppen von Neuronen – beispielsweise auf Interneurone – beschränken. So konnte zum Beispiel gezeigt werden, dass Erregung in einem spezifischen Teil des Hypothalamus aggressives Verhalten verstärkt (Lin et al., 2011) oder welche Strukturen und Schaltkreise daran beteiligt sind, dass Säugetiere episodische Gedächtnisinhalte besser abrufen können, wenn während oder vor dem Einspeichern ein neuartiges Ereignis auftrat (Takeuchi et al., 2016). Die hier angerissenen

Methoden tragen also dazu bei, die molekularbiologischen Grundlagen psychischer Zustände und Prozesse wie etwa des Lernens und des Gedächtnisses aufzuklären.

2.3 Peripher-psychophysiologische Methoden

Psychophysiologie peripherer Organe Die periphere Psychophysiologie interessiert sich für die Aktivität von allen Organen, die im Zusammenhang mit psychischen Zuständen und Prozessen stehen – mit Ausnahme der Aktivität des Gehirns – also etwa der Tätigkeit des Herzens, der Haut, der Nebennierenrinde, des Auges oder der Muskeln. Dabei ist ein grundsätzliches Problem zu berücksichtigen: Periphere Organe zeigen auch Aktivitäten, die nicht unmittelbar auf psychische Prozesse zurückzuführen sind. Es muss also immer sichergestellt sein, dass bei den Messergebnissen tatsächlich ein Bezug zu interessierenden biopsychologischen Prozessen besteht.

Augenbewegungen Die Bewegung beziehungsweise die Stellung der Augen kann vielfältige Auskunft über psychische Prozesse wie Aufmerksamkeit oder Interesse geben. So werden beim Betrachten, also dem visuellen „Abtasten" eines Gesichts meist zuerst die Augen und der Mund jeweils kurzzeitig fixiert und dann springt der Blick zu anderen markanten Merkmalen. Mit der Messung dieser Abfolge von Phasen der Fixation und schnellen Augenbewegungen (Sakkaden) lässt sich feststellen, in welcher Reihenfolge welche Merkmale eines Bildes betrachtet werden und wie lange sie fixiert werden. Die Aufzeichnung der Augenbewegungen und Augenfixationen ermöglicht dann Rückschlüsse über die Verarbeitung von visuellen Vorlagen wie z. B. Gesichtern. Analog werden in der Leseforschung Sakkaden und Fixationen gemessen. Die Sakkaden erfolgen innerhalb einer Zeile meist von links nach rechts, wobei am Ende der Zeile jedoch ein größerer diagonaler Rücksprung stattfindet. Dabei wird aber nicht jeder Buchstabe oder jedes Wort fixiert, sondern in Abhängigkeit von der Schwierigkeit des Textes und der Kompetenz der Lesenden kommt es zu systematischen Bewegungsabfolgen der Augen. Interessanterweise treten auch immer wieder Regressionen auf, also Rücksprünge an bereits absolvierte Textstellen. Diese Regressionen finden innerhalb einer Zeile oder über mehrere Zeilen hinweg statt. Die Analyse der Augenbewegungen beim Lesen kann also dazu beitragen herauszufinden, wie Sätze durch die Lesenden strukturiert werden und wie die Bedeutung von Textabschnitten erschlossen wird. Als weiteres Beispiel sei die Blickbewegungsforschung bei Kleinkindern erwähnt. Kleinkinder blicken auf für sie interessante Dinge. Auf Überraschendes oder Neues richten sie ihren Blick mit größerer Wahrscheinlichkeit als auf bereits Bekanntes. Die Analyse

2.3 Peripher-psychophysiologische Methoden

der Blickbewegungen und Fixationen ermöglicht es, bei Kleinkindern Aufmerksamkeit, Motivation und sogar Denken und Schlussfolgern zu untersuchen. Bei Kleinkindern, die kognitiv und motorisch noch nicht in der Lage sind, anspruchsvolle Aufgaben zu bewältigen, stellt die Methode der Augenbewegungsmessung eine Art Königsweg zur Untersuchung vieler psychologischer Phänomene dar.

Methoden der Augenbewegungsmessung (Okulographie): Elektrookulographie Augenbewegungen lassen sich beispielsweise mit dem Elektrookulogramm (EOG) messen. Dazu werden Elektroden neben dem äußeren Augenwinkel des linken und rechten Auges (Messung horizontaler Augenbewegungen) beziehungsweise über und unter einem Auge (Messung vertikaler Augenbewegungen) angebracht (siehe auch Abb. 2.1). Über ein Verstärkersystem wird die elektrische Spannung zwischen den Elektroden gemessen, die sich bei Augenbewegungen systematisch verändert. Diese Spannungsänderung tritt auf, weil die Netzhaut des Auges im Vergleich zur Hornhaut negativ geladen ist, d. h. das Auge stellt einen elektrischen Dipol dar. Durch Augenbewegungen verändert sich die Richtung des Dipols und damit die an den Elektroden anliegende Spannung. Mit der Elektrookulographie lassen sich besonders horizontale Bewegungen der Augen zeitgenau und mit einer räumlichen Auflösung von ca. 1–2 Grad Sehwinkel (das ist ungefähr die Größe, die die Breite

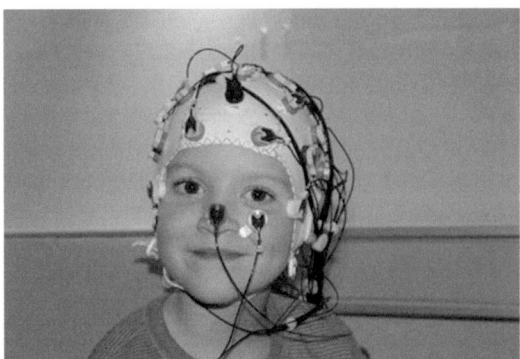

Abb. 2.1 Eine junge Versuchsperson. In der EEG-Kappe sind zahlreiche Elektroden an standardisierten Positionen angebracht. Zusätzlich sind links, rechts und unterhalb der Augen Elektroden angeklebt, die später für die Auswertung der Augenbewegungen verwendet werden. Eine zusätzliche Elektrode ist an der Nase positioniert, die für die spätere Auswertung als Referenzpunkt verwendet wird. (© Prof. Dr. Nicole Wetzel, Leibniz-Institut für Neurobiologie, Magdeburg, Abbildung mit freundlicher Genehmigung zur Verfügung gestellt)

eines Daumens am ausgestreckten Arm einnimmt) abbilden. Vertikale Augenbewegungen dagegen können nur unter spezifischen Vorkehrungen reliabel gemessen werden, da hierbei auch Bewegungen des Lids die Amplitude des EOG massiv beeinflussen. Allerdings lassen sich mit Hilfe der Elektrookulographie in erster Linie relative Augenbewegungen messen, wohingegen die genaue Position des Auges bzw. die exakte Blickrichtung nur sehr ungenau ermittelt werden können.

Videookulographie Die Messung der Blickrichtung ist beispielsweise mit der Videookulographie (VOG) leichter möglich. Damit ist ein recht vielseitiges Spektrum an Methoden gemeint, die Bilder der Augen mit Hilfe von Kameras aufzeichnen und Merkmale extrahieren, die systematisch mit den Rotations- bzw. Translationsbewegungen der Augäpfel variieren. Dazu zählen zum Beispiel Position und Form des Abbilds der Pupille, die Position des sogenannten Limbus (der Übergang zwischen Iris und Sklera, der weißen Lederhaut des Auges) oder die Cornea-Reflexion (eine Reflexion auf der Hornhaut des Auges, die durch eine künstliche Lichtquelle erzeugt wird). Bildverarbeitungssoftware kann aus den diversen Merkmalen die Bewegungen der Pupille berechnen. Gerade für lichtreflex-basierte Methoden wird in der Regel eine Infrarot-Lichtquelle genutzt, da Infrarotlicht für das menschliche Auge nicht sichtbar ist und somit während der Messung nicht ablenkend wirkt. Lichtquelle und Kamera sind dabei entweder in einer Apparatur am Kopf der Person angebracht (zum Beispiel in Form einer Eye-Tracking-Brille) oder stehen ortsfest vor der Person. Ein grundsätzliches Problem bei der Augenbewegungsmessung ist die Abgrenzung von Rotationsbewegungen der Augen gegenüber Kopfbewegungen, um korrekte Aussagen über die Blickrichtung treffen zu können. Eine gängige Methode ist dabei, Merkmale wie die Position der Pupille und die Position des Cornea-Reflexes in ihrer Relation zu betrachten, da diese sich systematisch mit Rotationsbewegungen ändert, und relativ robust gegenüber leichten Kopfbewegungen ist. Dennoch kann auch in diesem Fall eine Fixierung der Position des Kopfes, zum Beispiel durch eine Kinn- und Stirnstütze, von Vorteil sein. Dann kann man durch entsprechende Kalibrierung zu Beginn der Messung den genauen Blickverlauf auf einer visuellen Vorlage aufzeichnen. Die Blickrichtung kann so mit einer Genauigkeit von etwa 0,5 Grad Sehwinkel bestimmt werden, was für viele Zwecke ausreichend ist.

Was ist die „beste" okulographische Methode? Mit photoelektrischen Methoden, wie der Infrarotokulographie (IROG) oder dem Einsatz von (elektrischen) Spulen können Augenbewegungen noch genauer gemessen werden als mit den oben genannten Methoden. In den letzten Jahrzehnten hat sich in vielen Bereichen jedoch

2.3 Peripher-psychophysiologische Methoden

die Videookulographie als Technik der Wahl durchgesetzt. Sie ist vielseitig einsetzbar, leicht anzuwenden, kann eine zufriedenstellende räumliche und zeitliche Auflösung erreichen und erlaubt eine komfortable Messung, bei der die zu untersuchende Person wenig eingeschränkt ist, sich zum Teil sogar frei bewegen kann. Dennoch setzen alle Verfahren der Videookulographie voraus, dass die Augen geöffnet sind, sonst kann keine Messung stattfinden. Wenn man aber beispielsweise im Rahmen der Schlafforschung (siehe Abschn. 2.4) das Ausmaß und die Dynamik der Augenbewegungen bei geschlossenen Augen erfassen will, bleibt die bereits beschriebene Elektrookulographie weiterhin unentbehrlich.

Pupillometrie: Bestimmung der Pupillengröße Nicht nur die Bewegung der Augen, sondern auch die Weitung der Pupille kann Auskunft über psychische Prozesse geben. Es wird häufig berichtet, dass die Blätter und Beeren der Tollkirsche früher als Aphrodisiakum und zur Pupillenerweiterung verwendet wurden. Letztere soll die sexuelle Attraktivität erhöhen (daher rührt auch die lateinische Bezeichnung der Pflanze *Atropa belladonna*, „bella donna" = „schöne Frau"). Ob dieses Mittel tatsächlich die gewünschten Effekte herbeiführt, mag dahingestellt bleiben. Klar ist jedoch, dass einer der beiden Muskeln, die die Pupillengröße verändern, vom sympathischen Nervensystem gesteuert wird und indirekt mit dem limbischen System in Verbindung steht. Das sympathische Nervensystem ist das Subsystem des vegetativen Nervensystems (siehe Kap. 6), das den Körper in erhöhte Leistungsbereitschaft versetzt. Das limbische System wiederum ist eng mit der Erzeugung von Emotionen verknüpft (siehe Kap. 3). So weiten sich die Pupillen, wenn man erschrickt und sie verkleinern sich bei Überlastung. Damit bietet sich die Messung der Pupillengröße, die üblicherweise mit einer Infrarot-Kamera erfolgt, als Indikator für diese Prozesse an (vgl. Einhäuser, 2017). Übrigens reagieren bereits Kleinkinder auf die Entdeckung eines überraschenden Geräusches mit einer Pupillenerweiterung (Wetzel et al., 2016). Man darf allerdings nicht vergessen, dass die wichtigste Funktion der Änderung der Pupillenweite natürlich die Regulation des einfallenden Lichts auf die Netzhaut ist.

Akustischer Lidschlag-Reflex: Ein Maß für Emotion Wenn auf unsere Ohren unerwartet ein kurzer Impuls weißen Rauschens trifft, erschrecken wir in der Regel und schließen nach 30–130 Millisekunden (ms) unwillkürlich die Augen. Dieses Verhalten wird als Lidschlag-Reflex bezeichnet. Unter weißem Rauschen versteht man in der Akustik ein Geräusch, in dem sehr viele unterschiedliche Frequenzen vorkommen. Wenn der Kanal von Fernseher oder Radio verstellt ist, ergibt sich häufig ein Geräusch, das sich so ähnlich wie weißes Rauschen anhört. Im Prinzip kann jedoch jeder unerwartet auftretende starke sensorische Reiz diese Art von Schreckreaktion auslösen. Dabei werden nicht nur die Augen geschlossen. Der Schreckreiz zieht vielmehr eine Reihe von körperlichen Reaktionen nach sich, unter anderem Flexions- und Extensionsbewegungen (Beuge- und Streckbewegungen). Beim Tier und beim Menschen ist dieser Reflex am besten für den Lidschlag-Reflex untersucht, der mit akustischen „Furchtreizen" ausgelöst wird. Er aktiviert über den Thalamus und die Amygdala (siehe Kap. 3) den Musculus orbicularis oculi, der zum Schließen des Auges führt. In der psychophysiologischen Forschung ist dieses Phänomen als „acoustic-startle"-Reflex bekannt. Das Ausmaß der Muskelaktivierung, die über ein Elektromyogramm erfasst werden kann, hängt allerdings nicht nur von der Beschaffenheit des akustischen Reizes ab, sondern auch von zahlreichen anderen Faktoren. Wenn man beispielsweise zeitgleich zum weißen Rauschen Bilder präsentiert, die sich in ihrer emotionalen Valenz unterscheiden, hat das einen Einfluss auf die durch das Rauschen ausgelöste Amplitude im Elektromyogramm (EMG; siehe übernächster Absatz). Die emotionale Valenz ist die Qualität des Gefühls, die ein Reiz vermittelt; das heißt, sie gibt an, wie stark positiv oder negativ ein Reiz erlebt wird. Wenn mit dem Rauschen ein Bild mit positiver Valenz dargeboten wird, ist die Amplitude des EMG sehr viel kleiner als wenn ein Bild mit negativer emotionaler Valenz gezeigt wird (vgl. Hamm et al., 1997; Schupp et al., 1997). Neutrale Bilder lösen eine EMG-Reaktion aus, die zwischen der von positiven und negativen Bildern liegt. Allein schon die Vorstellung von etwas Angenehmen oder Unangenehmen kann den Lidschlag-Reflex modulieren. Die Stärke des Lidschlagreflexes kann also genutzt werden, um Rückschlüsse auf emotionale Bewertungen oder Gestimmtheiten zu ziehen.

Präpulsinhibition des akustischen Lidschlag-Reflexes als Maß für Aufmerksamkeit Eine Variante des akustischen Lidschlag-Reflexes ist durch die Darbietung eines schwachen akustischen Reizes (des Präpulses) vor dem eigentlichen Rauschimpuls gekennzeichnet. Dies bewirkt eine Reduktion des Lidschlagreflexes. Man nennt dieses Phänomen Präpulsinhibition. Die Wirkung des Präpulses auf den durch den Rauschimpuls ausgelösten Reflex hängt nun davon ab, wie stark die Aufmerksamkeit auf den Präpuls gerichtet wird. Mittels dieser Modifikation kann der Lidschlag-Reflex auch zur Untersuchung von Aufmerksamkeitsmechanismen genutzt werden. Schizophrene Patienten weisen eine Verminderung dieser Präpulsinhibition auf, was als psychophysiologisches Korrelat einer gestörten sensomotorischen Hemmung interpretiert wird. Die Patienten reagieren also zu stark auf Umweltreize, die eigentlich ignoriert werden könnten. Es wurde spekuliert, dass die sogenannten Positiv-Symptome der Schizophrenie, wie Denkstörungen,

2.3 Peripher-psychophysiologische Methoden

Wahnvorstellungen oder Halluzinationen, eine Folge der verminderten sensomotorischen Hemmung sein könnten. Neuroleptische Medikamente, die zur Besserung der Positiv-Symptome eingesetzt werden, sorgen auch dafür, dass die Präpulsinhibition wieder verstärkt auftritt (Weike et al., 2000).

Messung des akustischen Lidschlag-Reflexes Über elektromyographische Messungen kann die Aktivität des betreffenden Augenmuskels relativ einfach gemessen werden; übrigens auch dann, wenn die Muskelaktivierung noch zu schwach ist, um zur Auslösung des vollständigen Reflexes zu führen. Das Elektromyogramm (EMG) misst die Veränderungen der elektrischen Spannung, die mit Muskelaktivität einhergehen. Die Aufzeichnung des EMG erfolgt ähnlich wie beim EOG über Elektroden.

Elektromyogramm (EMG) als Methode zur Messung von Muskelanspannung
Mögliche Anwendungen des EMG wurden ja gerade am Beispiel des Lidschlag-Reflexes vorgestellt. Natürlich sind auch andere Muskelgruppen diesem Messverfahren leicht zugänglich, beispielsweise Muskeln im Gesicht (Stirn, Auge, Mundwinkel), im Nacken oder am Unterarm. Im Rahmen von Biofeedbackverfahren kann dadurch quasi „online" der muskuläre Spannungs-/Entspannungszustand bestimmter Muskeln abgebildet werden. Diese Methodik wird z. B. bei der Behandlung chronischer Schmerzzustände eingesetzt. Patienten lernen über die Rückmeldung der EMG-Aktivität, verkrampfte Muskulatur willentlich zu entspannen. Nach einiger Übung ist es oft möglich, die erwünschte Entspannung auch ohne das Biofeedback der EMG-Aktivität herbeizuführen. Ein anderes Beispiel ist die Erkennung von (subtilen) Emotionen über die Messung des Spannungszustandes der Gesichtsmuskeln, die für die Mimik zuständig sind. So wurde gezeigt, dass wir beim Betrachten von freudigen und wütenden Gesichtern unwillkürlich die Muskeln aktivieren, die zur Auslösung eines freudigen und wütenden Gesichtsausdrucks bei uns selbst führen (Dimberg, 1982). Das Betrachten von emotionalen Gesichtsausdrücken induziert also bei uns diese Emotionen, natürlich im Regelfall in stark abgeschwächter Form. Da die dabei ausgelöste Aktivierung der Muskeln so schwach sein kann, dass sie noch nicht zu tatsächlich sichtbaren Änderungen in der Mimik führen, ist das EMG in solchen Fällen videobasierten Verfahren der Emotionsmessung überlegen.

Kardiovaskuläre Aktivität: Die Herzrate als Maß für Entspannung und Anspannung
Das Herz-Kreislauf-System liefert zahlreiche Indikatoren für psychische Prozesse. Eine äußerst einfach zu messende und doch wichtige abhängige Variable ist die

Herzfrequenz, also die Zahl der Herzschläge pro Minute. Aus ihr lassen sich zahlreiche interessante Parameter ableiten. Wie für viele biopsychologische Variablen gilt auch für die Herzrate, dass sie nicht nur durch psychische, sondern auch (sogar vorwiegend) durch körperliche Einflussgrößen determiniert wird. Im Ruhezustand beträgt die Herzrate in Abhängigkeit von Alter und körperlicher Fitness etwa 60–70 Schläge pro Minute. Sie kann bei körperlicher Belastung auf bis zu 200 Schläge pro Minute ansteigen. In Angst auslösenden Situationen kann sich die Herzrate ebenso erhöhen wie beim Betrachten von emotionalen Bildern. Wenn man dagegen konzentriert seine Aufmerksamkeit auf etwas richtet, sinkt die Herzrate geringfügig ab. Auch psychische Entspannung führt zu einer leichten Reduktion der Herzrate.

Herzratenvariabilität Ein weiterer Parameter, der sich aus der kardiovaskulären Aktivität ableiten lässt, ist die Herzratenvariabilität. Selbst wenn wir uns im entspannten Ruhezustand befinden, wird unser Herz nicht komplett gleichmäßig schlagen. Stattdessen unterliegen die zeitlichen Abstände zwischen zwei aufeinanderfolgenden Herzschlägen einer gewissen Schwankung. Beispielsweise schlägt das Herz beim Einatmen schneller als beim Ausatmen. Diese natürlichen Schwankungen bilden sich in der Herzratenvariabilität ab. Sie ist ein Indikator für die vegetative Regulationsfähigkeit, d. h. die Fähigkeit des Organismus, die Herzrate an wechselnde endogene und exogene Einflüsse anzupassen. Eine höhere Herzratenvariabilität ist entsprechend assoziiert mit einer besseren kardiovaskulären Gesundheit, aber auch mit einem höheren Maß an Adaptationsfähigkeit in Bezug auf psychische Stressoren. Zum Beispiel zeigen depressive Patienten häufig eine reduzierte Herzratenvariabilität, wobei die Reduktion mit dem Schweregrad der Depression korreliert ist (Kemp et al., 2010). Die Herzratenvariabilität spielt aber nicht nur im klinischen Kontext eine Rolle, sondern auch in den Sportwissenschaften und in der Stressforschung.

Messung der Herzrate und der Herzratenvariabilität Die Herzrate kann also gut den Grad der psychischen Anspannung anzeigen. Da die Effekte oft klein sind und nur kurze Zeit andauern, stellt man sie in einer Art Herzratentachometer dar, mit der sich die Änderungen kontinuierlich verfolgen lassen. Es stehen diverse Verfahren zur Verfügung, um die Herzrate auf einfache Art auch in Alltagssituationen zu messen; beispielsweise mit Pulsuhren, wie sie von Ausdauersportlern verwendet werden. Ein genaues Messverfahren stellt die Elektrokardiographie dar. Um das Elektrokardiogramm (EKG) zu messen, werden nach standardisierten Vorgaben Elektroden an bestimmten Positionen des Körpers angebracht, die den charakteristischen zeitlichen Verlauf der Aktionspotenziale der Muskelzellen des Herzens mit einer Genauigkeit im Bereich von Millisekunden aufzeichnen. Für jeden einzelnen Herzschlag

2.3 Peripher-psychophysiologische Methoden

erhält man so vielfältige Information, die vor allem für medizinische aber auch für diverse psychophysiologische Anwendungen genutzt werden kann. Betrachtet man die Herzrate im Verlauf über die Zeit, kann man die Intervalle zwischen einzelnen Herzschlägen bzw. zwischen den damit einhergehenden EKG-Parametern bestimmen und deren Schwankungen quantifizieren, um so die Herzratenvariabilität zu bestimmen. In der Regel erfolgt die Quantifizierung über einfache statistische Maße, wie zum Beispiel die Standardabweichung der Intervalldauern. Eine andere Möglichkeit der Quantifizierung besteht darin, die Schwankungen nach ihrem Frequenzspektrum einzuteilen. Dominant ist dabei häufig ein Ansteigen und Abfallen der Herzrate ca. alle 5–10 s (Frequenz: 0.1–0.2 Hz), welches wie oben beschrieben mit dem Rhythmus der Atmung einhergeht.

Kardiovaskuläre Aktivität: Blutdruck und Blutfluss als Maße für Beanspruchung und Erregung Das Herz pumpt mit jedem Herzschlag sauerstoffreiches Blut zu den Organen und sauerstoffarmes Blut in die Lungen. Durch den Pumpvorgang kommt es zu charakteristischen Druckschwankungen in den Adern des Kreislaufsystems. Der höchste Druck entsteht bei der Kontraktion der linken Herzkammer, durch die das Blut in die Körperschlagader – die Aorta – gepresst wird. Der kleinste Druck wird während der Erholungsphase (Diastole) des Herzmuskels gemessen. Wie die Herzrate hängt der Blutdruck von zahlreichen körperlichen Faktoren, aber eben auch von psychischen Faktoren ab. Mentale Beanspruchung und emotionale Erregung modulieren den Blutdruck beziehungsweise den Blutfluss. Blutdruck und Blutfluss stehen dabei in einem eindeutigen Zusammenhang: Sie verhalten sich zueinander so ähnlich wie Spannung und Stromstärke im Ohmschen Gesetz. Die durch psychische Faktoren verursachten Änderungen der kardiovaskulären Aktivität sind zum Teil durch das sympathische Nervensystem bedingt. Dieses kann über die Regulation der glatten Muskulatur in den Gefäßwänden eine Verengung der peripheren Blutgefäße (Vasokonstriktion) und damit eine Erhöhung des Blutdrucks oder aber eine Erweiterung der Blutgefäße (Vasodilatation) und damit eine Abnahme des Blutdrucks bewirken.

Messung des Blutdrucks Es gibt verschiedene Möglichkeiten, den Blutdruck zu messen. Bei der Riva-Rocci-Methode wird mit einer Oberarmmanschette die Arterie abgeschnürt und dann mittels Manometer zum einen der Druck gemessen, bei dem das Blut gerade wieder zu fließen beginnt (systolischer Blutdruck), und zum anderen der Druck, bei dem das Blut wieder ungehindert durch den Oberarm fließt (diastolischer Blutdruck). In der medizinischen Praxis wird oft nach dieser Methode vorgegangen. Es gibt aber auch weniger aufwändige Methoden, mit denen der Blutdruck regelmäßig und automatisch bestimmt werden kann.

Blutfluss: Plethysmographische Messung emotionaler Erregung Unter Plethysmographie versteht man die Messung der Veränderung des Blutflusses in peripheren Gefäßen wie etwa in den Blutgefäßen der Finger oder der Haut auf der Stirn. Dies kann mittels Messung des Volumens eines Körperteils, das von einer luft- oder flüssigkeitsgefüllten Hülle umgeben ist (Volumen-Plethysmographie), erfolgen. Bereits Wilhelm Wundt (1832–1920), der Gründer des weltweit ersten Instituts für experimentelle Psychologie im Jahr 1879, nutzte dieses Verfahren für emotionspsychologische Untersuchungen. Eine andere verbreitete Methode ist die Photo-Plethysmographie. Dabei wird mit Photosensoren die Menge des Lichts gemessen, das durch das Blut gelangt oder durch das Blut reflektiert wird. Die oben behandelte Herzrate lässt sich ganz einfach mit sogenannten Fingerplethysmographen messen. Dabei wird die Lichtquelle über einen Clip an der Fingerkuppe positioniert, und mit einem Sensor wird das durch den Finger gelangte beziehungsweise reflektierte Licht gemessen. Da mit jedem Herzschlag Blut in den Finger gepumpt wird, ändert sich die Lichtdurchlässigkeit periodisch. Diese Methode ist einfach und zuverlässig.

Elektrodermale Aktivität (EDA): Indikator der Schweißdrüsenaktivität Das sympathische Nervensystem kontrolliert auch die Nervenzellen, die für die Sekretion der Schweißdrüsen verantwortlich sind. Schweiß wird vorwiegend zur Regulation der Körpertemperatur abgegeben. Aus evolutionärer Perspektive dient das Schwitzen aber auch einem besseren Flucht- oder Angriffsverhalten, weil es die Griffigkeit der Hände und Füße erhöht. Die höchste Dichte an Schweißdrüsen besteht an den Innenflächen der Hände und Füße. Außerdem schützt der Schweiß bei kleineren Verletzungen vor Infektionen. In übertragenem Sinn reflektiert Schweißdrüsenaktivität also nicht nur physische, sondern auch psychische Verteidigungsbereitschaft. Wenn der Schweiß von den Drüsen über die Ausführungsgänge nach außen abgegeben wird, ändert sich die Hautleitfähigkeit. Die sich dabei ergebenden Spannungsveränderungen kann man direkt messen, so ähnlich wie beim EOG (siehe oben) oder EEG (siehe unten). Bei der häufig angewendeten Methode der EDA-Messung wird eine sehr niedrige elektrische Spannung mittels an der Handinnenseite oder den Fingern angebrachten Elektroden angelegt. Man kann dann Stromschwankungen, die durch die Aktivität der Schweißdrüsen ausgelöst werden, messen. Aus den Messwerten lassen sich verschiedene Parameter berechnen, die meist als Indikatoren für emotionale Erregung oder Aktivierung genutzt werden. EDA eignet sich aber auch für die Messung kognitiver Belastung. Eine bekannte, wenn auch umstrittene Anwendung ist der sogenannte Lügendetektor.

2.3 Peripher-psychophysiologische Methoden

Lügendetektor: Kombination von Herz- und Hautaktivität Häufig wird die Aktivität mehrerer Organsysteme – etwa des Herzens und der Haut – simultan aufgezeichnet. Kombinationsgeräte, die dies leisten, nennt man Polygraphen (Vielschreiber). Polygraphie wird auch zur Lügendetektion eingesetzt. Dabei wird versucht, durch Auswertung von kardiovaskulären und elektrodermalen Maßen herauszufinden, ob eine Person die Wahrheit sagt oder nicht. Basierend auf der Annahme, dass die Person nervös ist, wenn sie lügt, sollte sich eine Veränderung diverser peripherphysiologischer Maße ergeben. Dies ist auch tatsächlich meist der Fall. Aber eine Person kann auch aus anderen Gründen nervös sein, zum Beispiel kann mitunter allein der prüfende Blick des Versuchsleiters für Nervosität sorgen. Die Veränderung der peripher-physiologischen Maße allein reicht also nicht aus, um zweifelsfrei festzustellen, ob die Person nun lügt oder nicht. In der Forschung zur psychophysischen Aussagenbeurteilung wird versucht, mit Hilfe von bestimmten Befragungsmethoden lügenspezifische peripher-physiologische Aktivierungsmuster zu bestimmen. Damit soll eine Unterscheidung zwischen durch Lügen bedingter Nervosität und auf andere Ursachen zurückzuführender Nervosität möglich gemacht werden. Beim sogenannten Tatwissenstest (Lykken, 1959) werden Fragen über Details der Tat gestellt, von denen man annehmen kann, dass sie nur dem Täter bekannt sind. Außerdem werden Fragen zu anderen Details gestellt, die nichts mit der Tat zu tun haben. Die Erinnerung tatspezifischer Details sollte beim Täter größere Reaktionen hervorrufen als die Erinnerung tatunspezifischer Details. Bei Personen, die nichts mit der Tat zu tun haben, wären solche Unterschiede nicht zu erwarten. Beim Vergleichsfragentest wird die Person dagegen direkt danach gefragt, ob sie die Tat begangen hat. Zudem werden ihr eine Reihe von zusätzlichen Kontrollfragen gestellt, die ebenfalls Nervosität erzeugen sollen. Beim Täter sollte die direkte Frage eine höhere Aktivität hervorrufen, bei einer unschuldigen Person jedoch die Kontrollfragen. Im Labor funktioniert diese Art der Lügendetektion (insbesondere der Tatwissenstest) erstaunlich gut. Es gibt jedoch Manipulationsmöglichkeiten und Entscheidungsfehler bei der Beurteilung der Richtigkeit der Aussage können nicht ausgeschlossen werden. Wie wir außerdem bereits erfahren haben, reagieren die für die Aussagenbeurteilung verwendeten Maße nicht nur auf Nervosität, sondern auch auf diverse körperliche Prozesse (z. B. die Anspannung der Muskeln). Damit sind der praktischen Anwendung dieser Methode enge Grenzen gesetzt. So dürfen die aufgrund von Lügendetektoren gewonnenen Erkenntnisse auch nicht zur Urteilsbegründung vor Gericht verwendet werden. Strittigerweise kommt die Methode trotzdem als ergänzende Maßnahme besonders in den USA, gelegentlich aber auch in Deutschland in Gerichtsverfahren zum Einsatz. Die Einbeziehung der direkten Messung der Gehirnaktivität (EEG, Bildgebung) in den Tatwissenstest wird inzwischen ebenfalls diskutiert (Gamer & Vossel, 2009).

Résumé Bisher haben wir uns einen Überblick über peripher-psychophysiologische Methoden verschafft. Natürlich konnten die Verfahren nur sehr knapp vorgestellt und deren Anwendung nur an einigen ausgewählten Beispielen veranschaulicht werden. In vielen biopsychologischen Lehrbüchern wird den peripherpsychophysiologischen Methoden leider noch weniger Platz eingeräumt. Dies ist natürlich bedauerlich, weil sie in Forschung und Praxis der Psychologie eine große Bedeutung besitzen. Es werden außerdem immer noch neue interessante peripher-psychophysiologische Methoden entwickelt. So hat etwa die Arbeitsgruppe um den Psychologen Christian Kaernbach in Kiel Methoden zur Erfassung des Phänomens der Gänsehaut entwickelt (Benedek & Kaernbach, 2010). Damit wird diese noch nicht gut erschlossene peripher-psychophysiologische Variable der Anwendung zugänglich gemacht. Sie kann beispielsweise zur Erforschung der Verarbeitung emotionaler Geräusche eingesetzt werden. Man denke nur daran, wie das quietschende Geräusch eines Kreidestücks auf uns wirkt. Auf der anderen Seite ist die Vernachlässigung der peripheren Psychophysiologie auch verständlich, da in jüngster Zeit die Methoden zur Messung der Hirnaktivität eine enorme Entwicklung durchlaufen haben. Die zentralnervösen Indikatoren psychischer Prozesse sind unter anderem deshalb so interessant, weil sie direkt die Aktivität des Organs, das als materielles Substrat der psychischen Prozesse gilt – nämlich des Gehirns – widerspiegeln.

2.4 Methoden zur Messung von Gehirnaktivität

Wenn man in früheren Zeiten an psychologischen Phänomenen und deren Zusammenhang mit dem Gehirn interessiert war, musste man entweder wie Broca oder Wernicke auf die Gehirne Verstorbener zurückgreifen und hat dadurch den Bezug zum Psychischen nur schwer herstellen können. Oder man konzentrierte sich wie die Gründerväter der experimentellen Psychologie Gustav Theodor Fechner (1801–1887) und Wilhelm Wundt (1832–1920) vorwiegend auf die Untersuchung psychischer Phänomene mit Hilfe von Verhaltensexperimenten und musste die im Gehirn ablaufenden Prozesse weitgehend unberücksichtigt lassen. Inzwischen existieren zahlreiche Methoden, um die Aktivität und die Struktur des Gehirns am lebenden Menschen zu erforschen. Die neuen Methoden, dem arbeitenden Gehirn – also dem denkenden, fühlenden, sich erinnernden, aufmerksamen, motivierten Gehirn – bei seiner Arbeit direkt zuzusehen, haben unser Verständnis des Gehirn-Psyche-Zusammenhangs erheblich vorangebracht. Manche der Methoden erlauben es nicht nur Gehirnaktivität zu messen, sondern sowohl funktionelle als auch strukturelle Information zu erhalten und zu verknüpfen. Das heißt, man kann

2.4 Methoden zur Messung von Gehirnaktivität

feststellen, wo im Gehirn bei bestimmten psychischen Prozessen besondere Aktivität zu verzeichnen ist, welche Hirnareale dabei miteinander kommunizieren und welche Nervenfaserverbindungen bestehen.

Elektroenzephalographie (EEG): Dem Gehirn bei der Arbeit zusehen Wenn viele Tausende von Nervenzellen zeitlich überlappend aktiv sind, können sich deren elektrische Erregungen so summieren, dass es an der Oberfläche des Schädels zu messbaren Veränderungen der elektrischen Spannung kommt. Mit Hilfe von Elektroden, die an der Schädeloberfläche angebracht sind, können diese Spannungsänderungen aufgezeichnet werden. In Abb. 2.1 ist zu sehen, wie eine Versuchsperson mit EEG-Kappe an einem Experiment teilnimmt. Da es sich bei den vom Gehirn verursachten Spannungsschwankungen um relativ kleine Signale handelt, die oft nur wenige Mikrovolt (μV, d. h. Millionstel Volt) betragen, benötigt man entsprechende EEG-Apparaturen, um sie einigermaßen störungsfrei zu registrieren. Das „online"-EEG wird üblicherweise im Spannungs-Zeit-Diagramm dargestellt, wobei die Zeit auf der x-Achse abgetragen ist und die Spannung in μV auf der y-Achse (Abb. 2.2). Als Begründer der Elektroenzephalographie am Menschen gilt Hans Berger (1873–1941), der in Jena (unter anderem an seinem Sohn Klaus) das EEG ableitete und seine Ergebnisse 1929 veröffentlichte (Berger, 1929). Diese Entdeckung hat später die Neurologie, die Neurowissenschaften und auch die Psychologie revolutioniert. EEG-Ableitungen werden heute routinemäßig in jeder Klinik, jedem psychologischen Institut und in vielen Arztpraxen (z. B. bei HNO-Ärzten und -Ärztinnen oder Neurologen und Neurologinnen) durchgeführt. Der Wert des EEG für die Diagnostik (z. B. bei Epilepsie oder Schlafstörungen) kann nicht hoch genug eingeschätzt werden. Ebenso ist es ein unentbehrliches Hilfsmittel in zahlreichen Forschungsgebieten (z. B. Aufmerksamkeit, Sprachentwicklung) geworden.

Die vier klassischen EEG-Rhythmen: α-, β-, θ-, δ-Wellen Beim Betrachten des EEG lässt sich häufig mit bloßem Auge ohne aufwendige Analyseverfahren rhythmische Aktivität beobachten. Wenn der Proband bzw. die Probandin müde wird, sieht das EEG anders aus, als wenn konzentriert eine Aufgabe gelöst wird. Beim Einschlafen ist das EEG wiederum verändert. Frequenzanalytische Auswertungen des EEG, bei denen das komplexe Signal in die darin vorkommenden Frequenzen zerlegt wird, ergeben typische EEG-Rhythmen: die sogenannten Alpha-, Beta-, Theta- und Delta-Wellen. Für den Alpha-Rhythmus (Alpha-Band) sind Frequenzen von 8–12 Hz typisch. Die Amplituden sind mit 10–150 μV als mittel bis groß zu bezeichnen. Die Alpha-Wellen treten vorwiegend in hinteren (parieto-occipitalen) Bereichen des Kopfes auf. Die Tatsache, dass sie bevorzugt auftreten, wenn man die Augen schließt oder müde ist, spricht dafür, dass sie etwas mit Entspannung zu tun

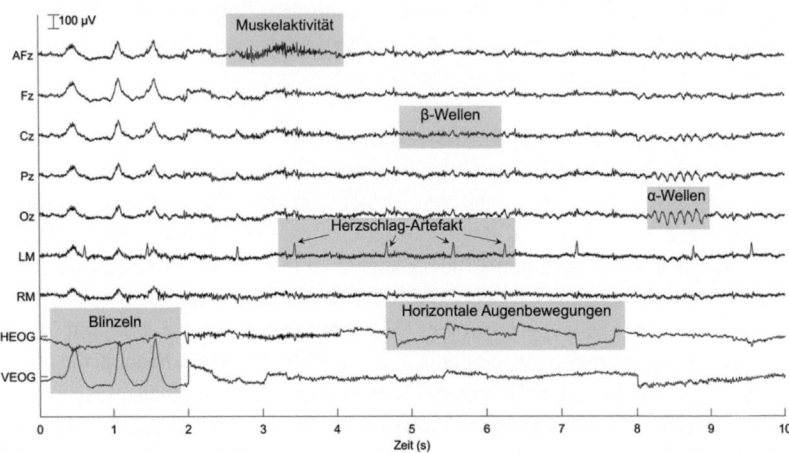

Abb. 2.2 Darstellung des Elektroenzephalogramms (EEG) und des vertikalen und horizontalen Elektrookulogramms (VEOG und HEOG) im Spannungs-Zeit-Diagramm. Auf der y-Achse ist die Spannung in Mikrovolt (μV) und auf der x-Achse die Zeit in Sekunden (s) abgetragen. Die Kurven der Elektrodenpositionen auf der Mittellinie der Schädeloberfläche (AFz – anterior-frontal, Fz – frontal, Cz – zentral, Pz – parietal, Oz – okzipital) zeigen zumeist hochfrequente, sehr niedrigamplitudige Gehirnaktivität; an AFz lässt sich außerdem noch höher-amplitudige Muskelaktivität erkennen (vermutlich hat der Proband die Stirnmuskeln angespannt). An Oz sind zusätzlich niedrigfrequente, hochamplitudige Signale – sogenannte Alpha-Wellen – zu erkennen, die auf Entspannungszustände oder Müdigkeit des Probanden hindeuten. An einer der beiden weiteren Elektroden, die über der sogenannten Mastoid-Region des Schläfenbeins (hinter den Ohren) angebracht werden (LM/RM – linker/rechter Mastoid), lassen sich charakteristische wiederkehrende Ausschläge sehen, die durch den Herzschlag verursacht sind. In den unteren beiden Kurven (HEOG, VEOG) sind deutliche Ausschläge zu erkennen, die durch vertikale Augenbewegungen (Blinzeln) bzw. horizontale Augenbewegungen (Lesebewegungen) entstanden sind. Man beachte die durch Artefakte (Blinzeln, Muskelaktivität etc.) hervorgerufenen großen Amplitudenänderungen im Vergleich zu den niedrigamplitudigen EEG-Signalen (Abbildung von Dr. Sabine Grimm)

haben. Neuere Studien deuten darauf hin, dass Alpha-Oszillationen jedoch auch als funktionelle Korrelate unterschiedlicher Gedächtnisnetzwerke verstanden werden können (Klimesch, 2012). Der Beta-Rhythmus reicht von etwa 14–25 Hz und ist durch kleine Amplituden charakterisiert ($< 25\,\mu$V). Er kann über der gesamten Oberfläche des Schädels auftreten, aber auch mit Maxima über vorderen (anterioren) oder über hinteren (posterioren) Bereichen. Beta-Wellen sind bei konzentriertem Wachsein dominierend. Durch große Amplituden von über 50 μV im Frequenzbereich von 4–7 Hz zeichnet sich der Theta-Rhythmus aus. Er ist eher posterior verteilt. Der Delta-Rhythmus weist sehr niedrige Frequenzen (< 3 Hz) auf. Die Amplitude und der Ort des Auftretens von Delta-Wellen sind variabel. Sowohl Theta- als auch Delta-Wellen sind charakteristisch für bestimmte Schlafstadien, wie wir im folgenden Absatz noch näher ausführen werden.

(1) EEG und Schlaf
Das EEG hat eine besondere Bedeutung für die Definition der Schlafstadien und zur Untersuchung von Schlaf und Schlafstörungen. Daher wollen wir hier beispielhaft die enge Verknüpfung von Methode und Inhalt am Beispiel des Schlafes, seiner Definition und Funktion behandeln.

EEG-Frequenzbänder und Schlaf Die vier klassischen Frequenzbänder (Alpha-, Beta-, Theta- und Delta-Wellen) sind unter anderem deshalb so wichtig, weil sie zentral für die Definition der Schlafstadien sind. Schlaf dient der Erholung und der körperlichen Regeneration. Der Organismus befindet sich während des Schlafs in relativer Ruhe. Trotzdem sind diverse Aktivitäten zu beobachten, und es ist nicht trivial den Schlaf zu "diagnostizieren". Mit der Erhebung peripher-physiologischer Maße (mittels EOG und EMG, siehe oben) und gehirnphysiologischer Maße (z. B. Aktivität in den verschiedenen Frequenzbändern des EEG) kann man systematische Veränderungen physiologischer Parameter beim Schlaf im Gegensatz zum Wachzustand ermitteln. Außerdem variieren diese Parameter aber auch systematisch während des Schlafes. Damit konnte gezeigt werden, dass Schlaf kein homogener Zustand ist, sondern aufgrund der charakteristischen Variationen von EEG-, EMG- und EOG-Parametern in definierte Schlafstadien eingeteilt werden kann. Die Schlafforschung hat dabei akzeptierte Standards der Schlafmessung etabliert.

Die fünf Stadien des Schlafs Man unterscheidet fünf Schlafstadien, die als Stadien I-IV und als REM-Stadium bezeichnet werden. Schlaf Wenn eintritt, verfällt man zuerst in Stadium I, den leichten Schlaf, in dem die Amplituden der Alpha-Wellen kleiner werden, der Anteil der Theta-Wellen im EEG zunimmt und die Muskulatur entspannt (Reduktion der EMG-Aktivität). Anschließend tritt man ins Schlafstadium II ein, das durch viele Theta-Wellen und immer wieder auftretende charakteristische kurzzeitige Veränderungen im EEG, sogenannte Schlafspindeln (etwa eine Sekunde dauernde kleine Wellen mit 12–14 Hz) und K-Komplexe (großamplitudige Ausschläge), gekennzeichnet ist. In den Stadien III und IV befindet man sich im Tiefschlaf. Dort treten die Delta-Wellen auf. Wegen der niedrigen Frequenz der Delta-Wellen hat sich die Bezeichnung „slow-wave-sleep" eingebürgert. In Stadium IV sind die Delta-Wellen häufiger (> 50 %) als in Stadium III (< 50 %). Im

Tiefschlaf sind die Muskeln weniger entspannt und es kann zu Schlafwandeln und Sprechen kommen. Allerdings ist man während einer Tiefschlafphase nur besonders schwer erweckbar und kann sich nach dem Erwecken recht „schlaftrunken" und desorientiert fühlen. Das fünfte Stadium bezeichnet man als paradoxen oder REM („rapid-eye-movements") Schlaf. Dort ähnelt das EEG dem Wachzustand bzw. dem Stadium I, d. h. es herrscht eine Mischung aus niedrigamplitudigen Wellen unterschiedlicher Frequenzen (Theta-, Alpha- und Beta-Wellen) vor. Immer wieder treten Sequenzen von schnellen Augenbewegungen auf, und bis auf die Augenmuskeln sind alle Muskeln völlig entspannt. Herz- und Atemfrequenz sowie der Blutdruck steigen, außerdem kann es zu Penis- und Klitoris-Erektionen kommen. Man träumt in allen Schlafstadien, allerdings berichten die während des REM-Schlafes geweckten Personen häufiger Träume. Diese werden auch als lebendiger erlebt, was aber möglicherweise auf ein besseres Erinnerungsvermögen im REM- im Vergleich zum Non-REM-Schlaf zurückzuführen ist. Die fünf Stadien werden pro Nacht mehrmals durchlaufen, wobei in der zweiten Schlafhälfte der zeitliche Anteil der Tiefschlafstadien abnimmt und der Anteil des REM-Schlafes größer wird. Der Anteil der einzelnen Schlafstadien variiert jedoch nicht nur innerhalb einer Nacht, sondern auch über die Lebensspanne. Während Neugeborene in etwa die Hälfte des Schlafs im REM-Stadium verbringen, reduziert sich dieser Anteil bei Erwachsenen auf ca. ein Viertel.

Schlafmangel: Schlaf ist lebenswichtig! Wenn man zu wenig schläft (Schlafdeprivation), hat dies diverse negative Auswirkungen auf psychische Prozesse. So sinkt beispielsweise die Leistungsfähigkeit bei der Bearbeitung kognitiver Aufgaben, und es kommt zu Wahrnehmungs- und Gedächtnisstörungen. Schlafmangel hat aber auch körperliche Auswirkungen. So treten etwa Änderungen im Cortisolspiegel oder eine Schwächung des Immunsystems auf. Außerdem kommt es zu sogenannten Mikroschlaf-Episoden (Sekundenschlaf), in denen vorwiegend Theta-Aktivität das EEG des Wachzustands ablöst und man für mehrere Sekunden das Wachbewusstsein verliert. Dies birgt ein erhebliches Gefahrenpotenzial (u. a. beim Autofahren). Bei längerem Schlafentzug beziehungsweise länger anhaltendem Schlafmangel verstärken sich die Symptome bis hin zum Auftreten von Halluzinationen, Persönlichkeitsstörungen und geistigem Verfall. Bei noch längerem Schlafentzug tritt schließlich der Tod ein. Schlafmangel kann durch verschiedene Arten von Schlafstörungen (Insomnien), Lärmbelastung, Schichtarbeit und – salopp formuliert – die negativen Auswirkungen eines modernen Lebensstils (Stress, exzessiver Medienkonsum u. ä.) verursacht sein. Der Vollständigkeit halber sei erwähnt, dass kurzzeitiger kontrollierter Schlafentzug als etablierte Methode zur Behandlung von Depressionen eingesetzt wird (Wachtherapie).

Die natürliche Schlafdauer des Menschen beträgt 6–10 h, allerdings benötigen Kleinkinder (bis ca. 18 h) und Kinder bis ins Teenageralter (10 h) mehr Schlaf als Erwachsene. Der natürliche Rhythmus zwischen Wachen und Schlafen wird nach dem Zwei-Prozess-Modells des Schlafens von Alexander Borbély durch die beiden Faktoren zirkadianer Rhythmus und akkumulierter Schlafmangel gesteuert (Borbély, 1982): Der zirkadiane Rhythmus, d. h. unsere innere Uhr, beschreibt die charakteristischen tageszeitlichen Schwankungen einer Vielzahl regulatorischer Prozesse in unserem Körper (so auch die Ausschüttung des schlafinduzierenden Hormons Melatonin). Der akkumulierte Schlafmangel bezeichnet schlichtweg die Zeit, die eine Person bereits im Wachzustand verbracht hat. Die Wechselwirkung dieser beiden Faktoren bestimmt nun den aktuellen Schlafdruck, d. h. das Bedürfnis in den Schlafzustand überzugehen. Im besten Fall geht ein erhöhtes Schlafbedürfnis aufgrund des akkumulierten Schlafmangels mit einer zirkadianen Phase einher, die Schlaf ohnehin begünstigt. Wenn beide Faktoren einen hohen Schlafdruck anzeigen, ist die Einschlafschwelle niedrig. Bei Schichtarbeit oder bei einem Jetlag zeigt zwar der Faktor Schlafmangel nach 16 h des Wachseins Müdigkeit an, aber der zirkadiane Rhythmus befindet sich zu diesem Zeitpunkt womöglich in einer Phase der wachen Aktiviertheit, sodass die Einschlafschwelle erhöht ist.

Schlafbedürfnis Insgesamt gibt es erhebliche interindividuelle Unterschiede in Bezug auf das Schlafbedürfnis. Es gibt Menschen, die für lange Zeiträume mit wenigen Stunden Schlaf pro Tag auskommen. So geht man davon aus, dass ca. 1 % der Bevölkerung zu den „Kurzschläfern" zählt. Zum Beispiel soll Margaret Thatcher zu ihrer Zeit als Premierministerin des Vereinigten Königreichs mit vier Stunden Schlaf pro Nacht ausgekommen sein. Erbgutanalysen konnten zeigen, dass unter anderem spezifische Genveränderungen dafür verantwortlich sind, dass sich bestimmte Menschen auch nach relativ wenig Schlaf ausgeruht fühlen.

Schlaftheorien Es gibt verschiedene Schlaftheorien, die sich meist nicht gegenseitig ausschließen. Viele Befunde unterstützen beispielsweise die regenerative Theorie, wonach der Schlaf der Erholung und Regeneration des Organismus dient. Nach einer evolutionsbiologischen Theorie hat sich Schlaf als Selektionsvorteil für bestimmte Arten ausgebildet. Nach psychologischen Theorien ist der Schlaf wichtig für die Verarbeitung von Erinnerungen.

Regenerationstheorien wurden in den letzten Jahren besonders durch Hinweise darauf gestützt, dass es innerhalb des Gehirns ein System zum Abtransport von überschüssigen Stoffwechselabbauprodukten gibt (das sogenannte glymphatische System), welches vorwiegend während des Schlafs aktiv ist und das Gehirn von sich in den Zellzwischenräumen ablagerndem, schädlichem Material befreit (Xie et al.,

2013). Die Wirkungsweise dieses Systems und die Implikation, die es für Gesundheit und Wohlbefinden des Organismus hat, sind bei weitem noch nicht geklärt. Dennoch hat diese Forschungsrichtung großes Interesse auf sich gezogen, da ein Zusammenhang zwischen der Aktivität des glymphatischen Systems und der Entstehung neurodegenerativer Erkrankungen vermutet wird, bei denen die Ablagerung fehlgefalteter Proteine im Gehirn eine Rolle spielt.

Lernen im Schlaf Auch die Theorie der Organisation von Erinnerungen im Schlaf hat in jüngster Zeit deutliche empirische Evidenz erhalten. Die Funktion des Schlafes für die Gedächtnisbildung ist gut belegt und sogar der Einfluss verschiedener Schlafstadien auf verschiedene Gedächtnissysteme ist nachgewiesen (z. B. Diekelmann & Born, 2010). So wird das Gedächtnis für Fakten (deklaratives Gedächtnis, siehe Kap. 3) insbesondere durch die frühen Tiefschlafphasen ausgebildet. Es wird vermutet, dass die dort vorherrschenden Delta-Wellen zur Konsolidierung und Reorganisation von deklarativen Gedächtnisinhalten beitragen. Wenn man die Delta-Wellen in diesen frühen Tiefschlafphasen noch künstlich verstärkte, zeigten die teilnehmenden Probanden verbesserte Gedächtnisleistungen beim Lernen von Wortpaaren (Züst et al., 2019). Ein weiteres Charakteristikum von Tiefschlafphasen, nämlich das Absinken der Konzentration des Neurotransmitters Acetylcholin (siehe Kap. 4) und des Hormons Cortisol, scheint ebenfalls für die Gedächtnisbildung bedeutsam. So konnte gezeigt werden, dass sich die gedächtnisfördernde Wirkung des Tiefschlafs verschlechtert, wenn man den Acetylcholin- oder Cortisol-Level erhöht (z. B. Gais & Born, 2004). Das Gedächtnis für motorische und sensorische Fertigkeiten (prozedurales Gedächtnis, siehe Kap. 3) profitiert dagegen besonders vom REM-Schlaf. Während des REM-Schlafs ist das neurochemische Niveau von Acetylcholin hoch. Wenn man es künstlich blockiert, verhindert man den Nutzen des REM-Schlafs für das prozedurale Gedächtnis (Rasch et al., 2009).

Diese Erkenntnisse über die Funktion des Schlafes und die Rolle bestimmter Schlafstadien gründen stark auf deren Unterscheidbarkeit, was wiederum unterstreicht, wie maßgeblich der Anteil der Nutzung geeigneter biopsychologischer Methoden (EOG, EMG und EEG) am Fortschritt dieses Forschungsfeldes ist.

(2) Elektro- und Magnetoenzephalographie als Mikrophone für die Messung mentaler Aktivitäten
Ereigniskorrelierte Potenziale (EKPs). Die bisher betrachteten EEG-Signale treten spontan auf. Wenn man jedoch an den EEG-Signalen interessiert ist, die als Reaktion (oder in Vorbereitung) auf bestimmte Ereignisse auftreten, muss das EEG zeitlich korreliert mit dem Ereignis ausgewertet werden. Wenn man nun dieses Ereignis

mehrmals stattfinden lässt und die dabei gemessenen EEG-Abschnitte mittelt, werden die Hirnantworten sichtbar, die mit dem Auftreten des Ereignisses in einem zeitlich konstanten Verhältnis stehen. Die spontane Hirnaktivität korreliert zeitlich nicht mit dem Ereignis und wird daher mit zunehmender Zahl der ereignisbezogenen EEG-Abschnitte, die in die Mittelung eingehen, kleiner. Letztlich bleibt die ereignisbezogene Aktivität übrig, die durch die an der Verarbeitung des Ereignisses ablaufenden Hirnprozesse erzeugt wird. Man spricht von ereigniskorrelierten Potenzialen (EKPs) oder (nicht immer völlig bedeutungsgleich) von evozierten Potenzialen (EPs). Im Spannungs-Zeit-Diagramm ist die Darstellung des EEG dann auf das Ereignis bezogen. Die spezifischen Ausschläge im Diagramm hängen eng von der Verarbeitung des Ereignisses ab. Das EKP stellt daher ein wichtiges Instrument zur zeitlich hoch aufgelösten Untersuchung der Reizverarbeitung dar. Nun wird die Art und Weise, in der wir ein Ereignis verarbeiten, nicht nur von dessen physikalischer Beschaffenheit bestimmt, sondern auch von zahlreichen personseitigen Faktoren (wie Wahrnehmung, Aufmerksamkeit, Gedächtnis, Motivation, Emotion, Sprache, Vigilanz, Persönlichkeit, Alter, Musikalität usw.). Mittels EKPs können wir Aufschluss über die Beteiligung dieser Faktoren an der Verarbeitung eines Ereignisses gewinnen. Dass dies nicht ohne fundierte Kenntnisse geht, versteht sich von selbst. Und doch gibt es Beispiele für routinemäßige Anwendungen in der Medizin, in der z. B. die Messung früher akustisch evozierter Potenziale im Rahmen der Hördiagnostik eingesetzt wird.

Lokalisation der EKP-Generatoren Mit verschiedenen mathematischen Verfahren kann man Modelle erstellen, mit deren Hilfe die möglichen Orte, an denen bestimmte EKP-Komponenten im Gehirn generiert werden, berechnet werden können. Dabei gibt es Ansätze, die die Aktivierung einer begrenzten Anzahl an Dipolen lokalisieren (beispielsweise Brain Electrical Source Analysis [BESA]) oder Ansätze, die ohne Vorannahmen bezüglich der Anzahl der Dipole auskommen und sogenannte verteilte Quell-Lokalisations-Modelle nutzen (Low Resolution Brain Electromagnetic Tomography [LORETA], Variable Resolution Electromagnetic Tomography [VARETA], Scalp Current Density Analyse [SCD]). Alle Verfahren sehen sich dabei mit dem sogenannten inversen Problem konfrontiert, wonach es theoretisch unendlich viele Kombinationen von Quellen im Gehirn gibt, die eine an der Schädeloberfläche auftretende elektrische Potenzialverteilung erklären können. Um trotz dieser Uneindeutigkeit zu einer Lösung zu kommen, muss man Vorannahmen treffen, die mathematischer oder neurophysiologischer bzw. anatomischer Natur sein können.

Komponenten des EKP Die Ausschläge des EKP werden durch Polarität (positive, negative Amplitude), Latenz (Zeitpunkt des Auftretens in Millisekunden bezogen auf den Beginn des Ereignisses), Amplitude (in Mikrovolt), Verteilung über die Schädeloberfläche (Topographie) und durch die Bedingungen, in denen sie gemessen beziehungsweise durch die sie gezielt verändert werden können, charakterisiert. Man spricht in diesem Zusammenhang oft von Komponenten des EKP. Es sind Dutzende solcher EKP-Komponenten hinsichtlich ihrer funktionalen Bedeutung beschrieben. Sie werden oft zur Untersuchung von mentalen Prozessen in grundlagenwissenschaftlicher und klinischer Forschung herangezogen. Manche dieser Komponenten sind geeignet, um die Verarbeitung von Gesichtern zu untersuchen, mit anderen lassen sich Emotionen erforschen und wiederum andere geben Auskunft über motorische Vorbereitungsprozesse. In metaphorischer Beschreibung kann man eine EKP-Komponente als ein Mikroskop oder Mikrophon für den Geist bezeichnen, mit welchem man kontinuierlich die Aktivität des arbeitenden Gehirns verfolgen kann. Im Folgenden sollen einige wenige solcher Komponenten exemplarisch vorgestellt werden.

Aufmerksamkeit und Lernen: Die auditive und die visuelle N1-Komponente Die Präsentation eines auditiven oder visuellen Reizes löst die N1 aus, eine Komponente des EKP mit negativer Polarität, die im auditiven System nach circa 100 ms und im visuellen System nach circa 180 ms zu beobachten ist. Die N1 wird als Korrelat der initialen perzeptuellen Verarbeitung betrachtet. Dies wird deshalb vermutet, weil die N1 ebenso wie das Perzept (also das wahrgenommene Ereignis) sehr stark von den physikalischen Eigenschaften des auditiven beziehungsweise visuellen Reizes determiniert wird. So variieren sowohl N1-Amplitude als auch Perzept stark in Abhängigkeit von der Intensität und Qualität (z. B. der Farbe oder der Frequenz) des Signals. Für die Interpretation der N1 als Korrelat perzeptueller Verarbeitung spricht auch, dass die N1 zu einem großen Teil in den primären und sekundären auditiven und visuellen Hirnarealen (siehe Kap. 3), also den Arealen, die die erste kortikale Reizanalyse leisten, generiert wird. Die N1 hängt jedoch auch von kognitiven Faktoren ab. Wenn man einen Reiz häufig und/oder schnell hintereinander darbietet, wird die N1 kleiner. Das zeigt, dass sie zur Untersuchung von Habituation geeignet ist. Habituation ist ein wichtiger Lernmechanismus, über den der Organismus Wichtiges von Unwichtigem trennt (siehe Kap. 4). Die Amplitude der N1 hängt zudem von dem Grad der Aufmerksamkeit ab, die die Person dem Reiz widmet. Daher eignet sich die N1 beziehungsweise der N1-Veränderungseffekt auch zur Untersuchung von Prozessen der willkürlichen Aufmerksamkeit (z. B. Hillyard et al., 1973).

2.4 Methoden zur Messung von Gehirnaktivität

Automatische Entdeckung von Regelverletzungen: „Mismatch"-Negativität (MMN)
Hierbei handelt es sich um eine Komponente mit ebenfalls negativer Polarität an frontozentralen Elektrodenpositionen, die etwa 100 bis 250 ms nach Beginn eines Hörreizes ausgelöst wird (Abb. 2.3). Die MMN stellt eine Antwort des Gehirns auf einen Reiz dar, der in einer Serie von sich wiederholenden Standardtönen von diesen abweicht. Solche Wiederholungen können durch einfache Reizmerkmale gekennzeichnet sein (z. B. gleiche Tonhöhe oder gleicher Entstehungsort von Tönen). So löst etwa ein Ton mit einer Frequenz von 950 Hz eine MMN aus, wenn er innerhalb einer Sequenz von Tönen mit einer Frequenz von 1000 Hz dargeboten wird. MMN kann aber auch als Hirnantwort auf die Verletzung abstrakter Regularitäten auftreten, etwa wenn ein Tonpaar mit absteigender Frequenz in einer Serie von Tonpaaren mit aufsteigender Frequenz auftritt. Die MMN entsteht, wenn das Hörsystem eine Nichtübereinstimmung („mismatch") zwischen einem Modell, das die Regularitäten der akustischen Umwelt abbildet, und der Repräsentation des aktuellen Reizes feststellt. Die MMN ist somit ein objektiver Indikator für Inhalte und Prozesse des auditiven sensorischen Gedächtnisses. Wenn eine MMN ausgelöst wurde, impliziert dies, dass das Gehirn die Regel erkannt hat und den regelwidrigen Reiz hinreichend genau repräsentiert hat, um die Regelwidrigkeit zu bemerken. Da diese Komponente auch dann ausgelöst wird, wenn die Hörreize nicht beachtet werden, weil man beispielsweise mit der Bearbeitung einer anderen Aufgabe beschäftigt ist, kann man die MMN unter anderem sehr gut zur Untersuchung automatischer auditiver Gedächtnisprozesse einsetzen (Näätänen et al., 2007). Seit einiger Zeit wird sie auch erfolgreich in klinischen Kontexten wie etwa in der Erforschung der Lese-Rechtschreibschwäche (Dyslexie) oder zur Untersuchung von Patienten, die im Koma liegen, verwendet. Inzwischen ist auch ein visuelles Pendant zur auditiven MMN bekannt.

Mittels des MEG (siehe unten) konnte die MMN sogar bei Föten gemessen werden. Dazu werden die MEG-Sensoren nahe am Bauch der Mutter, also am Kopf des Ungeborenen platziert (Huotilainen et al., 2005). Dieses Beispiel zeigt, dass Ungeborene auditive Gedächtnisrepräsentationen anlegen und nutzen. Generell verfügen Ungeborene bereits über eine überraschend große Lernfähigkeit, die man nicht unterschätzen sollte.

Syntaxverletzung: „Early left anterior negativity" (ELAN) Die ELAN wurde von der bereits in Kap. 1 vorgestellten Leipziger Sprachpsychologin Angela Friederici entdeckt und mit vielen verschiedenen neurowissenschaftlichen Methoden detailliert untersucht. Diese EKP-Komponente wird etwa 150–200 ms nach einer syntaktischen Verletzung in einem gesprochenen Satz ausgelöst. Sie weist eine anteriore Verteilung auf und ist meist über der linken Hemisphäre etwas größer als über

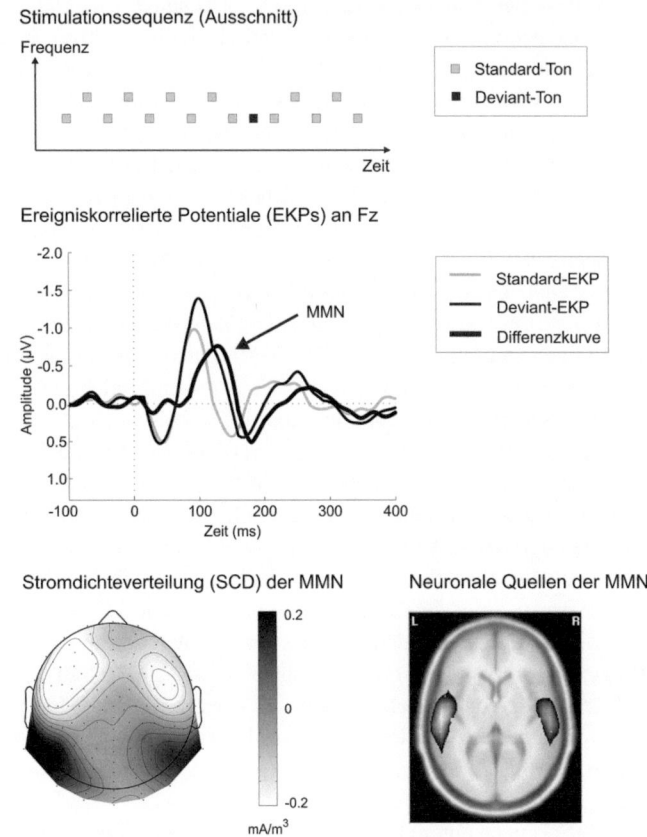

Abb. 2.3 Darstellung der „Mismatch"-Negativität (MMN). Oben ist ein Ausschnitt aus einer Stimulationssequenz dargestellt. Die Standardtöne folgen einer Frequenzalternierungsregel (hoch-tief-hoch-tief …). Gelegentlich wird die Regel verletzt (Devianttöne). In der Mitte sieht man die durch Standardtöne (graue Linie) bzw. Devianttöne (schwarze Linie) ausgelösten EKPs, sowie die zugehörige Differenzkurve (Deviant-EKP minus Standard-EKP, dicke schwarze Linie). Die MMN erreicht hier ca. 125 ms nach Beginn des regelverletzenden Devianttons ihre maximale Amplitude. Links unten ist die Stromdichteverteilung an der Kopfoberfläche gezeigt. Rechts unten sind die neuronalen Quellen der MMN dargestellt, die man durch Methoden der Quelllokalisation aus EKPs schätzen oder durch funktionelle Kernspintomographie direkt messen kann. Die Hauptquellen der MMN liegen in auditiven Arealen. (Abbildung zur Verfügung gestellt von Prof. Dr. Alexandra Bendixen, TU Chemnitz)

2.4 Methoden zur Messung von Gehirnaktivität

der rechten. Beispielsweise tritt eine ELAN auf das Wort „gebügelt" im Satz „Die Hose wurde am gebügelt" relativ zum Wort „gebügelt" im Satz „Die Hose wurde gebügelt" auf. Das Wort „am" im ersten Beispielsatz erzeugt die Erwartung, dass der Satz mit einem Objekt („… am Haken aufgehängt") oder einer Adverbialbestimmung („…am Abend getragen") fortgesetzt wird. Wenn wie hier stattdessen ein Verb präsentiert wird, handelt es sich um eine syntaktische Verletzung der Satzstruktur. Das Auslösen einer ELAN durch eine syntaktische Verletzung zeigt an, dass spätestens zu diesem Zeitpunkt die Identifikation der Wortkategorie stattgefunden haben muss. Die ELAN wird in Regionen des Gehirns generiert, die auf die Verarbeitung von Sprache spezialisiert sind. Die ELAN gilt als sprachliches Pendant der im Folgenden beschriebenen ERAN, die statt entdeckter Verletzungen der Wortkategorie Verletzungen musikalischer Syntax anzeigt.

Der falsche Ton: „Early right anterior negativity" (ERAN) Diese EKP-Komponente tritt etwa 150–200 ms nach einer musiksyntaktischen Verletzung in einer Akkordfolge auf. Sie hat eine anteriore Verteilung, häufig mit leicht rechtshemisphärischer Dominanz. Sie gilt als musikalisches Pendant der ELAN, kann aber auch als musiksyntaktische MMN verstanden werden. In der Musikpsychologie und den Musikneurowissenschaften wird sie oftmals eingesetzt, um beispielsweise zu untersuchen, wie unser Gehirn Töne und Akkorde entschlüsselt, wie die Struktur und die Bedeutung von Musik entsteht und wie Musik Emotionen auslöst (z. B. Koelsch et al., 2019).

Semantische Integration: N400 Die N400-Komponente ist von negativer Polarität. Sie ist etwa 250–400 ms nach Beginn eines Wortes zu beobachten, das semantisch unerwartet ist, und somit semantisch nicht oder nur schwer integriert werden kann. Beispielsweise löst das Wort „gebügelt" im Satz „Die Pizza wurde gebügelt" relativ zum Wort „gebügelt" im Satz „Das Hemd wurde gebügelt" eine N400 aus.

Unwillkürliche Aufmerksamkeit: P3a Hier handelt es sich um eine Komponente mit positiver Polarität, die ungefähr 300 ms nach Beginn eines überraschenden Reizes auftritt. Sehr herausstechende (d. h. saliente) regelwidrige Reize oder unerwartete neue Reize (wie etwa das Geräusch einer Hupe) sind in diesem Sinn überraschend. Die P3a wird häufig als Indikator für eine unwillkürliche Aufmerksamkeitszuwendung eingesetzt. Man kann mit ihr untersuchen, welche Reize leicht zu Ablenkung führen oder welche Probandengruppen leicht (oder weniger leicht) ablenkbar sind.

Weitere EKP-Komponenten An zahlreichen deutschsprachigen psychologischen Instituten wurde und wird international maßgeblich die Forschung zu wichtigen

EKP-Komponenten vorangetrieben. Dabei werden motorische Prozesse, motorische Vorbereitungsprozesse, Gedächtnisprozesse, Emotionsprozesse, oder uni- und multisensorische Wahrnehmung untersucht.

Evozierte und induzierte oszillatorische Aktivitäten Bei der Behandlung der EEG-Frequenzbänder wurde bereits darauf hingewiesen, dass oszillatorische Aktivitäten nicht immer nur spontan auftreten, sondern auch mit bestimmten kognitiven Prozessen in Zusammenhang gebracht werden können. So kann man oszillatorische EEG-Aktivität gezielt durch schnelle rhythmische Präsentation eines Reizes hervorrufen. Wenn man beispielsweise einen visuellen Reiz sieben Mal pro Sekunde präsentiert, ist im EEG eine mit 7 Hz schwingende Komponente zu beobachten. Weil diese Hirnaktivität relativ konstant so lange andauert wie der sie treibende Rhythmus, spricht man von „steady-state"-Antworten des Gehirns. Es konnte gezeigt werden, dass die Amplitude der „steady-state"-Antworten größer wird, wenn die auslösenden Reize beachtet werden. Oszillatorische Aktivität eignet sich also zur Untersuchung von Aufmerksamkeitsprozessen (z. B. Müller et al., 1998). Zu ereignisbezogener oszillatorischer Aktivität kann es aber auch dann kommen, wenn der Reiz selbst nicht periodisch dargeboten wird. In bestimmten Situationen tritt bei Darbietung eines Reizes eine nur kurz andauernde hochfrequente Antwort des Gehirns auf, die im Bereich von 40 Hz maximal ist (daher 40-Hz oder Gamma-Band-Antwort). Die zeitlich früh auftretende Gamma-Band-Antwort (ca. 40–100 ms nach Reizpräsentation) ist mit dem Reiz zeitlich korreliert, es handelt sich also um eine evozierte Aktivität. Ab ungefähr 200 bis 300 Millisekunden nach Reizpräsentation findet man auch zeitlich nicht korrelierte Aktivität im Gamma-Band-Bereich. Da diese Aktivität aber nur bei Präsentation von Reizen feststellbar ist, spricht man von einer durch den Reiz induzierten Aktivität. Oszillatorische Aktivität in Form der Gamma-Band-Antwort wird zur Untersuchung von Bewusstsein und Gedächtnis verwendet.

Messung von Magnetfeldern: Magnetoenzephalographie Mit dem Magnetoenzephalogramm (MEG) misst man die durch die elektrische Aktivität von Neuronen produzierten magnetischen Felder. Diese magnetischen Signale des Gehirns sind sehr klein (ca. 10^{-15} Tesla); das magnetische Rauschen in einem Forschungsinstitut (ausgelöst u. a. durch Fahrstühle oder Straßenbahnen) kann mehrere Millionen Mal größer sein. Daher können diese elektromagnetischen Signale des Gehirns nur in elektromagnetisch abgeschirmten Kabinen mit heliumgekühlten supraleitenden Spulen erfasst und mit entsprechenden Sensoren (Superconducting Quantum Interference Devices, SQUIDS) aufgezeichnet werden. Die zeitliche Auflösung ist ebenso gut wie beim EEG und die räumliche Auflösung üblicherweise besser. Man

2.4 Methoden zur Messung von Gehirnaktivität

kann – analog zum EEG – Spontanaktivität und ereigniskorrelierte Aktivität aufzeichnen. Viele der eben vorgestellten EKP-Komponenten sind auch dem MEG zugänglich. Aufgrund der sehr hohen Anschaffungs- und Unterhaltungskosten ist das MEG weit weniger verbreitet als das EEG, das routinemäßig in Forschung und Lehre eingesetzt wird. Dennoch ist an vielen Standorten ein MEG-Labor verfügbar, das auch für die Psychologie nutzbar ist. Man kann also sowohl mit dem EEG wie auch mit dem MEG die neuronalen Quellen von Gehirnaktivität bestimmen. Wegen des oben erwähnten inversen Problems handelt es sich dabei aber nur um Schätzungen auf der Basis von Modellannahmen. Bei den in den nächsten Abschnitten vorgestellten Verfahren spielt das inverse Problem dagegen keine Rolle. Diese Methoden werden oft unter dem Begriff bildgebende Verfahren zusammengefasst. Sie erlauben die Darstellung von Strukturen und/oder Aktivitätsmustern des Gehirns am lebenden Organismus, sogar bei Neugeborenen und Föten (Chen et al., 2019).

(3) Methoden der Lokalisation von Strukturen und Funktionen im Gehirn
Magnetresonanz-Tomographie (MRT). Bei der Magnetresonanz-Tomographie (auch Kernspintomographie) wird ein starkes Magnetfeld angelegt, so dass sich die Atomkerne in Richtung des statischen Magnetfeldes ausrichten. Durch Hinzuschaltung eines zweiten, diesmal hochfrequenten Magnetfeldes beginnen die Magnetfelder der Atomkerne zu rotieren. Dies kann mit geeigneten Spulen gemessen werden. Wird das hochfrequente Magnetfeld abgeschaltet, richtet sich das Magnetfeld der Atomkerne wieder wie vorher in Richtung des statischen Feldes aus. Die dafür benötigte Zeit unterscheidet sich in Abhängigkeit von den Molekülen, in denen die Atome eingebaut sind. Durch das kurze Hinzuschalten von weiteren Magnetfeldern kann man die Position der gemessenen Signale genau bestimmen und daraus auf die entsprechenden Gewebeeigenschaften schließen. Diese Information wird dann in eine bildliche Darstellung der Strukturen des Gehirns umgewandelt, oft in Form von Schnittbildern, die auch Tomogramme genannt werden. Davon leitet sich der Name Tomographie ab. Die Spulen, die diese zusätzlichen Magnetfelder erzeugen, vibrieren übrigens sehr stark und verursachen so die charakteristischen lauten Brumm- und Klopfgeräusche während der Messung.

Lokalisation aktiver Areale im Gehirn: Funktionelle Magnetresonanz-Tomographie
Mit der funktionellen Magnetresonanz-Tomographie (fMRT) lassen sich die Areale im Gehirn bestimmen, in denen neuronale Aktivität stattfindet. Das erfolgt indirekt, indem der Sauerstoffgehalt des Blutes in wenigen Kubikmillimeter großen Volumina der jeweiligen Hirngebiete gemessen wird. Noch technischer ausgedrückt misst man das BOLD-(Blood Oxygen Level Dependency)-Signal. Was aber hat der Sauerstoffgehalt in den Blutgefäßen des Gehirns mit der Nervenzellaktivität

zu tun? Nun, aktive Nervenzellen weisen einen erhöhten Sauerstoffverbrauch auf. Der Organismus reagiert dann innerhalb weniger Sekunden mit einer Erhöhung der Blutzufuhr in die Region, in der der Sauerstoff verbraucht wurde. Man spricht von neurovaskulärer Kopplung. Die durch die neuronale Aktivität bedingte lokale Sauerstoffunterversorgung (desoxygeniertes Blut) wird durch den vermehrten Zufluss mit oxygeniertem Blut überkompensiert. Das Hämoglobin im desoxygenierten Blut weist magnetische Eigenschaften auf (es ist paramagnetisch), sodass seine Verteilung im Gehirn mittels der Magnetresonanz-Tomographie (MRT) bestimmt werden kann. Wenn nun diese Verteilung in zwei Bedingungen gemessen wird, nämlich einmal in Ruhe und ein anderes Mal, wenn das Gehirn die interessierende psychische Aktivität ausführt, lässt sich anhand des Unterschieds zwischen beiden Verteilungen sehen, welche Areale des Gehirns bei dieser Aktivität besonders viel Sauerstoff verbraucht haben. Damit weiß man auch, in welchen Arealen erhöhte neuronale Aktivität stattgefunden hat. Wenn man sich beispielsweise in der Ruhebedingung nicht bewegt und in der Experimentalbedingung den linken Arm hebt, lassen sich mit fMRT die Hirnregionen sichtbar machen, die bei der Ausführung dieser Bewegung involviert sind. Die oben erwähnten Forscher Broca und Wernicke hätten mit dieser Methode also viel einfacher bei gesunden, lebenden Personen bestimmen können, welche Regionen bei der Produktion und welche bei der Rezeption von gesprochener Sprache aktiv sind. Die räumliche Auflösungsgenauigkeit des fMRT liegt bei wenigen Millimetern und ist damit sehr viel besser als die räumliche Genauigkeit des EEG oder MEG. Allerdings ist das zeitliche Auflösungsvermögen deutlich geringer. Zudem treten die hämodynamischen Veränderungen erst mehrere Sekunden nach der eigentlich interessierenden neuronalen Aktivität auf. Für viele Fragestellungen sind diese Einschränkungen jedoch unerheblich und fMRT wird als die Methode der Wahl angesehen. fMRT gilt als gesundheitlich unbedenklich und wird daher zu den nicht-invasiven Verfahren gezählt. Wie beim MEG entstehen auch beim fMRT erhebliche Anschaffungs- und Betriebskosten, die eine leichte Zugänglichkeit erschweren. Dennoch sind für die psychologische Forschung an vielen Universitäten entsprechende Labore verfügbar.

Neuronale Netzwerke sichtbar machen: Diffusions-Tensor-Bildgebung Mit einem neuen der MRT zugeordneten Verfahren kann man sogar den Verlauf von Nervenfasern im Gehirn bestimmen. Diese Diffusions-Tensor-Bildgebung (DTI für „diffusion tensor imaging") beruht speziell auf der Magnetisierbarkeit von Atomkernen der Wassermoleküle. Die Diffusion (also die Verteilung) der Wassermoleküle wird durch Nervenfaserverbindungen systematisch beeinflusst. Dies wiederum wirkt sich auf die magnetischen Signale aus, die die Atomkerne der Wassermoleküle aussenden. Das dreidimensionale Diffusionsverhalten kann man mathematisch als Tensor

2.4 Methoden zur Messung von Gehirnaktivität

(eine Art Matrix) beschreiben, aus der wiederum auf die Existenz und den Verlauf von Nervenfasern geschlossen werden kann. DTI misst also nicht die Aktivität des Gehirns, führt aber zu einer Darstellung der bestehenden Netzwerkverbindungen. Da im Gehirn nur Areale direkt miteinander kommunizieren können, die direkte Verbindungen aufweisen, stellt diese Anwendung des DTI, die Traktographie genannt wird, ein vielversprechendes neues unterstützendes Verfahren der funktionellen Bildgebung dar. In den Abb. 3.3 und 3.4 sieht man einige Beispiele.

Funktionelle Bildgebung mit Positronen-Emissions-Tomographie Wie fMRT führt auch die Positronen-Emissions-Tomographie (PET) zu einer Darstellung aktiver Hirnareale. Ähnlich wie fMRT bildet PET die relative Durchblutung im Gehirn ab, die wiederum mit der relativen neuronalen Aktivität korreliert. Im Unterschied zur fMRT werden jedoch nicht magnetische Signale gemessen, sondern die Energieemissionen schwach radioaktiv markierter Substanzen. Je nach Untersuchungszweck werden der Patientin oder dem Patienten ganz bestimmte instabile Radioisotope verabreicht (über Injektion oder Inhalation). Diese emittieren für eine gewisse Zeit Positronen. Die Positronen treffen auf Elektronen und löschen sich dabei gegenseitig aus, wobei Gammastrahlung entsteht, die wiederum mit Detektoren gemessen wird. Durch die Verwendung vieler Detektoren lässt sich die Quelle der Strahlung bis auf wenige Millimeter genau lokalisieren. Für die Messung der Hirndurchblutung wird oft radioaktiv markierter Sauerstoff verwendet. Man kann aber auch andere Radioisotope einsetzen, um beispielsweise die Dichte bestimmter Rezeptortypen zu ermitteln. Dies ist deshalb interessant, weil Neurotransmitter (diese leisten die Kommunikation zwischen Nervenzellen) über Rezeptoren ihre Wirkung entfalten (siehe Kap. 4). Die so gewonnenen Kenntnisse sind für das Verständnis der Grundlagen psychischer Funktionen und Dysfunktionen relevant. PET ist nicht nur extrem teuer, sondern, weil den Probanden radioaktive Substanzen verabreicht werden, auch als invasives Verfahren einzustufen. Für rein psychologische Fragestellungen wird es daher nur selten verwendet.

Mit Licht Gehirnaktivität sichtbar machen: Nahinfrarotspektroskopie Mit der Nahinfrarotspektroskopie (NIRS) werden Veränderungen der optischen Eigenschaften (Lichtreflexionen) des Gehirns erfasst. Diese bilden durch neuronale Aktivität bedingte Veränderungen des Sauerstoffgehaltes des Blutes ab, also hämodynamische Prozesse wie auch fMRT und PET. Eine etwas einfachere Variante der Messung des Blutvolumens beziehungsweise Blutflusses haben wir ja oben mit der Photo-Plethysmographie kennen gelernt. NIRS nutzt die Tatsache, dass die Farbe des in den roten Blutkörperchen vorkommenden Hämoglobins vom Sauerstoffgehalt abhängt.

Infrarotlicht im Bereich von 600 bis 1000 nm (Nanometer) hat die Eigenschaft mehrere Zentimeter durch die Haut und den Schädelknochen ins Gehirn eindringen zu können. Mittels eines Detektors wird das vom Gewebe reflektierte Licht gemessen und daraus der Sauerstoffgehalt berechnet. Inzwischen gibt es Systeme mit 128 Lichtquellen und 24 Detektoren, die eine dreidimensionale tomographische Rekonstruktion ermöglichen. Man spricht in diesem Zusammenhang von „slow optical imaging". NIRS bildet also ähnliche Vorgänge ab wie fMRT oder PET, allerdings mit deutlich schlechterer räumlicher Auflösung. Von Vorteil ist, dass NIRS eine nicht-invasive und im Vergleich zu den anderen Verfahren weniger kostenintensive Methode darstellt. Ein anderer Vorteil besteht darin, dass im Gegensatz zur fMRT kein Lärm während der Messung entsteht. Weil das Licht nicht allzu tief in das Gewebe einzudringen vermag, lassen sich mittels NIRS nur hämodynamische Änderungen in kortikalen, jedoch nicht in tiefer liegenden subkortikalen Strukturen abbilden. Insgesamt handelt es sich bei NIRS um ein in vieler Hinsicht attraktives Verfahren der funktionellen Bildgebung, das jedoch noch nicht sehr verbreitet ist.

Schnelle optische Signale: „Event-related optical signal (EROS)" In Ergänzung zu den langsamen optischen Signalen des NIRS gibt es Hinweise, wonach sich auch schnelle Änderungen des Infrarotlichts aufzeichnen lassen, die direkt mit neuronaler Aktivität korrelieren. Sowohl die Streuung als auch die zeitliche Verzögerung des Lichts hängen davon ab, ob in einer eng umschriebenen Region viele oder nur wenige Neurone aktiv sind. Die (noch nicht hinreichend etablierte) EROS-Methode wäre hinsichtlich der zeitlichen Auflösung dem EEG/MEG vergleichbar und würde zudem auch eine relativ hohe räumliche Auflösung erzielen.

2.5 Methoden zur Veränderung von Gehirnaktivität

Die Auslösung von Gehirnaktivität: Transkranielle Magnetstimulation Die bisher vorgestellten gehirnphysiologischen Methoden dienen ausschließlich zur Messung von Gehirnaktivität. Bei der Transkraniellen Magnetstimulation (TMS) wird im Gegensatz dazu Aktivität des Gehirns verändert. Mit einer Spule werden in Kopfnähe starke Magnetfelder erzeugt, wodurch in bestimmten Bereichen des Gehirns neuronale Aktivität induziert oder inhibiert wird. Die Magnetfelder führen nämlich zu Änderungen der elektrischen Spannung, was wiederum die Auslösung von Aktionspotenzialen (Kap. 4) in Nervenzellen verursacht. Es besteht die Möglichkeit entweder einzelne Magnetfeld-Pulse einzusetzen oder über repetitive Magnetstimulation (rTMS) mit Impuls-Salven (bis zu 100 Hz) zu stimulieren. In Kombination mit MRT-Aufnahmen lässt sich eine relativ genaue Positionierung der Spule an der

2.5 Methoden zur Veränderung von Hirnaktivität

Schädeloberfläche direkt über dem interessierenden Hirngebiet vornehmen. Eine interessante Anwendung der TMS besteht im Setzen von "virtuellen Läsionen". Wenn man beispielsweise einmal pro Sekunde stimuliert, werden in den Neuronen, die unterhalb der Auflagestelle der Spule liegen, synchrone Aktionspotenziale ausgelöst. Das so induzierte gleichzeitige Feuern ganzer Nervenverbände konkurriert mit der normalen Informationsverarbeitung in diesem Gehirnareal und stört diese für einen kurzen Moment. Man simuliert somit einen Ausfall dieses Areals. Damit lässt sich dessen Beitrag zu einer bestimmten kognitiven Leistung ermitteln, ohne den Probanden zu gefährden. TMS stellt ein nicht-invasives Verfahren dar. Während der Anwendung können jedoch kurzzeitig Kopfschmerzen auftreten und es sind strenge Anwendungsvorschriften zu beachten.

Die Modulation von Gehirnaktivität: Transkranielle Gleichstromstimulation Bei der tDCS (transcranial direct current stimulation) handelt es sich ebenfalls um ein nicht-invasives Verfahren, bei dem für mehrere Minuten ein leichter Gleichstrom an der Schädeloberfläche angelegt wird. Dies führt zu einer Änderung des Erregbarkeits- und Aktivitätsniveaus der Nervenzellen, die für mehrere Minuten bis etwa eine Stunde anhält. Im Gegensatz zur TMS löst tDCS also nicht selbst neuronale Erregung aus, sondern verändert die Erregbarkeit der Nervenzellen. Es wurde gezeigt, dass mit tDCS die motorisch-perzeptuelle Leistung in Lernaufgaben verbessert werden kann. In Schlafuntersuchungen eingesetzte tDCS führte zu einer Anregung der Delta-Wellen und damit zu einer Verbesserung der Leistung des deklarativen Gedächtnisses (Marshall et al., 2004; siehe oben).

Die Modulation von Gehirnaktivität: Biofeedback und Gehirn-Computer-Schnittstellen Seit kurzem ist bekannt, dass man das bereits erwähnte Verfahren des Biofeedback nicht nur einsetzen kann, um willentliche Kontrolle über peripherphysiologische Aktivitäten (z. B. den Muskeltonus) auszuüben, sondern auch um zentralnervöse Aktivitäten zu beeinflussen. So können Probanden lernen, ihre EEG- und fMRT-Signale willentlich zu steuern (Birbaumer, 2006). Durch entsprechende Trainingsverfahren lernen die Probanden beispielsweise über bestimmten Gehirnarealen das EEG in den positiven oder negativen Spannungsbereich zu verändern oder im fMRT in bestimmten Gehirnregionen Aktivierung oder Deaktivierung zu erzeugen. Inzwischen gibt es interessante Anwendungen dieser sogenannten Gehirn-Computer-Schnittstellen. So können beispielsweise in der Sprachproduktion beeinträchtigte Patienten über willentlich kontrollierte Veränderungen ihrer Hirnströme Computer bedienen und so mittels eines Textverarbeitungsprogramms kommunizieren. Es sind vielfältige, für unterschiedliche Patientengruppen nutzbringende Anwendungen dieser Methode denkbar.

2.6 Die Rolle der biopsychologischen Methoden für den Erkenntnisgewinn

Chancen und Grenzen Die rasante Entwicklung der neurowissenschaftlichen Methoden in den letzten Jahrzehnten, besonders im Bereich der genetischen Manipulation und der Bildgebung, eröffnet uns enorme Möglichkeiten, die Zusammenhänge zwischen Struktur und Funktion des menschlichen Gehirns auch in vivo zu beleuchten. So sind wir mittlerweile in der Lage, Modelle von den Vorgängen innerhalb von Nervenzellen und der Entstehung und Fortleitung neuronaler Erregung zu erstellen. Auch verstehen wir recht gut, welche Hirnregionen an welchen kognitiven Prozessen beteiligt sind. Dennoch gibt es zwischen der Mikroebene und der Systemebene einen großen Bereich, den wir immer noch nicht zufriedenstellend ausleuchten können und der für ein Verständnis der biologischen Grundlagen unseres Erlebens und Verhaltens essentiell wäre. Denn das Verständnis für Prozesse auf der Mikroebene sagt uns wenig über die Vorgänge und Dynamiken auf der Systemebene und Antworten auf die Frage „Wo" im Gehirn etwas passiert, helfen uns nicht zwangsläufig zu verstehen, „Wie" etwas passiert. Man mag es als symptomatisch für die Grenzen des neurowissenschaftlichen Fortschritts ansehen, dass wir zum Beispiel psychische Störungen auch heute noch anhand der Kombination typischer – aber bei weitem nicht eindeutiger – Symptome diagnostizieren, da wir die Ursachen und Mechanismen ihrer Entstehung und Aufrechterhaltung noch nicht so weit durchdrungen haben, dass wir biologische Marker zur eindeutigen Diagnostik und Klassifikation psychischer Erkrankungen nutzen könnten. Dennoch hat der methodische Fortschritt für bahnbrechende Entwicklungen gesorgt, man betrachte nur Interventionsmöglichkeiten wie den Bereich der Cochlea- bzw. Retina-Implantate oder den therapeutischen Einsatz von Techniken der Hirnstimulation zum Beispiel bei der Parkinson Erkrankung.

Replikationskrise in der Psychologie Ob man nun zu den Skeptikern zählt oder zu den Enthusiasten, wir alle sollten einen kritischen Umgang mit den zur Verfügung stehenden Methoden und den mit ihrer Hilfe erlangten Ergebnissen anstreben. Die aktuelle Debatte um die Replizierbarkeit wissenschaftlicher Forschung fand auch in der Psychologie ihren Niederschlag, nachdem aufgezeigt wurde, dass bei einer Auswahl wichtiger psychologischer Befunde weniger als die Hälfte auch mit vergleichbarer Effektstärke repliziert werden konnten (Open Science Collaboration, 2015). Die Gründe für solch ernüchternde Ergebnisse sind vielgestaltig. Unsauberer bzw. unkritischer Umgang mit den Methoden und der Statistik ist sicher ein Teilaspekt davon.

Vorsicht bei der Interpretation biopsychologischer Daten Angehende Forscher und Forscherinnen sollten sich bewusst sein, dass gerade den Methoden der biologischen Psychologie oftmals ein hoher Grad an Objektivität – und damit auch an Zuverlässigkeit – zugeschrieben wird. Dennoch müssen für komplexe Methoden oft zahlreiche Parameter festgelegt werden, die die Ergebnisse mitunter maßgeblich verändern können. Hier ist es wichtig, die verwendeten Methoden und Auswertealgorithmen in der Tiefe zu verstehen und die Stabilität der Ergebnisse einschätzen und – besser noch – quantifizieren zu können (Angabe von Signal-Rausch Verhältnis, Maße der Reliabilität und Robustheit). Auch bei der Interpretation von Daten ist oftmals Vorsicht geboten. Nicht selten wird das Einhergehen eines bestimmten kognitiven Prozesses mit einer messbaren Aktivierung (z. B. in bildgebenden Verfahren) dahin gehend interpretiert, dass die gemessene Aktivierung im Gehirn den kognitiven Prozess bedingt. Solche Annahmen einer Kausalbeziehung sind jedoch nur in Studien, die dem Ansatz der Physiologischen Psychologie (siehe Kap. 1) folgen, gerechtfertigt. D. h. erst wenn gezeigt werden kann, dass die Induktion und die Unterbindung eines spezifischen Aktivierungsmusters – zum Beispiel durch TMS – zu analogen Effekten beim kognitiven Prozess führen, kann von einer Kausalbeziehung ausgegangen werden. Aber selbst dann ist noch nicht geklärt, ob das spezifische Aktivierungsmuster die wichtigste oder die einzige hinreichende Bedingung für das Auftreten des kognitiven Prozesses darstellt. Auch in anderer Hinsicht können Erklärungsansprüche von Forschungsarbeiten überzogen sein, wenn zum Beispiel bei der Interpretation außer Acht gelassen wird, dass komplexe Sachverhalte in wissenschaftlichen Studien häufig auf stark vereinfachte Experimente reduziert werden. Im Übrigen darf man sich trotz der unbestreitbaren Vorteile der Anwendung biopsychologischer Methoden nicht von der häufig beeindruckenden Darstellung damit gewonnener Ergebnisse blenden lassen, beispielsweise von farbigen Darstellungen der Hirnaktivierung. Sogar Forschende erliegen leicht der Tendenz, einer wissenschaftlichen Aussage mehr zu vertrauen, wenn sie mit der Abbildung von Hirnaktivität im Vergleich zu einem simplen Balkendiagramm belegt wird (Weisberg et al., 2008).

In diesem Kapitel haben wir einen Überblick über in der Biopsychologie verwendete Methoden gegeben. Diese Methoden werden permanent verbessert und neue Methoden mit neuen Anwendungsmöglichkeiten werden entwickelt. Jetzt kennen wir zwar die (gehirnphysiologischen) Methoden und wissen um den exklusiven Zusammenhang zwischen Gehirn und Psyche, haben das Gehirn selbst aber noch keiner genaueren Betrachtung unterzogen. Im nächsten Kapitel werden wichtige Strukturen des Gehirns und deren Funktionen dargestellt.

Überblicksliteratur

- Buxton, R. B. (2002). *Introduction to functional magnetic resonance imaging: principles and techniques.* Cambridge University Press.
- Gauggel, S., & Herrmann, M. (2007). *Handbuch der Neuro-und Biopsychologie.* Hogrefe Verlag.
- Luck, S. J. (2014). *An introduction to the event-related potential technique.* MIT Press.
- Pinel, J., & Pauli, P. (2012). *Biopsychologie.* Pearson Studium.
- Poeppel, D., Mangun, G. R., & Gazzaniga, M. S. (2020). *The cognitive neurosciences.* MIT Press.
- Supek, S., & Aine, C. J. (2014). *Magnetoencephalography: From signals to dynamic cortical networks.* Springer.
- Villringer, A. (1997). Functional neuroimaging. In A. Villringer & U. Dirnagl (Eds.), *Optical Imaging of Brain Function and Metabolism 2: Physiological Basis and Comparison to Other Functional Neuroimaging Methods* (pp. 1–18). Springer.

Wichtige Gehirnstrukturen und ihre Funktion

3.1 Sichtweisen des Gehirn-Psyche-Zusammenhangs

Sitz der Seele: Herz oder Hirn? Obgleich unser Erleben und Verhalten mit unserem gesamten Organismus in Zusammenhang steht, gilt das Gehirn zu Recht als dasjenige Organ, dessen Aktivitäten am direktesten mit mentalen Prozessen korrelieren. Diese Ansicht war im Übrigen nicht immer vorherrschend. So galt bei den alten Ägyptern das Herz als der Sitz der Seele, und das Gehirn wurde im Gegensatz zu anderen Organen wie Herz oder Leber nicht als Grabbeigabe für das jenseitige Leben mitgegeben. Ihm schien also keine große Bedeutung zugemessen worden zu sein. Jedoch bereits in der Antike finden sich Theorien, die die Bedeutung des Gehirns für das Seelenleben berücksichtigen. So war etwa der berühmte Arzt des antiken Griechenland, Hippokrates von Kos (460–340 v. Chr.), der Auffassung, dass das Gehirn für die Sinneswahrnehmung und den Verstand zuständig sei. Diese Ansicht setzte sich zunehmend durch und wurde durch empirische Daten gestützt. Als eine wichtige Person sei hier der im griechischen Pergamon und in Rom tätige Arzt Galenos (Galen) von Pergamon (129–216) genannt, der durch das Sezieren von Tieren und die Beobachtung der Körperfunktionen von Menschen (er war u. a. Arzt von Gladiatoren) wichtige medizinische Erkenntnisse erwarb. Galen bezeichnete das Gehirn als Sitz der Seele und damit als verantwortlich für Empfindungen und Bewegungen. Fälschlicherweise nahm Galen an, dass die Ventrikelflüssigkeiten durch die Nerven strömten und so einen Mechanismus erzeugten, durch den das Gehirn seine Leistungen erbringe.

Die funktionelle Spezialisierung des Gehirns: Erste Belege durch den Physiologen Flourens Durch die genauere Untersuchung des Gehirns und die Entdeckung des Nervensystems wurde das antike Strömungsmodell verworfen und durch die Vorstellung ersetzt, wonach Nerven als eine Art elektrische Kabel zu verstehen sind. Der französische Physiologe Marie Jean Pierre Flourens (1794–1867) konnte tierexperimentell belegen, dass unterschiedliche Regionen des Gehirns mit unterschiedlichen Funktionen betraut sind. So fand er heraus, dass die operative Entfernung des Kleinhirns die motorische Koordination und das Gleichgewicht beeinträchtigt, während die Entfernung der Großhirnhemisphären die Wahrnehmung, die Motorik und das Entscheidungsvermögen ausschaltet. Flourens lieferte somit erste Belege für die funktionelle Spezialisierung des Gehirns.

Phrenologie: Pseudowissenschaftliche Lehre des Zusammenhangs zwischen Schädelform und Persönlichkeit Auf den ersten Blick schien Flourens damit die damals sehr revolutionäre und schnell populäre These des in Österreich und Frankreich lehrenden deutschen Neuroanatomen Franz Joseph Gall (1758–1828) zu bestätigen. Gall postulierte ebenfalls, dass das Gehirn das Zentrum für alle mentalen Funktionen sei. Er gründete darauf jedoch die ursprünglich Cranioskopie und später Phrenologie genannte Lehre von der Zuordnung spezifischer geistiger Eigenschaften zu spezifischen Hirnarealen. Da sich Menschen in ihren geistigen Fähigkeiten unterscheiden, sollten sich – so die Phrenologie – auch die für diese Fähigkeiten zuständigen Hirnareale in ihrer Ausprägung unterscheiden. Die unterschiedlich ausgeprägten Areale des Gehirns wiederum sollten sich in entsprechenden Ausformungen des Schädels niederschlagen. Aus der Kenntnis des angenommenen Zusammenhangs zwischen geistigen Fähigkeiten und der Anatomie von Gehirn und Schädel ließ sich nach Gall per Umkehrschluss aus der individuellen Schädelform die Persönlichkeit des Individuums ableiten. So hat sich die Phrenologie schnell zu einer – wie man heute sagen würde – Persönlichkeitspsychologie und Psychodiagnostik entwickelt. Ihre Anwender waren davon überzeugt (und praktizierten dies auch), dass man anhand der Schädelform die geistigen Fähigkeiten einer Person und ihren Charakter bestimmen kann (Abb. 3.1). Man versuchte damit beispielsweise kriminelle Neigungen eines Menschen zu erfassen oder aber Information zur Bestimmung eines idealen Partners zu gewinnen. Das Problem war, dass die Voraussetzungen für derartige Schlussfolgerungen nicht hinreichend wissenschaftlich gesichert waren. Die noch so sorgfältige Anwendung einer nicht adäquaten Methode führt eben zu keinen aussagekräftigen Ergebnissen.

Die Theorie der Äquipotenzialität der Gehirnareale: Ein weiterer wichtiger Beitrag von Flourens Die Befunde Flourens' bestätigten das allgemeine Prinzip, wonach das Gehirn Sitz des Geistes ist und eine gewisse, aber keinesfalls vollständige funktionelle Differenzierung aufweist. Manchen geistigen Funktionen, wie etwa dem Gedächtnis, konnte Flourens in seinen Tierversuchen keine bestimmten Gehirnareale zuordnen. Er folgerte daraus, dass die Funktion, für die er kein

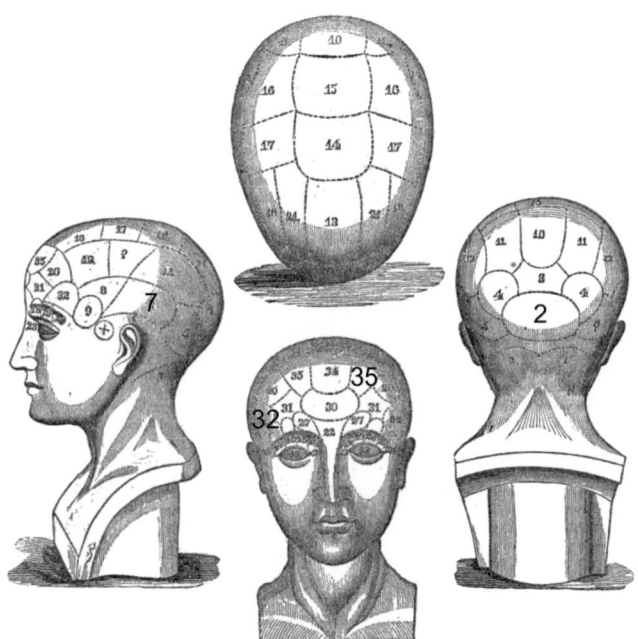

Abb. 3.1 Darstellung der 35 sogenannten „phrenologischen Organe", die der Phrenologe George Combe (1788–1858) in „The Constitution of Man Considered in Relation to External Objects" 1828 veröffentlicht hat (z. B. 2 = Kinderliebe, 7 = Verheimlichungstrieb, 32 = Tonsinn, 35 = Schlussvermögen oder analytischer Verstand). Die Verkaufszahl von mehr als 350.000 Exemplaren unterstreicht die damalige Popularität der Phrenologie; Abbildung modifiziert aus der 20. US-Amerikanischen Auflage von 1848, S. 53 und 55, New York: Fowlers and Wells)

zuständiges Areal fand, im gesamten Gehirn verteilt repräsentiert sein müsse. Mit dieser Auffassung wurde er zum Gegenspieler von Gall und postulierte, dass bezüglich des Großhirns alle Bereiche in gleichem Maße zu den verschiedenen geistigen Leistungen beitragen. Diese sogenannte Äquipotenzialtheorie wurde vom US-amerikanischen Psychologen Karl Lashley (1890–1958) aufgegriffen. Er fand heraus, dass die Beeinträchtigung der Lernleistung von Ratten unabhängig davon war, wo er im Großhirn eine Läsion setzte. Demnach kann – ganz im Sinn der Äquipotenzialtheorie – jedes Hirnareal auch jede Funktion übernehmen. Seine Versuche zeigten zudem, dass das Ausmaß der Beeinträchtigung ausschließlich von der Größe der Läsion abhing: Je größer der Bereich (die Masse) des geschädigten Gehirns ist, desto stärker sind die Auswirkungen der Schädigung. Auf diesen Befund gründete Lashley seine Theorie der Massenwirkung.

Aktueller Forschungsstand Inzwischen ist – nicht zuletzt aufgrund der Ergebnisse moderner bildgebender Verfahren – klar, dass unsere mentalen Tätigkeiten häufig die koordinierte Aktivität vieler Hirnregionen erfordern. Außerdem ist erwiesen, dass unser Gehirn (auch noch im Erwachsenenalter) über ein gewisses Ausmaß an Plastizität verfügt. Das bedeutet, dass unter bestimmten Bedingungen Funktionen, die durch eine lokale Hirnschädigung beeinträchtigt sind, von anderen Hirnarealen (teilweise) übernommen werden können. So ist zu erklären, dass sich nach einem Schlaganfall (zumindest manche) verloren gegangenen Funktionen (teilweise) wieder rekonstituieren können (Bauder, 2001). Es ist auch unumstritten, dass die Größe einer Schädigung im Gehirn mit dem Ausmaß der psychischen Beeinträchtigung korreliert, das heißt, je mehr Hirngewebe geschädigt ist, desto stärker sind die kognitiven Störungen. Aufgrund der Ergebnisse der sogenannten funktionellen Neuroanatomie ist inzwischen jedoch auch klar, dass für viele Funktionen relativ eng umgrenzte Areale eine besonders wichtige Rolle spielen.

Lokalisationstheorie: Das Gehirn ist funktionell spezialisiert Obwohl also die Äquipotenzialtheorie und die Theorie der Massenwirkung mit gewissen Einschränkungen zutreffen, setzen diverse kognitive Leistungen die Funktionsfähigkeit bestimmter Hirnareale voraus. Aus Sicht der Autorinnen spricht die aktuelle Datenlage in mehrfacher Hinsicht für solch eine allgemeine Lokalisationstheorie. Im Folgenden werden drei eindrucksvolle historische Beispiele erwähnt, die veranschaulichen sollen, dass unser Gehirn in vielerlei Hinsicht als funktionell spezialisiert gelten kann.

Der Fall Phineas Gage: Der Sitz der Persönlichkeit Im Jahre 1848 erlitt der US-amerikanische Eisenbahnarbeiter Phineas Gage einen Arbeitsunfall. Bei einer Sprengung hatte sich eine Eisenstange von unterhalb des Auges aus nach oben durch seinen Schädel gebohrt und massive Schädigungen des Präfrontalkortex bewirkt. In vielen Quellen (u. a. in der entsprechenden deutschsprachigen Wikipedia-Seite) und Lehrbüchern wird berichtet, dass Gage in Folge der Verletzung eine Persönlichkeitsveränderung aufwies, bei relativ intakten sonstigen psychischen Leistungen. Aus der (angeblich) ruhigen, ausgeglichenen Person wurde (angeblich) ein impulsiver, unbeherrschter Mensch. Man würde heute vermutlich ein Frontalhirnsyndrom diagnostizieren. Und auch wenn diese mögliche Diagnosestellung heute nicht mehr

3.1 Sichtweisen des Gehirn-Psyche-Zusammenhangs

überprüft werden kann, gilt der Fall Phineas Gage als ein historisches Lehrbuchbeispiel für die Lokalisation einer bestimmten geistigen Funktion, hier der Persönlichkeit, in einer bestimmten Hirnregion, hier dem Präfrontalkortex.

Broca-Areal: Die Produktion von Sprache Einen weiteren Meilenstein stellen die Forschungen des französischen Arztes und Anthropologen Pierre Paul Broca (1824–1880) dar. Er hatte das Gehirn eines Patienten post-mortem untersucht. Dieser Patient zeichnete sich dadurch aus, dass er – obgleich er Sprache verstand – selbst nur noch die Silbe „tan" produzieren konnte. „Monsieur Tan", wie er daher genannt wurde, litt also an einem Ausfall des Sprechvermögens bei intaktem Sprachverstehen, einer sogenannten motorischen Aphasie. Bei der Untersuchung des Gehirns entdeckte Broca eine Läsion im linken Frontallappen der Großhirnrinde, genauer gesagt im Gyrus frontalis inferior. Dieses Areal stellt tatsächlich das motorische Sprachzentrum dar und ist heute als Broca-Areal bekannt (Abb. 3.2). Die bei einer Schädigung auftretende Störung, die häufig durch einen Schlaganfall verursacht wird, bezieht sich auf die Produktion von gesprochener oder geschriebener Sprache. Diese sogenannte Broca-Aphasie äußert sich jedoch meist nicht durch den völligen Ausfall der Sprachproduktion, sondern in einer stark eingeschränkten Grammatik (daher die Bezeichnung Agrammatismus), einer Verlangsamung des Sprechens, Wortfindungsstörungen und Laut-Verwechslungen. Der Vollständigkeit halber sei erwähnt, dass der französische Neurologe Marc Dax bereits 25 Jahre vor Broca den Zusammenhang zwischen linker Hemisphäre und Sprachproduktion entdeckt hatte (Lokhorst, 1996). Solche Fehlattributionen in der Historie wissenschaftlicher Entdeckungen kommen übrigens häufiger vor als man glaubt; sie sind unter dem Begriff Stiglers Gesetz bekannt. So hat sich beispielsweise herausgestellt, dass

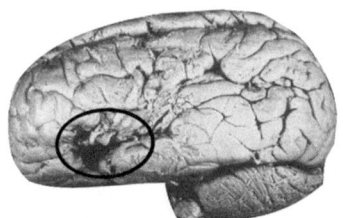 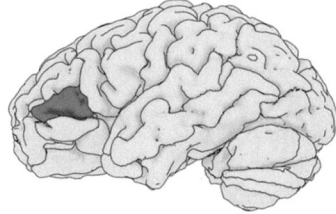

Abb. 3.2 Links: Gehirn des Monsieur Tan. Das geschädigte Broca-Areal ist durch den Kreis markiert (Quelle: https://de.wikipedia.org/wiki/Paul_Broca#/media/File:Monsieur_tan_gehirn.jpeg); rechts: laterale Ansicht auf die linke Hemisphäre, Broca-Areal rot markiert (Abbildung erstellt mit Unterstützung von Marc Pabst, Universität Leipzig)

die berühmte, in den meisten Lehrbüchern dem deutschen Psychologen Hermann Ebbinghaus (1850–1909) zugeschriebene Entdeckung der Vergessenskurve bereits neun Jahre vorher durch den amerikanischen Physiker Francis Nipher (1847–1926) erfolgte (Stigler, 1978).

Wernicke-Areal: Das Verstehen von Sprache Die Befunde von Broca wurden durch den deutschen Psychiater und Neurologen Carl Wernicke (1848–1905), der ebenfalls die Gehirne verstorbener Patienten mit erworbenen Sprachstörungen untersuchte, in idealer Weise ergänzt. Im Jahr 1874 veröffentlichte er eine Arbeit mit dem Titel „Der aphasische Symptomenkomplex. Eine psychologische Studie auf anatomischer Basis". Dort beschrieb er die sensorische Aphasie, bei der das Sprachverständnis gestört, die Spontansprache jedoch flüssig ist. Da bei der Sprachproduktion allerdings Laute und Wörter verwechselt und neue, nicht existierende Wörter erfunden werden, ist die Sprache für andere kaum verständlich. Der Patient ist sich dessen nicht unbedingt bewusst. Ein wichtiger Patient von Wernicke wies eine kleine Läsion im Schläfenlappen der Großhirnrinde auf, nämlich im posterioren Teil des Gyrus temporalis superior. Diese Region wird heute Wernicke-Areal genannt (Abb. 3.3).

Wernicke-Geschwind-Modell der Sprache Wernicke entwickelte aufgrund seiner Befunde einige interessante Vorhersagen, die später zum Teil bestätigt wurden. So postulierte er, dass es eine Verbindung zwischen dem Broca-Areal und dem Wernicke-Areal geben müsse. Bei einer selektiven Schädigung dieser Verbindung sollte der Patient zur Sprachproduktion und zum Sprachverständnis in der Lage sein, jedoch Wörter häufig verwechseln und Probleme beim Nachsprechen von Wörtern aufweisen. Diese sogenannte Leitungsaphasie existiert tatsächlich. Dabei ist der Fasciculus arcuatus, also die das Wernicke- mit dem Broca-Areal verbindende Nervenbahn, geschädigt. Der US-amerikanische Neurowissenschaftler Norman Geschwind (1926–1984) hat Wernickes Ideen später wieder aufgegriffen und weiterentwickelt; in den Lehrbüchern werden sie unter dem Namen Wernicke-Geschwind-Modell zusammengefasst. Dieses Modell ist in Abb. 3.4 vereinfacht dargestellt.

Nach dem Wernicke-Geschwind-Modell wird mit gesprochener Sprache assoziierte Information über den auditiven Kortex (Brodmann Areal [BA] 41) zum Wernicke-Areal (BA 22) geleitet. Dieses enthält (phonologische) Information über Geräuschsequenzen, die Wörter ergeben (deren Bedeutung selbst wieder in anderen Arealen gespeichert ist), wodurch das Wortverständnis ermöglicht wird. Bei spontanem Sprechen wird die Information über die Bedeutung der zu formulierenden Wörter über den Fasciculus arcuatus zum Broca-Areal (BA 44, 45) geleitet. Dort befinden sich Repräsentationen der motorischen Programme zur Artikulation von

3.1 Sichtweisen des Gehirn-Psyche-Zusammenhangs 73

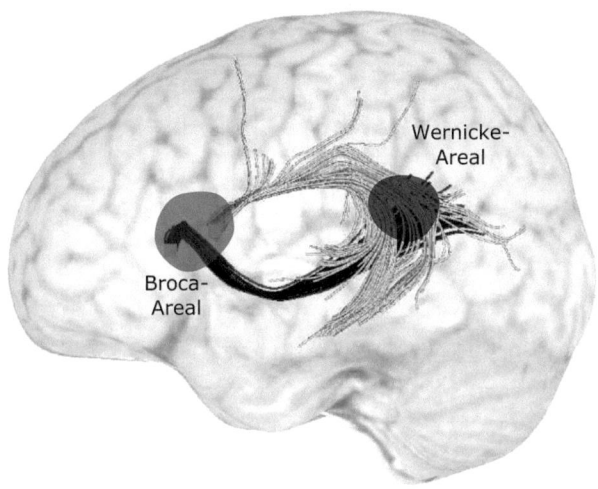

Abb. 3.3 Lage des Broca- und des Wernicke-Areals (graue Felder) mit zugehörigen Faserverbindungen, einem dorsalen (grau; Fasciculus arcuatus/Fasciculus longitudinalis superior cerebri) und einem ventralen (schwarz; Capsula extrema) Pfad. Die Verbindungen wurden mit dem modernen Verfahren der Diffusions-Tensor-Bildgebung ermittelt. (Zur Verfügung gestellt von Dr. Alfred Anwander, Max-Planck-Institut für Kognitions- und Neurowissenschaften, Leipzig)

Wörtern. Über das Gesichtsareal des motorischen Kortex werden über die Hirnnerven im Hirnstamm die Sprechmuskeln aktiviert. Beim stillen Lesen gelangt die Information über die visuellen Areale (BA 17, 18, 19) über den Gyrus angularis (BA 39) zum Wernicke-Areal; beim lauten Lesen von dort zum Broca-Areal. Im Gyrus angularis wird die visuelle Information in ein Format umgewandelt, das vom Wernicke-Areal „gelesen" werden kann. Obgleich das Modell zu wenig detailliert ist – und damit als überholt bezeichnet werden muss – illustriert es auf einfache Weise die unterschiedlichen Funktionen des Sprachverstehens (sensorisch) und der Sprachproduktion (motorisch). Aktuellere Modelle, wie beispielsweise das von Angela Friederici, das wir bereits in Kap. 1 kennengelernt haben, sind in Bezug auf die funktionelle Neuroarchitektur von Sprache deutlich differenzierter. Ermöglicht wurde dieser Erkenntnisfortschritt u. a. durch die Methoden der Diffusions-Tensor-Bildgebung und der funktionellen Kernspintomographie, die ja in Kap. 2 kurz vorgestellt wurden.

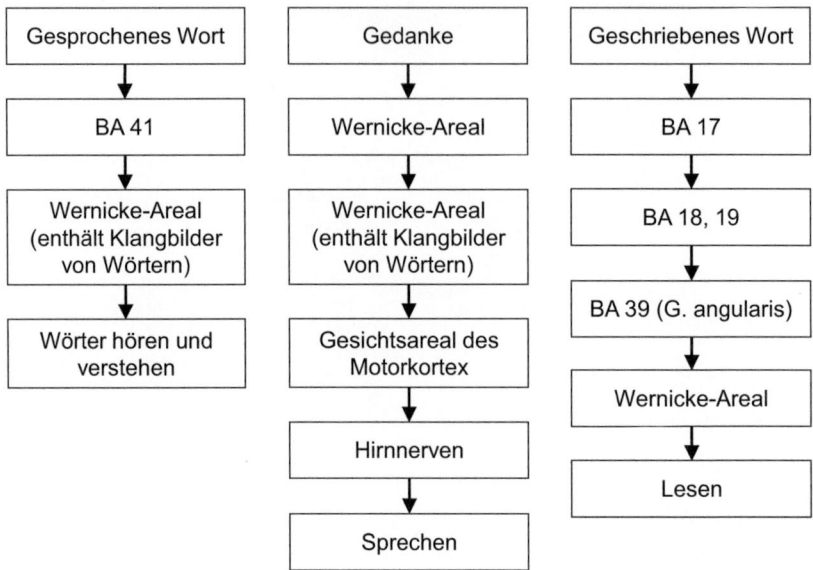

Abb. 3.4 Illustration des Wernicke-Geschwind-Modells der Sprache. Es setzt bestimmte Teilprozesse des Verstehens gesprochener und geschriebener Sprache sowie der Sprachproduktion mit bestimmten Gehirnarealen in Beziehung; BA = Brodmann Areal, G = Gyrus (genauere Erläuterung im Text; Abbildung erstellt mit Unterstützung von Marc Pabst, Universität Leipzig)

3.2 Das menschliche Gehirn und seine Entwicklung

„Das, was im Kopf ist" Das Gehirn heißt auf Lateinisch „cerebrum" und auf Altgriechisch „enképhalon", was soviel bedeutet wie „Das, was im Kopf ist". Beim Menschen besteht es aus etwa 10^{11} Nervenzellen (Neuronen), die hochgradig miteinander vernetzt sind (siehe Kap. 4). Das Gehirn existiert jedoch nicht als isolierte Einheit, sondern ist integraler Bestandteil eines aus vielen weiteren Teilen bestehenden Gesamtorganismus. Das Gehirn ist von verschiedenen Hirnhäuten umhüllt und befindet sich in der Schädelhöhle. Die Hirnhäute werden von zahlreichen Blutgefäßen durchzogen und versorgen das Gehirn mit Nährstoffen. Der Schädelknochen schützt es vor Verletzungen. Die Neurone des Gehirns sind in ein von ca. 10^{11} Gliazellen gebildetes Netzwerk eingebettet und von zahlreichen Blutgefäßen umgeben (von Bartheld et al., 2016). Das Gehirn enthält vier Ventrikel (Flüssigkeitsräume), die in den Zentralkanal des Rückenmarks übergehen.

3.2 Das menschliche Gehirn und seine Entwicklung

Ventrikel und Zentralkanal sind mit Cerebrospinalflüssigkeit (Hirn-Rückenmarks-Flüssigkeit) gefüllt. Diese Flüssigkeit wird in speziellen Adergeflechten innerhalb der Ventrikel durch Filtration des Blutes ständig neu gebildet. Sie zirkuliert durch die Ventrikel und den Zentralkanal und fließt schließlich über spezielle Strukturen in den venösen Blutkreislauf ab. Unterbrechungen dieses Zirkulationssystems können zu einer krankhaften Erweiterung der Flüssigkeitsräume führen, dem sogenannten Hydrocephalus (Wasserkopf). Übrigens ist auch der Raum zwischen den Hirnhäuten – der Subarachnoidalraum – mit Cerebrospinalflüssigkeit gefüllt. Das Gehirn schwimmt also quasi auf dieser Flüssigkeit, was zu einer enormen Reduktion des durch das Hirngewicht verursachten und potenziell schädigenden Drucks auf das Gewebe führt. Der enorme Sauerstoff- und Energiebedarf des Gehirns wird durch Nährstoffe, die über vier Arterien und sich daraus verzweigende Arteriolen und Kapillaren transportiert werden, gewährleistet. Über Venen und Venolen erfolgt der Abtransport des sauerstoffarmen Blutes und der Stoffwechselabbauprodukte. Wenn die Versorgung auch nur kurzfristig ausfällt (z. B. bei einem Schlaganfall), führt das zum Absterben von Gehirngewebe und damit zu mehr oder weniger spezifischen Funktionsausfällen bis hin zum Tod. Wie im Einleitungskapitel erwähnt, befasst sich die Neuropsychologie, eine wichtige Teildisziplin der Biologischen Psychologie, mit der Diagnose und Therapie dieser Defizite.

Gliazellen Vermittelt werden diese eben erwähnten Versorgungs- und Entsorgungsfunktionen durch Gliazellen. Ursprünglich wurden Gliazellen vorwiegend Stütz- und Haltefunktionen (daher die griechische Bezeichnung „glia" für Leim) zugeschrieben. Sie leisten aber auch elektrische Isolationsfunktionen, die zu schnellerer Weiterleitung elektrischer Signale innerhalb der Neurone führen. Inzwischen ist klar, dass Gliazellen zusätzlich die Versorgung der Neurone mit Sauerstoff und Nährstoffen gewährleisten, Entsorgungsfunktionen wahrnehmen und indirekt zur Informationsverarbeitung beitragen. Aufgrund ihrer Beschaffenheit und Funktion werden verschiedene Arten von Gliazellen unterschieden, von denen hier nur drei kurz erwähnt werden sollen. Im zentralen Nervensystem, das aus dem Gehirn und dem Rückenmark besteht, gibt es die sogenannten Oligodendrozyten und im peripheren Nervensystem, das alle Nerven außerhalb von Gehirn und Rückenmark umfasst, die Schwann-Zellen. Beide Gliazelltypen bilden um Axone von Nervenzellen fetthaltige Hüllen, sogenannte Mark- oder Myelinscheiden. Ein Axon ist ein Abschnitt einer Nervenzelle, eine Art Faser, entlang der die elektrischen Impulse einer Nervenzelle geleitet werden (siehe Abschn. 4.4). Myelinisierte Axone besitzen eine deutlich erhöhte Leitungsgeschwindigkeit im Vergleich zu Axonen, die keine Myelin-Umhüllung aufweisen. Eine andere Art von Gliazelle stellen die sternförmigen Astrozyten (von „astron" griechisch für Stern) dar. Sie haben Kontakt zu Nervenzellen sowie Blutgefäßen und sind in die Versorgung der Neurone mit Nährstoffen involviert.

Blut-Hirn-Schranke In diesem Zusammenhang ist auch die Blut-Hirn-Schranke erwähnenswert. Sie stellt eine Art Filter dar, der die in das Gehirn zu transportierenden Nährstoffe beziehungsweise die aus dem Gehirn zu entsorgenden Abbauprodukte passieren lässt, aber für giftige Stoffe, Krankheitserreger und bestimmte Botenstoffe weitgehend undurchlässig ist. Realisiert wird diese Schranke durch Zell-Zell-Interaktionen zwischen Endothelzellen, die die kleinen Blutgefäße auskleiden, und v. a. den Astrozyten, die wiederum die Durchlässigkeit der Endothelzellen regulieren. Auf diese Weise werden enge Verbindungen (so genannte „tight-junctions") zwischen den Endothelzellen geschaffen, die eine Barriere zwischen Blut und Gehirn bilden. Für die Psychopharmakologie, ein Teilgebiet der Pharmazie aber auch der Biologischen Psychologie, ist dies bedeutsam, weil die Blut-Hirn-Schranke nicht nur unerwünschte Stoffe vom Gehirn fernhält, sondern z. B. auch bestimmte Medikamente nicht passieren lässt, was die Behandlung mancher neurologischer Erkrankungen erschwert. Wir werden das später anhand der Parkinson-Erkrankung (*Substantia nigra: Dopamin und Parkinson-Erkrankung,* Abschn. 3.4; *Basalganglien: Parkinson-Erkrankung,* Abschn. 3.6; *Dopaminsysteme,* Abschn. 4.5) kennen lernen.

Makroskopische und mikroskopische Betrachtungsweise des Gehirns In diesem Kap. 3 werden wir auf einer makroskopischen Ebene größere strukturelle Einheiten des Nervensystems kennen lernen. Im Kap. 4 werden wir dann auf einer eher mikroskopischen Ebene die funktionalen Grundelemente des Nervensystems, nämlich die Neurone, behandeln.

Phylogenese der Hirnentwicklung: Enzephalisation Sowohl aus einer phylogenetischen (stammesgeschichtlichen) als auch aus einer ontogenetischen (individualgeschichtlichen) Perspektive fällt auf, dass das Vorderhirn im Vergleich zu anderen Hirnabschnitten in der Entwicklung der Wirbeltiere zunehmend mehr Raum einnimmt. Im Laufe der Evolution hat sich das Vorderhirn vergrößert und über das Mittelhirn geschoben. So ist bei der Forelle das Mittelhirn noch deutlich größer als das Vorderhirn. Bei der Taube und beim Kaninchen nimmt das Vorderhirn bereits mehr Raum ein als das Mittelhirn. Beim Hund, beim Schimpansen und beim Menschen tritt dann zusätzlich eine stärker werdende Faltung der Großhirnrinde auf. Diese Faltung bedingt eine deutliche Vergrößerung der Großhirnrinde bei unveränderter Schädelgröße. Man kann sich das wie ein Tuch vorstellen, das über einen Tennisball gelegt wird. Ein stark gefaltetes (zerknülltes) Tuch kann

3.2 Das menschliche Gehirn und seine Entwicklung

sehr viel größer sein als ein entfaltetes und nimmt trotzdem ungefähr die gleiche Fläche auf dem Tennisball ein. Diese Enzephalisation (Verhirnung), also die Verlagerung der Entwicklung vom Hinter- und Mittelhirn zum Großhirn, sowie die Zunahme des Gewichts und die Verfeinerung im Aufbau der Großhirnrinde, stellt eine Form der Anpassung an die sich ändernden Lebensbedingungen dar. Für den Menschen wird spekuliert, dass die Entwicklung der Fleischfresser (zu denen der Mensch als Allesfresser in gewissem Sinn gehört) zunehmend komplexere Strategien erforderte, um erfolgreich energiereiche Nahrung zu beschaffen. Dies könnte einen Selektionsdruck in Richtung Enzephalisation ausgeübt haben.

Der Mensch ist nicht der Endpunkt der Evolution Wenn man das Hirnvolumen oder das Hirngewicht über die Arten vergleicht oder diese Größen zum Körpergewicht in Beziehung setzt, steht der Mensch in den sich ergebenden Hierarchien zwar immer relativ weit oben, aber eben nicht immer an der Spitze. So wird der Mensch, dessen Gehirn etwa 1,3 kg wiegt, in Bezug auf das absolute Hirngewicht deutlich vom Pottwal mit einem Hirngewicht von etwa neun Kilogramm und vom Elefanten mit etwa fünf Kilogramm Hirngewicht übertroffen. Auch beim Verhältnis Gehirngewicht zu Körpergewicht steht der Mensch nicht ganz oben; da übertrifft uns beispielsweise das Totenkopfäffchen. Selbst innerhalb der Gattung Homo zeichnet sich der moderne Mensch (homo sapiens) nicht durch das größte Gehirngewicht oder Gehirnvolumen aus; hier liegt nämlich der Neandertaler leicht vorn. Innerhalb der Gattung Homo sind die Kleinhirn-Hemisphären beim modernen Menschen am deutlichsten ausgeprägt und gemeinsam mit dem Frontallappen des Großhirns in der Evolution am stärksten expandiert. In der jüngsten Menschheitsgeschichte übertraf die Vergrößerung des Kleinhirns sogar die des Neokortex, der unsere kognitiven Leistungen ermöglicht (Weaver, 2005). Wir werden bei der Besprechung des Kleinhirns (Abschn. 3.3) nochmals darauf zurückkommen. Insgesamt lässt sich feststellen, dass die diversen Statistiken über die absolute oder die relative Hirnentwicklung nicht auf einen qualitativen Sprung in der Evolution deuten, der den Menschen als Endpunkt der Evolution herausstellen würde.

Ontogenese der Hirnentwicklung: Phylogenese im Zeitraffer Auch wenn man sich die Ontogenese, also die Entwicklung eines Individuums über seine Lebensspanne hinweg, ansieht, erkennt man die eben angesprochene Enzephalisation. Während in der siebten Woche nach der Befruchtung der Eizelle das Mittelhirn noch am stärksten ausgeprägt ist, dominiert später das Vorderhirn, dessen Größe relativ zu den anderen Hirnabschnitten bis zur Geburt stetig weiter zunimmt. Diese Ähnlichkeit zur Phylogenese sollte man jedoch nicht als Bestätigung der von dem Zoologen Ernst Haeckel (1834–1919) postulierten biogenetischen Grundregel interpretieren, wonach die Ontogenese die Phylogenese rekapituliert (Haeckel, 1866).

3.3 Rautenhirn: vitale und kognitive Funktionen

Die Hauptabschnitte des Gehirns Das Gehirn wird häufig in die Hauptabschnitte Rautenhirn, Mittelhirn, Vorderhirn unterteilt, und diese wiederum in weitere Abschnitte und Strukturen (siehe Abb. 3.5). Wir werden einige wichtige Strukturen behandeln und dabei besonders auf deren Funktion für psychische Prozesse eingehen. Zuerst wollen wir das Rautenhirn (Rhombenzephalon) behandeln, in dem teilweise die Steuerung basaler Körperfunktionen angesiedelt ist. Zum Rautenhirn

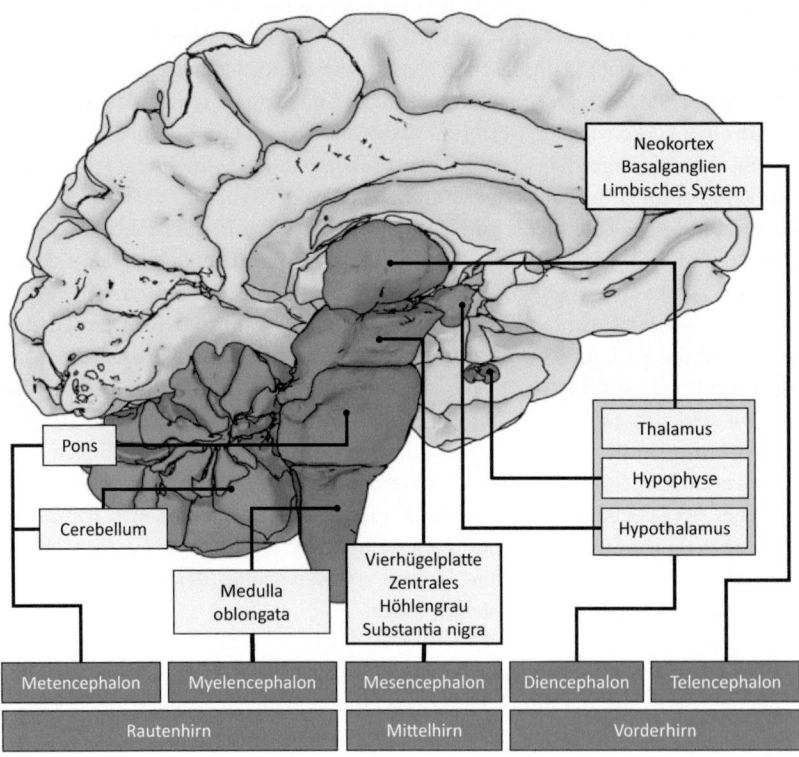

Abb. 3.5 Schematische Darstellung der drei Hauptabschnitte des Gehirns (Rautenhirn, Mittelhirn, Vorderhirn) und wichtiger Unterabschnitte und Strukturen, die in Kap. 3 behandelt werden (Abbildung erstellt mit Unterstützung von Marc Pabst, Universität Leipzig)

3.3 Rautenhirn: vitale und kognitive Funktionen

wird aber auch das Kleinhirn gerechnet, das – für viele Leser und Leserinnen vermutlich überraschend – für psychische Funktionen äußerst wichtig ist.

Das verlängerte Rückenmark erfüllt Vitalfunktionen Das verlängerte Rückenmark (Medulla oblongata) ist Teil des Hirnstamms und beherbergt Zentren, die an der Kontrolle basaler körperlicher Funktionen wie etwa Atmung, Nies-, Schluck-, Hustenreflexe (einschließlich Erbrechen) und an der Herz-Kreislauf-Regulation beteiligt sind. Ein Ausfall der Medulla oblongata führt zum Tod. Wenn das übrige Gehirn nicht mehr funktionstüchtig ist, die Funktion der Medulla oblongata jedoch intakt ist, fällt man in ein tiefes Koma.

Die Brücke ist Durchgangsstation und Ursprung wichtiger Hirnnerven Die Brücke (Pons) gehört ebenfalls zum Hirnstamm und gilt als Durchgangsstation der Nervenfasern, die zwischen den weiter frontal gelegenen Hirnabschnitten und der Medulla oblongata vermitteln. Die Übertragung der Information von und zum Kleinhirn erfolgt ebenfalls über die Brücke. Die Hirnnerven V-VII entspringen in der Brücke. Sie leiten afferente Information aus dem Gesicht in das Gehirn. Afferent nennt man Verbindungen von der Peripherie in das Zentralnervensystem. Beispielsweise kann die durch eine Entzündung bedingte starke periphere Reizung des fünften Hirnnerven, des Nervus trigeminus, enorme Schmerzen – eine sogenannte Trigeminusneuralgie – verursachen. Umgekehrt innervieren die Hirnnerven V-VII über efferente Verbindungen den lateralen Augenmuskel, die Kaumuskulatur und die Muskulatur der Mimik. Efferente Verbindungen leiten Nervenimpulse vom Zentralnervensystem in die Peripherie, beispielsweise in die Muskeln.

Das Kleinhirn: Prozedurale Organisation sequenzieller Operationen Interessanterweise beherbergt das Kleinhirn (Cerebellum; Abb. 3.5) etwa die Hälfte der Neurone des menschlichen Gehirns. Es ist zuständig für die Feinabstimmung und Koordination der Körperbewegungen (Motorik). Aber auch an kognitiven Prozessen wie dem Lernen ist das Kleinhirn maßgeblich beteiligt. Mit stärker werdender Automatisierung werden Bewegungsabläufe zunehmend vom Kleinhirn gesteuert. Dies ist bei vielen alltäglichen Bewegungen der Fall, wie etwa beim Radfahren oder beim Einsatz der Gesichtsmuskulatur während des Sprechens. Die zeitgenaue Zusammensetzung von Teilbewegungen zu komplexen Bewegungsabläufen ist anfangs extrem fordernd; das heißt, unsere gesamte Aufmerksamkeit ist nötig, um über exekutive Kontrolle beispielsweise beim Erlernen des Autofahrens zunächst den Gang einzulegen, dann langsam die Kupplung zu lösen und dabei auch noch dosiert Gas zu geben. Die erforderliche Präzision der zeitlichen Abfolge muss auf verschiedenen zeitlichen Skalen gewährleistet sein, vom Sekundenbereich bis in den Millisekundenbereich. Diese exekutiven Funktionen sind im Frontallappen angesiedelt. Wenn das Kleinhirn die Koordination der Bewegungsabfolgen einmal übernommen hat, geht es quasi wie von selbst. Der Frontalkortex wird entlastet und kann sich wieder anderen Aufgaben widmen.

Das Kleinhirn ist wichtig für das Lernen (Konditionierung) Das Kleinhirn ist außerdem in die Konditionierung des Lidschlussreflexes involviert. Dazu wird zuerst ein Ton (oder ein Lichtsignal) als neutraler Reiz zeitgleich mit einem auf das Auge gerichteten Luftstoß als unkonditionierter (natürlicher) Reiz, der einen Lidschlussreflex auslöst, dargeboten. Nach wenigen Wiederholungen genügt der Ton (oder das Lichtsignal) allein, um den Lidschlussreflex auszulösen. Der anfangs neutrale Reiz wird zum konditionierten Reiz. Am Modell des Kaninchens wurde der neuronale Mechanismus dieses klassischen Konditionierens gut untersucht. Dabei zeigte sich, dass der Reflex selbst unabhängig vom Kleinhirn ausgelöst werden kann. Die Assoziation des ursprünglich neutralen Reizes (Ton, Licht) mit dem unkonditionierten Reiz (Luftstoß) wird jedoch über das Kleinhirn realisiert. Bei Patienten mit einer bestimmten Läsion im Kleinhirn funktioniert diese Konditionierung nicht mehr. Obwohl die Patienten die Assoziation zwischen dem konditionierten und dem unkonditionierten Reiz bewusst wahrnehmen, wird die automatische Verknüpfung nicht mehr aufgebaut (Thompson & Steinmetz, 2009).

Das Kleinhirn unterstützt auch höhere geistige Funktionen Seit kurzem gilt es als gesichert, dass das Kleinhirn auch in die Realisierung von höheren geistigen Funktionen wie etwa der Sprache eingebunden ist. Cerebellare Dysfunktionen werden sogar im Zusammenhang mit entwicklungsbedingter Dyslexie diskutiert (Stoodley et al., 2013). Unter Dyslexie versteht man das Auftreten von Problemen beim Erlernen des Lesens und des Schreibens trotz durchschnittlicher Intelligenz. Zu der Theorie, wonach das Kleinhirn in zahlreiche kognitive Funktionen involviert ist, passt auch der oben erwähnte Befund, dass in der jüngsten Entwicklungsgeschichte des Menschen das Kleinhirn relativ stärker an Volumen zunahm als der Neokortex. Das Kleinhirn leistet vermutlich ganz allgemein die prozedurale Organisation von sequenziellen Operationen, nicht nur sensorischer und motorischer Art, sondern auch für die Abfolge von kognitiven Operationen.

Spezifische Kleinhirnschäden resultieren in spezifischen Funktionsausfällen Wie bereits am Beispiel der Konditionierung klar geworden ist, haben unterschiedliche Areale des Kleinhirns unterschiedliche Aufgaben. Diese funktionale Spezialisierung drückt sich auch in spezifischen Funktionsausfällen bei eng umschriebenen

Läsionen aus. Häufig sind Störungen bei der Koordination der Bewegungen (Ataxie) zu beobachten, die sich je nach dem Ort und dem Ausmaß der Störung auf sehr enge Bereiche beziehen können. Beispielsweise führen Läsionen in Arealen des Kleinhirns, die mit den Stammhirnzentren des Gleichgewichtsorgans verbunden sind (Vestibulocerebellum), zu Augenzittern (Nystagmus). Schädigungen in dem Bereich, der Informationen über die Körperstellung aus dem Rückenmark erhält (Spinocerebellum), führen dagegen zu Unsicherheiten beim Gehen und Stehen.

3.4 Mittelhirn: Beiträge zur Wahrnehmung, Motorik und Aktivierung

Vierhügelplatte: Beiträge zum Sehen, Hören und Fühlen Ein wichtiger Teil des Mittelhirns (Mesencephalon) ist die Vierhügelplatte (Lamina quadrigemina), die aus den oberen und unteren Hügeln besteht (colliculi superiores und colliculi inferiores). Die Colliculi superiores sind in die visuelle Informationsverarbeitung, insbesondere bei der Steuerung von Augenbewegungen, eingebunden. Zwar werden die willkürlichen Augenbewegungen vorwiegend vom frontalen Augenfeld – einer Struktur im prämotorischen Kortex der Großhirnrinde (siehe Abschn. 3.7) – gesteuert, die Information über den Ort eines Reizes, die ja für die Augenbewegung erforderlich ist, wird jedoch in den Colliculi superiores mittels entsprechender Raumkarten ermittelt. Die Neurone sind dabei korrespondierend zu den rezeptiven Feldern angeordnet. Unter einem rezeptiven Feld versteht man einen Bereich von Sinnesrezeptoren (z. B. Photorezeptoren auf der Netzhaut), der auf die gleiche nachgeschaltete Nervenzelle konvergiert. Diese Nervenzelle ist nur durch Reize erregbar, die durch ihrem rezeptiven Feld zugeordnete Sinneszellen verarbeitet werden. Es gibt in den Colliculi superiores auch Karten für andere Sinnesmodalitäten, z. B. akustische und somatosensorische Karten. Manche Tiere, etwa Katzen, können die Ohren in Richtung einer Schallquelle bewegen und sich mit den Schnurrhaaren tastend zurechtfinden.

Colliculi superiores: Beiträge zur multimodalen Verarbeitung In tieferen Schichten der Colliculi superiores werden diese modalitätsspezifischen Karten in eine gemeinsame zweidimensionale Karte der externen Welt integriert. Die Colliculi superiores stellen somit eine wichtige Struktur bei der multimodalen Verarbeitung dar. Wenn man beispielsweise einer Katze einen schwellennahen – also schwer zu entdeckenden – auditiven Reiz zusammen mit einem schwellennahen visuellen Reiz präsentiert, erhöht sich die Wahrscheinlichkeit, dass die Katze diesen audiovisuellen Reiz (etwa ein potenzielles Beutetier) entdeckt stärker als dies durch rein stochastische, also zufällige Prozesse zu erwarten wäre. Demnach integriert das Nervensystem der Katze auditive und visuelle Information. Diese Integration der Information aus den beiden Sinneskanälen wird zum Teil durch die Colliculi superiores geleistet (Stein & Meredith, 1993).

Colliculi inferiores: Bestandteil der Hörbahn Die Colliculi inferiores sind wichtige Kerne innerhalb der Hörbahn. Sie sind damit an der auditiven Informationsverarbeitung beteiligt. Der Hörnerv zieht von der Hörschnecke (Cochlea) zu den Cochlea-Kernen (Nuclei cochlearis) und weiter zum oberen Olivenkomplex (Oliva superior) in der Medulla oblongata. Von dort zieht die Hörbahn als seitliche Schleifenbahn (Lemniscus lateralis) zu den Colliculi inferiores und von dort aus zum inneren Kniehöcker (Corpus geniculatum mediale), der sich im Thalamus (siehe Abschn. 3.5) befindet. Schließlich gelangt die Information in den im Schläfenlappen (siehe Abschn. 3.7) gelegenen auditiven Kortex. Es ist bemerkenswert, dass in der Hörbahn ab der Ebene des Olivenkomplexes immer Verbindungen sowohl zur kontralateralen Seite als auch wieder zurück zur ipsilateralen Seite bestehen. Damit unterscheidet sich die subkortikale auditive Verarbeitung von den subkortikalen visuellen und somatosensorischen Verarbeitungspfaden, die deutlich weniger ausdifferenziert und deutlich stärker kontralateral organisiert sind.

Zentrales Höhlengrau: Schmerzhemmung Zum Mittelhirn rechnet man auch das zentrale Höhlengrau (periaquäduktales Grau). Dessen Neurone sind in die Bahnen, die für die körpereigene absteigende Schmerzhemmung sorgen, eingebunden. Dabei spielen sogenannte körpereigene Opiate (Endorphine, Enkephaline) eine wichtige Rolle. Im Tierversuch führt elektrische Stimulation des zentralen Höhlengraus zu einer Schmerzunempfindlichkeit (Analgesie). Außerdem reagieren Rückenmarksneurone auf Hitzereize mit einer reduzierten Impulsrate, wenn gleichzeitig das zentrale Höhlengrau stimuliert wird. Dies belegt, dass das zentrale Höhlengrau an der Unterdrückung von Schmerz beteiligt ist.

Nucleus ruber: Ein Teil des motorischen Systems Der Nucleus ruber ist ein Kern (d. h. eine Ansammlung von Nervenzellen), der seinen Namen seiner rötlichen Färbung verdankt. Er ist als Teil des extrapyramidalmotorischen Systems an der Steuerung der Motorik beteiligt. Dieses System ist eher für grobe motorische Bewegungen zuständig (z. B. Rumpfbewegungen) und ist an der Aufrechterhaltung des Muskeltonus beteiligt. Es wird oft vom pyramidalmotorischen System unterschieden, welches eher für die feineren Willkürbewegungen zuständig ist (siehe Abschn. 3.7).

3.4 Mittelhirn: Beiträge zur Wahrnehmung, Motorik und Aktivierung

Substantia nigra: Ein weiterer Teil des motorischen Systems Die Substantia nigra (schwarze Substanz) erfüllt ebenfalls motorische Funktionen innerhalb des extrapyramidalmotorischen Systems. Sie trägt ihren Namen aufgrund ihrer dunklen Färbung. Die Substantia nigra empfängt neuronale Signale vom motorischen und vom prämotorischen Kortex sowie aus den Basalganglien und projiziert selbst zu den Basalganglien und zum Thalamus. Sie ist also integraler Bestandteil des Bewegungssystems. Von der Substantia nigra gehen Neurone aus, die Dopamin als Neurotransmitter verwenden und die für die Initiierung von Bewegungen wichtig sind.

Substantia nigra: Dopamin und Parkinson-Erkrankung Bei der Parkinson-Krankheit, einer häufig auftretenden neurodegenerativen Erkrankung, sind die dopaminergen Neurone der Substantia nigra zerstört. Die zu den Basalganglien ziehenden Nervenfasern können somit ihre Funktion nicht mehr erfüllen. Dies führt zu diversen, vorwiegend motorischen Dysfunktionen. Ein wichtiges Symptom dieser Erkrankung ist eine generelle Bewegungsarmut (Akinese), die sich auch auf die motorischen Aspekte des Gesichtsausdrucks, des Sprechens, des Schreibens, des Schluckens und des Gehens negativ auswirkt. Weitere Symptome sind eine Erhöhung der Muskelanspannung (Rigor), ein langsames Zittern, wenn man sich nicht bewegt (Ruhetremor) und eine Unsicherheit beim Stehen und Gehen (posturale Instabilität). Das Erkrankungsrisiko steigt mit zunehmendem Alter. Als Ursachen der Parkinson-Erkrankung kommen genetische Prädispositionen und Vergiftungen infrage, möglicherweise auch Schädel-Hirn-Traumata, die z. B. während Boxkämpfen entstehen können. Der bekannte Boxer Muhammad Ali (Cassius Clay) litt unter Parkinson. Der der Erkrankung zugrunde liegende Dopaminmangel in den Basalganglien kann nicht direkt medikamentös kompensiert werden, weil Dopamin die Blut-Hirn-Schranke nicht überwindet. Daher wird eine Vorstufe des Dopamins, das L-Dopa (Levodopa), welches die Blut-Hirn-Schranke zu passieren vermag und im Gehirn zu Dopamin umgewandelt wird, als Medikament eingesetzt. Außerdem kann die Dopaminkonzentration erhöht werden, indem man den Abbau von Dopamin im Gehirn verzögert. Mehr dazu werden wir noch in Abschn. 4.5 erfahren. Patienten, bei denen die Erkrankung medikamentös nicht mehr zu kontrollieren ist, kann u. U. durch das Verfahren der tiefen Hirnstimulation wieder ein selbstbestimmtes Leben ermöglicht werden (siehe Abschn. 3.6).

Formatio reticularis: Regulation der Aktivierung Im Zusammenhang mit dem Mittelhirn sollte auch die Formatio reticularis erwähnt werden. Dabei handelt es sich um ein weitverzweigtes Netzwerk von Neuronen, das sich vom verlängerten Rückenmark bis zum Mittelhirn zieht. Es ist bei einer Reihe wichtiger kardiovaskulärer und somatomotorischer Funktionen beteiligt. Beispielsweise befindet sich dort ein Zentrum zur Auslösung des Brechreflexes und ein Zentrum für die Entleerung der Harnblase. Es enthält außerdem das aufsteigende retikuläre Aktivierungssystem (ARAS). Das ARAS reguliert den allgemeinen tonischen Aktivierungszustand der Großhirnrinde und verstärkt oder vermindert die auf- und absteigenden Signale zwischen zentralem und peripherem Nervensystem. Unterbrechungen induzieren Schlaf und die schlaftypischen starken Oszillationen im Elektroenzephalogramm. Der Organismus verliert dann sein Wachbewusstsein. Das ARAS reguliert in Interaktion mit kortikalen Arealen unseren mentalen Aktivierungszustand. Zusammengefasst leistet das Mittelhirn also wichtige Beiträge zur Wahrnehmung (Sehen, Hören, Multimodalität, Schmerz), Motorik und Aktivation.

3.5 Vorderhirn, Zwischenhirn: Tor zum Bewusstsein und zum Hormonsystem

Das Zwischenhirn (Dienzephalon), welches zusammen mit dem Endhirn (Großhirn, Telencephalon) das Vorderhirn (Prosencephalon) bildet, enthält zahlreiche wichtige Strukturen. Wir werden den Thalamus, das Tor zum Bewusstsein, und den Hypothalamus, das Tor zum hormonellen System, besprechen.

Thalamus: „Tor zum Bewusstsein", Aufmerksamkeit Der Thalamus ist paarig (in der linken und rechten Hemisphäre) angeordnet und ähnelt in seiner Form zwei Avocadofrüchten (z. B. Abb. 3.5). Er gilt als wichtiges sensorisches Umschaltzentrum, das die aufsteigende sensorische Information moduliert. Mit Ausnahme der olfaktorischen Information (die direkt von den Sinneszellen zum Riechkolben und von da in den Kortex geleitet wird) gelangt die Information aus unseren Sinnesorganen zuerst in den Thalamus. Dort wird sie hinsichtlich ihrer Wichtigkeit ausgewertet und dann gefiltert an die Großhirnrinde weitergeleitet. Man bezeichnet den Thalamus daher in vielen Lehrbüchern als „Tor zum Bewusstsein". Am Rande sei erwähnt, dass der direkte Zugang von Geruchsinformation in das Gehirn ein Grund für die uns nur wenig bewusste und dennoch starke Beeinflussbarkeit unseres Verhaltens durch Gerüche sein könnte (Hatt & Dee, 2009). Der Thalamus besteht aus mehreren anatomisch-histologisch unterscheidbaren sogenannten spezifischen und unspezifischen Kernen. Die spezifischen Kerne weisen Verbindungen zu ganz bestimmten kortikalen Arealen auf. Beispielsweise projiziert der seitliche Kniehöcker (Corpus geniculatum laterale) über die Sehstrahlung zum primären visuellen Kortex, der sich im Hinterhauptslappen befindet. Die analoge Umschaltstation der

3.5 Vorderhirn, Zwischenhirn: Tor zum Bewusstsein und zum Hormonsystem

Hörbahn stellt der innere Kniehöcker (Corpus geniculatum mediale) dar. Vom inneren Kniehöcker gelangt die Information zum primären auditiven Kortex, der sich im Schläfenlappen befindet. Taktile Information schließlich wird über den ventrobasalen Thalamus zum somatosensorischen Kortex geleitet, der sich in den vorderen Windungen des Scheitellappens im Gyrus postcentralis befindet. Diese kortikalen Sinneszentralen weisen wiederum Rückverbindungen zum Thalamus auf, die zur Selektion von Information beitragen, aber auch in multisensorische Verarbeitungsnetzwerke eingebunden sind. Der Thalamus ist in Prozesse der Aufmerksamkeit und der Informationsselektion eingebunden, indem er sich – metaphorisch gesprochen – an den „Vorgaben" des Kortex orientiert, welche Information durch das „Tor zum Bewusstsein" an höhere kortikale Strukturen weitergeleitet werden soll und welche nicht. Auch in die multimodale Verstärkung sind kortikothalamische Netzwerke eingebunden, etwa wenn ein Geräusch die Detektion eines visuellen Reizes erleichtert (Noesselt et al., 2010). Die unspezifischen Kerne empfangen Afferenzen aus dem ARAS des Mittelhirns und sind vorwiegend mit den spezifischen Kernen verbunden.

Thalamus: Motorik, Schmerz, Emotion Der Thalamus erfüllt auch motorische Funktionen. So ist er in ein aus Kleinhirn, Basalganglien und motorischem Kortex bestehendes Netzwerk eingebunden. Darüber hinaus werden Teile des Thalamus dem limbischen System zugerechnet, das zentral für emotionale Prozesse zuständig ist (siehe Abschn. 3.6). Der Thalamus ist auch an der Schmerzverarbeitung beteiligt. So können Schädigungen in bestimmten Regionen des Thalamus zum sogenannten Thalamusschmerz führen, der als schwer therapierbar gilt.

Thalamus: Gedächtnis Sogar an Gedächtnisfunktionen ist der Thalamus beteiligt. Als Indiz dafür wird oft der Befund herangezogen, dass beim Korsakoff-Syndrom – eine bei schwerem Alkoholismus vorzufindende chronische Gedächtnisstörung (Amnesie) – eine Schädigung der medialen Thalamuskerne vorliegt. Das Korsakoff-Syndrom, benannt nach dem russischen Neurologen Sergei Korsakoff (1854–1900), der diese Erkrankung erforscht hat, besteht aus einer Gedächtnisstörung, bei der sowohl eine Abnahme der Erinnerungsfähigkeit früher gelernter Gedächtnisinhalte als auch eine Verschlechterung der Fähigkeit neue Gedächtnisinhalte zu bilden besteht. Diese zeitlich nach hinten (retrograde) und nach vorne (anterograde) gerichtete Amnesie fällt nicht immer sofort auf (auch nicht den betroffenen Patienten), weil die Betroffenen Gedächtnislücken mit erfundenen, plausiblen Geschichten füllen (Konfabulation). Mit dem chronischen Alkoholkonsum geht oft eine Mangel- oder Fehlernährung einher, die wiederum einen Mangel an Thiamin (Vitamin B_1)

bedingt. Dieser Mangel führt zu diversen körperlichen und geistigen Beeinträchtigungen, unter anderem zu Schädigungen des Thalamus. Korsakoff-Patienten weisen in der Regel auch Schädigungen in der Hippocampusformation auf (siehe *Bestandteile des limbischen Systems,* Abschn. 3.6). Selbstverständlich hat die (übermäßige) Einnahme von Ethanol (Alkohol) auch noch zahlreiche weitere kurz- und langfristige schädliche Auswirkungen auf Körper und Geist, die hier aber nicht im Detail aufgeführt werden können. Es sei aber kurz auf das erhebliche Suchtpotenzial von Ethanol hingewiesen, das unter anderem auch über das dopaminerge Belohnungssystem (siehe *Dopamin belohnt,* Abschn. 4.4) wirkt. Da beim Korsakoff-Syndrom nicht nur Thalamuskerne geschädigt sind, sondern auch andere Strukturen (u. a. die Mamillarkörper und deren Verbindungsbahnen zum Subiculum und Hippocampus) betroffen sind, ist es schwierig zu bestimmen, inwiefern der mediale Thalamus eine exklusive Rolle für die beobachteten Gedächtnisbeeinträchtigungen spielt.

Hypothalamus: Regulation des inneren Milieus Der Hypothalamus („unterhalb" des Thalamus befindlich) ist an der Regulation wichtiger Grundfunktionen des Organismus beteiligt, unter anderem des Stoffwechsels, des Sexualverhaltens, der circadianen Rhythmik, der Körpertemperatur und des Wasserhaushalts. Es gibt verschiedene innere Rhythmen, die in etwa 24 h (daher „circadian") durchlaufen werden. Am bekanntesten ist der Schlaf-Wach-Rhythmus, der durch einen Regelkreis gesteuert wird, der u. a. die in Kap. 1 erwähnte Zirbeldrüse aber auch den Hypothalamus umfasst. Wie der Thalamus ist auch der Hypothalamus in verschiedene Kerne unterteilt, die mit spezifischen Funktionen verknüpft sind. Der Hypothalamus ist zuständig für die Aufrechterhaltung des inneren Milieus und steuert das sympathische und das parasympathische Nervensystem. Der Parasympathikus ist (wie auch der Sympathikus) ein Teil des vegetativen Nervensystems. Im Gegensatz zum Sympathikus ist er für die Erholung und Regeneration des Organismus zuständig. Es bestehen bilaterale Verbindungen (teilweise über den Thalamus) zu vielen Gehirnregionen. Am Hypothalamus wirken viele unterschiedliche Neurotransmitter und Hormone (siehe unten). Schädigungen des Hypothalamus können zu spezifischen Funktionsausfällen führen, wie etwa der Unfähigkeit zur Nahrungsaufnahme (Aphagie).

Hypophyse: Tor zum hormonellen System Am Hypothalamus befindet sich die Hypophyse (Hirnanhangdrüse). Sie besteht aus zwei Teilen, dem Hypophysenvorderlappen (Adenohypophyse) und dem Hypophysenhinterlappen (Neurohypophyse). Die Adenohypophyse wird vom Hypothalamus über Hormone gesteuert, während die Neurohypophyse ihre Information vom Hypothalamus über Neurone erhält. Die Hypophyse gibt Hormone ins Blut ab, die entweder direkt ihre Wirkung entfalten oder indirekt, indem sie bestimmte Drüsen zur Ausschüttung von spezifischen Substanzen (z. B. Hormonen) anregen.

Direkte Wirkung von Hormonen der Hypophyse: Wachstumshormone Ein Beispiel für ein direkt wirkendes Hormon ist das Wachstumshormon (Somatotropin), das unter anderem beim Wachstum von Knochen und Muskelgewebe eine Rolle spielt. Es kann als Medikament bei Kleinwüchsigkeit eingesetzt werden (sofern diese durch einen Mangel an Wachstumshormon bedingt ist). Gelegentlich wird es aber auch von Sportlern als Dopingmittel missbraucht (obgleich hier unseres Wissens bei männlichen Athleten kein eindeutiger Nutzen nachzuweisen ist).

Indirekte Wirkung von Hormonen der Hypophyse: Geschlechtshormone Indirekt wirken die von der Hypophyse in den Blutstrom abgegebenen Gonadotropine, die die Gonaden (Keimdrüsen) zur Ausschüttung von Sexualhormonen anregen. So bewirkt etwa das follikelstimulierende Hormon (FSH) in den Eierstöcken der Frau die Produktion und die Ausschüttung von Östrogenen. Diese wiederum regen beispielsweise die Reifung einer befruchtungsfähigen Eizelle an. Beim Mann führt das FSH in den Hoden zur Ausschüttung von Testosteron, das wiederum unter anderem zur Reifung der Spermien führt (zur Geschlechtsentwicklung und -differenzierung siehe Abschn. 5.4). Obgleich die Sexualhormone Östrogen und Testosteron weitgehend geschlechtsspezifisch sind, produzieren jedoch auch Männer Östrogene und Frauen Testosteron (jeweils in den Keimdrüsen und in der Nebennierenrinde). Diese werden für verschiedene körperliche und psychische Funktionen benötigt. Testosteron wurde und wird vorwiegend seiner anabolen, das heißt den Muskelaufbau fördernden Wirkung wegen, noch immer als Dopingmittel eingenommen, obwohl erhebliche gesundheitsschädliche Nebenwirkungen nachgewiesen sind.

3.6 Vorderhirn, Endhirn: subkortikale Beiträge zu Motorik, Emotion und Gedächtnis

Iso- und Allokortex Das Endhirn (Großhirn, Telencephalon) ist der bei weitem größte Abschnitt des Gehirns. Es besteht aus dem Kortex (Großhirnrinde, Cortex cerebri), den Verbindungen (Kommissuren) zwischen den beiden Endhirnhälften (Hemisphären) und subkortikalen Kernen im Großhirnmark. In Abb. 3.6 ist ein Teil der größten Verbindung zwischen den beiden Hemisphären dargestellt, der Balken (Corpus callosum). Über ihn erfolgt der Informationsaustausch zwischen den Hälften des Endhirns. Die Großhirnrinde ist die etwa 2–5 mm dicke äußere

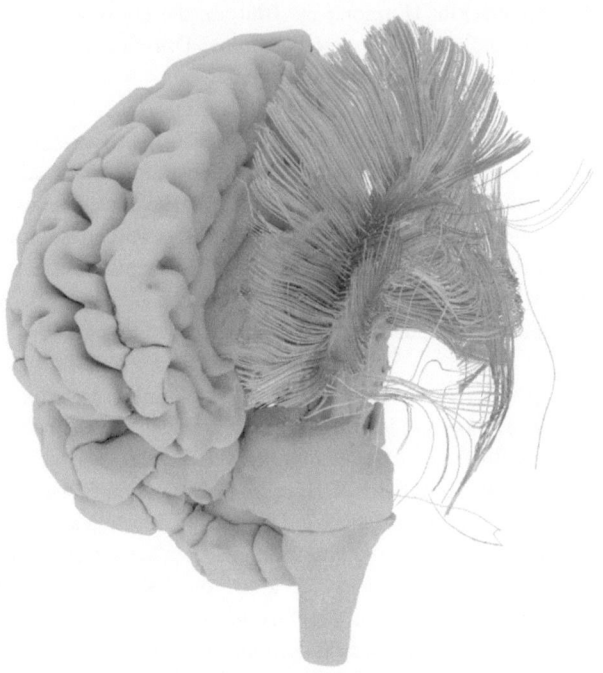

Abb. 3.6 Der Balken (Corpus callosum) ist die größte und wichtigste quer verlaufende Verbindung (Kommissur) zwischen den beiden Großhirnhemisphären. In der traktographischen Darstellung erkennt man, wie die Nervenfasern von der einen Hemisphäre in die andere ziehen. (Abbildung erstellt mit Unterstützung von Marc Pabst, Universität Leipzig)

Schicht des Endhirns. Sie enthält sehr viele Nervenzellen und bildet die sogenannte graue Substanz. Das Großhirnmark liegt unterhalb der Rinde und enthält sehr viele Nervenfasern. Aufgrund seiner durch die myelinisierten Axone bedingten hellen Färbung wird es auch als weiße Substanz bezeichnet. Der Kortex kann nach mehreren Kriterien unterteilt werden: Beispielsweise in einen aus sechs Schichten bestehenden Isokortex und einen aus drei bis fünf Schichten bestehenden Allokortex. Der Isokortex entspricht im Wesentlichen dem Neokortex, dem entwicklungsgeschichtlich jüngsten Teil des Kortex, und macht etwa 90 % der Oberfläche des Großhirns aus. Zum Allokortex gehören die entwicklungsgeschichtlich älteren Teile des Endhirns: das Riechhirn (Rhinencephalon) und der Hippocampus. Außerdem wird zum Endhirn noch das limbische System gerechnet. Es handelt sich dabei um ein Netzwerk aus kortikalen und subkortikalen Strukturen, die wichtig für unser emotionales Erleben und Verhalten sind. Die Abgrenzungen sind etwas unscharf beziehungsweise werden nicht einheitlich verwendet, sodass manche Strukturen mehrfach zugeordnet werden können (z. B. der Hippocampus). Wir werden uns zunächst mit den subkortikalen Kernen des Großhirnmarks beschäftigen, nämlich mit den Basalganglien beziehungsweise Endhirnkernen.

Basalganglien: Steuerung von Bewegungen Die Basalganglien sind funktionell zusammengehörige Kerne, die an der Steuerung von Bewegungen beteiligt sind. Dazu gehören das Striatum (Corpus striatum, gestreifter Körper), bestehend aus dem Putamen (Schale) und dem Nucleus caudatus (Schweifkern), und das Pallidum (Globus pallidus, bleiche Kugel). Als Eingangsstation der Verschaltung von Kortex und Basalganglien fungiert das Striatum. An dieser kortikostriatale Projektion sind neben motorischen kortikalen Arealen auch viele andere Areale der Großhirnrinde beteiligt. Das Striatum erhält weiterhin Signale aus der Substantia nigra und der Formatio reticularis. Der weitere Informationsfluss vom Striatum verläuft über das Pallidum zum Thalamus, welcher Verbindungen zum frontalen Kortex und zum Kleinhirn aufweist. Die Verschaltungen zwischen den einzelnen Strukturen der Basalganglien erlauben eine fein abgestimmte Regulation von Bewegungen. Inzwischen ist allerdings die Vorstellung, wonach die Basalganglien ausschließlich für die willentliche Steuerung von Bewegungen zuständig sind, überholt. Man hat herausgefunden, dass sie in zahlreiche kognitive Prozesse eingebunden sind.

Basalganglien: Parkinson-Erkrankung Wir wissen ja bereits, dass die Parkinson-Erkrankung ihre Ursache darin hat, dass die über den Neurotransmitter Dopamin vermittelte Informationsweiterleitung von der Substantia nigra zu den Basalganglien beeinträchtigt ist. Die Krankheit bricht aus, wenn ca. 70 % der dopaminergen Neurone aus der Substantia nigra abgestorben sind. Wie bereits erwähnt, gibt es medikamentöse Behandlungsmöglichkeiten. Leider lässt die Wirkung der Medikamente im Laufe der Zeit nach. Bei Patienten, die nicht mehr auf Medikamente ansprechen, können sogenannte „Hirnschrittmacher" implantiert werden, die elektrische Impulse an den Nucleus subthalamicus (einen weiteren Teil der Basalganglien) und das Pallidum geben. Durch diese tiefe Hirnstimulation können die schwerwiegenden motorischen Symptome deutlich gemildert werden. Die Lebensqualität der Parkinson-Patienten wird dadurch zumindest für einige Jahre deutlich gesteigert.

Basalganglien: Hemiballismus, Chorea Huntington Schädigungen der Basalganglien können eine Reihe weitere Erkrankungen mit motorischen Symptomen auslösen. Beispielsweise kommt es bei dem sehr selten auftretenden Hemiballismus zu starken unwillkürlichen Schleuderbewegungen auf der Körperseite, die kontralateral zur Schädigung liegt. Bei Chorea Huntington (Veitstanz), einer nach dem US-amerikanischen Arzt George Huntington (1850–1916) benannten Erkrankung, kommt es zu starken Bewegungsstörungen (u. a. zu ruckartigen Bewegungen) und schweren psychischen Symptomen (bis hin zur Demenz). Diese autosomaldominant vererbte neurodegenerative Erkrankung tritt zwischen dem 30. und 60. Lebensjahr auf und führt nach ca. 15 Jahren zum Tod. Der bekannte US-amerikanische Liedermacher und Sänger Woody Guthrie (1912–1967) litt unter dieser Krankheit.

Bestandteile des limbischen Systems Als Nächstes wollen wir einen weiteren wichtigen subkortikalen Teil des Endhirns kennen lernen: das limbische System. Es besteht aus zahlreichen Strukturen, die sich wie ein Saum (lateinisch limbus) um den Thalamus und die Basalganglien ziehen. Dazu zählen beispielsweise der Hippocampus, die Amygdala, die Mamillarkörper, der Fornix und der Gyrus cinguli. Manche dieser Strukturen sind wichtig für unser emotionales Erleben und Verhalten, andere für unser Gedächtnis. Allgemein kann man das limbische System als Schaltstelle zwischen Funktionen des an der Hirnoberfläche liegenden, phylogenetisch jüngeren Neokortex und den Funktionen des tiefer liegenden, phylogenetisch älteren Allokortex auffassen.

Hippocampus: Räumliche Orientierung Zur Hippocampusformation rechnet man neben dem eigentlichen (übrigens nur dreischichtigen) Hippocampus, der aus den Regionen CA1-CA4 (CA steht für Cornu ammonis, Ammonshorn) besteht, noch den Gyrus dentatus, der als Eingangsstation des Hippocampus gilt, sowie das Subikulum, das die Ausgangsstation darstellt, und den entorhinalen Kortex, der seine Information zum Gyrus dentatus schickt. Lange Zeit galt der Hippocampus vorwiegend als zentrale Struktur zur räumlichen Orientierung. Durch Experimente mit Ratten und Mäusen wurde herausgefunden, dass der Hippocampus als eine Art kognitive Landkarte fungiert, in der räumliche Beziehungen von Objekten gespeichert sind, die die Tiere zur Orientierung nutzen. Ähnliches scheint auch für den Menschen zu gelten. In Kap. 1 wurde zur Illustration der korrelativen Herangehensweise die fMRT-Studie von Eleanor Maguire und Kollegen mit Londoner Taxifahrern vorgestellt. Dabei wurde nicht nur gefunden, dass die Taxifahrer im Vergleich zu Kontrollprobanden einen vergrößerten hinteren Teil des Hippocampus aufweisen, sondern auch, dass das Ausmaß der Vergrößerung mit der Zeit, welche die Taxifahrer berufstätig gewesen waren, korreliert (Maguire et al., 1997). Es wurde daher vermutet, dass langjähriges Training mit räumlichen Aufgaben zu einer Vergrößerung dieser Struktur führt. Tatsächlich ist der Hippocampus selbst noch bei erwachsenen Organismen in der Lage, neue Nervenzellen zu bilden. Diese Fähigkeit wird adulte Neurogenese genannt. Im Jahr 2014 wurden John O'Keefe, May-Britt Moser und Edvard Moser für ihre Forschung zur Funktion des Hippocampus bei der räumlichen Orientierung mit dem Nobelpreis für Physiologie oder Medizin ausgezeichnet. Interessanterweise haben alle drei einen akademischen Abschluss in Psychologie.

Hippocampus: Große Bedeutung für das deklarative Gedächtnis Wie oben erwähnt, legt der Befund, wonach Korsakoff-Patienten auch Schädigungen der Hippocampusformation aufweisen, eine Verbindung zwischen Gedächtnis und Hippocampusformation nahe. Überzeugende Belege für die Rolle des Hippocampus bei der Gedächtnisbildung sind die Gedächtnisstörungen von Patienten mit beidseitiger Schädigung des Hippocampus. Solche Patienten weisen eine anterograde Amnesie auf, das heißt, sie können keine neuen Inhalte im expliziten (oder deklarativen) Gedächtnis speichern. Diese Patienten sind gewissermaßen in ihrer Vergangenheit und Gegenwart gefangen, weil sie sich nichts Neues einprägen können. Das implizite (oder prozedurale) Gedächtnis dieser Patienten bleibt jedoch unbeeinflusst. Dieser Befund unterstützt die Unterscheidung zweier Systeme des Langzeitgedächtnisses. Zum einen gibt es ein Gedächtnis für Fakten (z. B.: „London ist die Hauptstadt Großbritanniens.") und episodische (biographische) Ereignisse (z. B.: „Ich [Erich Schröger] habe im April 2018 eine Promotionsprüfung in London abgenommen."). Dafür ist das explizite oder deklarative Gedächtnis zuständig. Zum anderen gibt es ein Gedächtnis für motorische und kognitive Fertigkeiten, das nondeklarative, implizite oder prozedurale Gedächtnis, dessen Inhalte eher unbewusst zur Anwendung kommen. Als ein Beispiel für eine motorische Fertigkeit lässt sich das Spiegelzeichnen anführen. Wenn man die Kontur einer geometrischen Form nachzeichnen soll, während man in einen Spiegel schaut (also alles seitenverkehrt erscheint), fällt dies sehr schwer und man macht zahlreiche Fehler. Mit etwas Übung lernt man jedoch das Spiegelzeichnen. Patienten mit Hippocampusschädigung weisen dabei vergleichbare Lernkurven wie Gesunde auf. Ein Beispiel für eine kognitive Fertigkeit ist die Fähigkeit das „Turm-von-Hanoi-Problem" zu lösen. Dabei müssen mehrere unterschiedlich große auf einen Stab gesteckte Scheiben nach bestimmten Regeln unter Benutzung eines zweiten Stabes in einer bestimmten Konstellation auf einen dritten Stab übertragen werden. Auch die Lösung für diese Aufgabe, die eher kognitive als motorische Fertigkeiten erfordert, können Patienten mit Hippocampus-Schädigung erlernen. Sie verfügen darüber hinaus auch über ein intaktes Kurzzeit- und Arbeitsgedächtnis. Beispielsweise können sie sich genau wie gesunde Probanden eine Telefonnummer merken, so lange sie sich diese innerlich vorsagen. Bei Gesunden führt dies jedoch früher oder später dazu, dass die Telefonnummer sich dauerhaft einprägt, bei Patienten mit anterograder Amnesie aufgrund beidseitiger Schädigung des Hippocampus jedoch nicht. Daher wird als wichtige Funktion des Hippocampus die Übertragung von Information vom Kurzzeitgedächtnis ins Langzeitgedächtnis gesehen beziehungsweise – in einer anderen Terminologie formuliert – die Konsolidierung von Information in das deklarative Gedächtnis.

Hippocampus: Der Patient HM Bei dem Patienten HM wurde 1953 aufgrund einer schweren Epilepsie beidseitig der Temporallappen einschließlich des Hippocampus entfernt; es wurde also eine sogenannte Temporallappenektomie durchgeführt. HM wurde von der Psychologin Brenda Milner in den 50iger Jahren eingehend untersucht. Dieser Fall schrieb seitdem Geschichte und ist in fast jedem Lehrbuch der Biologischen Psychologie, der Allgemeinen Psychologie, der Gedächtnispsychologie und der Neuropsychologie erwähnt. Nach der Operation konnte sich HM kaum noch neue Information in das Langzeitgedächtnis einprägen. Seine Intelligenz und seine Sprachfähigkeit waren allerdings nicht beeinträchtigt, ebenso wenig wie das prozedurale Gedächtnis oder das Kurzzeit- und Arbeitsgedächtnis. Es lag also ein prototypischer Fall einer anterograden Amnesie vor. Seine Intelligenz war sogar etwas höher als vor dem Eingriff, vermutlich weil die negativen Auswirkungen der Epilepsie reduziert waren. Dabei sollte nicht unerwähnt bleiben, dass HMs Fähigkeit, neue Gedächtnisinhalte zu erwerben, nicht völlig verloren gegangen war. So konnte er interessanterweise eine Karte seines Hauses anfertigen, in das er erst nach seiner Operation einzog. Von der Gedächtnisforscherin Suzanne Corkin, die ihn über viele Jahre regelmäßig traf, konnte er sich zwar den Namen nicht merken und nicht genau angeben, woher er sie kannte (er meinte fälschlicherweise, er kenne sie aus der Schule). Trotzdem wurde sie ihm im Laufe der Zeit vertraut und er hatte wohl eine Ahnung davon, welcher Art ihre Beziehung war (Corkin, 2013): Er erzählte ihr, er hoffe, dass die Forschung über ihn, anderen hilft. Umgekehrt waren seine Gedächtnisprobleme nicht nur auf die Zeit nach der Operation beschränkt, sondern betrafen auch den jüngeren Zeitraum vor der Operation. Dies deutet daraufhin, dass es eine gewisse Zeit dauert, bis sich die Inhalte des Langzeitgedächtnisses unabhängig von Temporallappen und Hippocampus konsolidieren. HM ist im Jahr 2008 verstorben; daher kann jetzt sein richtiger Name, Henry Gustav Molaison, genannt werden.

Amygdala: Diverse Funktionen Die paarige Amygdala (Mandelkern) ist tief in den Temporallappen beider Hirnhemisphären lokalisiert (Abb. 3.7) und mit dem

3.6 Vorderhirn, Endhirn: subkortikale …

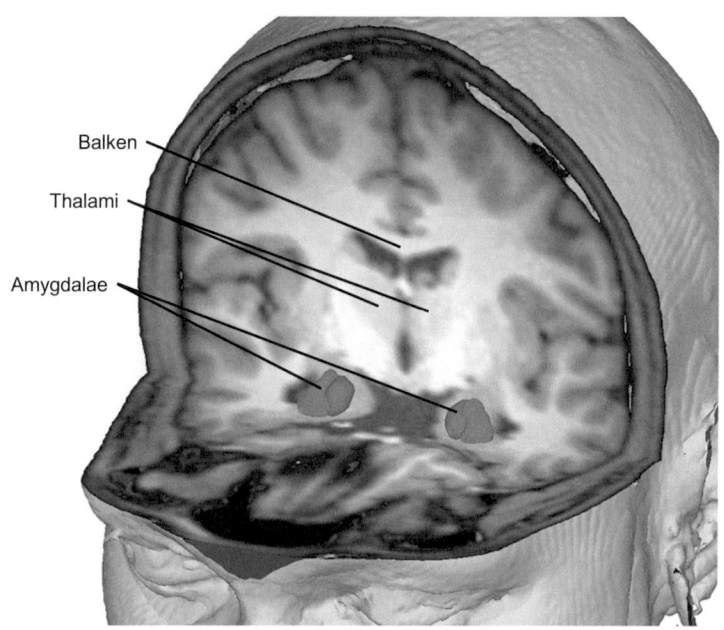

Abb. 3.7 Mandelkerne (Amygdalae). Die Diffusions-Tensor-Bildgebung zeigt, dass die Amygdalae aus zwei unterschiedlichen Teilstrukturen bestehen. Es ist zu vermuten, dass eine korrespondierende funktionelle Differenzierung besteht; entsprechende experimentelle Nachweise stehen jedoch noch aus. Zur Orientierung sind auch der Balken und die beiden Thalami gekennzeichnet. (Zur Verfügung gestellt von Dr. Alfred Anwander, Max-Planck-Institut für Kognitions- und Neurowissenschaften, Leipzig)

Hypothalamus, dem Thalamus und dem Hippocampus verbunden. Die Amygdala besteht aus mehreren Kernen, die unterschiedliche Funktionen aufweisen. Im Tierversuch konnte gezeigt werden, dass die Stimulation der Amygdala in Abhängigkeit vom genauen Ort der Reizung erhöhte Aufmerksamkeit, erhöhte Verdauungstätigkeit bei gleichzeitiger Hemmung der quergestreiften Muskulatur oder aber auch Speichelfluss, Kauen und Lecken bewirkt.

Amygdala: Klüver-Bucy-Syndrom Heinrich Klüver (1897–1979) und Paul Bucy (1904–1993) haben 1937 eine Folge der Läsion der Temporallappen einschließlich der Amygdalae an Rhesusaffen beschrieben, die sie „psychic blindness" nannten. Die Tiere konnten die emotionale Relevanz von Reizen nicht mehr angemessen einschätzen. Besonders auffällig war ein erheblich vermindertes Angstempfinden (z. B. vor Schlangen) verbunden mit mangelnder Aggressivität. Außerdem konnten die Affen Objekte, die ihnen eigentlich bekannt waren, visuell nicht mehr erkennen. Sie wiesen also eine visuelle Agnosie (eine sogenannte „Seelenblindheit") auf. Neben der emotionalen Gedämpftheit und der Agnosie zeigten die Rhesusaffen ein stark erhöhtes Oralverhalten. Sie nahmen also fast alle Gegenstände in den Mund. Dies erfolgte möglicherweise, um die visuelle Agnosie zu kompensieren. Die Tiere zeigten auch ein erhöhtes Sexualverhalten und ein verändertes Essverhalten. Man nennt diesen Symptomkomplex Klüver-Bucy-Syndrom. In seltenen Fällen kann er auch bei Menschen auftreten. Das Syndrom weist auf die Bedeutung der Amygdalae für die emotionale Verarbeitung hin.

Amygdala: Emotionales Gedächtnis Wenn beim Menschen im Rahmen von medizinisch indizierten Gehirnoperationen die Amygdala gereizt werden muss, berichten diese oft von Angstgefühlen oder Halluzinationen. Wie eben ausgeführt, bewirken Amygdalaläsionen beim Tier vermindertes aggressives Verhalten und vermehrtes Sexualverhalten. Zudem zeigen diese Tiere auch keine Furchtkonditionierung mehr, das heißt, sie sind nicht mehr in der Lage, die affektive Valenz aversiver Erfahrungen mit einem neutralen Ereignis zu verknüpfen. Diese Befunde verdeutlichen die Rolle der Amygdala bei der Verarbeitung emotionaler Reize. Der bekannte Emotionspsychologe Joseph LeDoux unterscheidet zwei Prozesse der Verarbeitung emotionaler Reize, einen schnellen, der eine „quick-and-dirty"-Verarbeitung leistet, und einen langsamen, der mit der kognitiven Kontrolle der emotionalen Information betraut ist. So ist zum Beispiel das schreckhafte Zurückweichen beim plötzlichen Anblick einer (potenziell giftigen) Schlange auf den schnellen Verarbeitungsweg zurückzuführen. Bei diesem Prozess spielt die Amygdala eine wichtige Rolle.

3.7 Vorderhirn, Neokortex: Der Sitz der Person

Wie oben erwähnt, hat sich der Neokortex (zusammen mit dem Kleinhirn) stammesgeschichtlich betrachtet relativ am stärksten entwickelt. Er „beherbergt" die kognitiven Funktionen. In gewissem Sinn kann er als Sitz der Person verstanden werden: Dort resultieren die Prozesse der Wahrnehmung in meinem bewussten Perzept, dort treffe ich meine Entscheidungen, dort pflege ich meine Motive, Wünsche und Absichten und setzte sie in zu ihrer Realisierung geeignet erscheinende Handlungen um, dort erlebe ich meine Emotionen, dort bewahre ich mein Gedächtnis und dort bin ich meine Persönlichkeit. Aus makroskopischer Perspektive besteht der Neokortex aus vielen Windungen und Furchen (lateinisch gyri

3.7 Vorderhirn, Neokortex: Der Sitz der Person

und sulci), die man grob vier Lappen zuordnet. Bevor wir darauf genauer eingehen, sollen kurz die feineren Einteilungen nach Brodmann und die Schichten- und Säulenstruktur der Großhirnrinde eingeführt werden.

Brodmann-Areale: Kartierung des Neokortex Eine differenzierte Unterteilung der Großhirnrinde hat der Berliner Neuroanatom und Psychiater Korbinian Brodmann (1868–1918) vorgenommen. Er führte histologische Analysen des Hirngewebes durch. Bereichen mit gleicher Beschaffenheit der Nervenzellen (man sagt auch gleicher zytoarchitektonischer Charakteristik) hat er die gleiche Nummer zugewiesen. Auf diese Weise erhielt er eine Landkarte der Kortexoberfläche, die aus (je nach Quelle) 47 bis 52 unterschiedlichen Arealen besteht (siehe Abb. 3.8). Diese Areale wurden später auch mit bestimmten psychischen Funktionen in Zusammenhang gebracht. Einige Beispiele wurden bereits erwähnt, andere werden noch folgen.

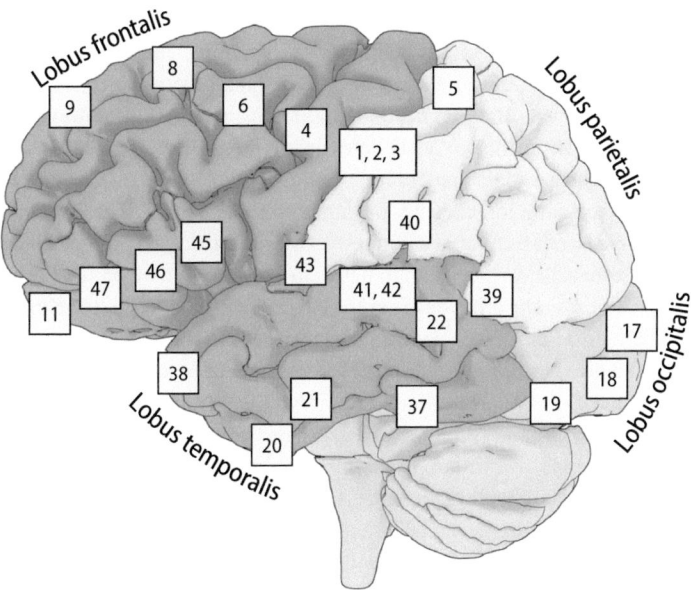

Abb. 3.8 Darstellung der Brodmann-Areale und der vier Lappen der Großhirnrinde (Abbildung erstellt mit Unterstützung von Marc Pabst, Universität Leipzig)

Schichtenstruktur: Horizontal Wie vorher erwähnt, besteht die Großhirnrinde größtenteils aus sechs parallel zur Kortexoberfläche orientierten Schichten (Iso- oder Neokortex). Die Schichten unterscheiden sich hinsichtlich der darin vorkommenden Neuronentypen und ihrer Verbindungen. Zwar besteht der Neokortex zu etwa 80 % aus Pyramidenzellen, aber es gibt auch andere Zelltypen (z. B. Stern- oder Körnerzellen). Der größte Teil der Zellen im Neokortex weist Verbindungen zu kortikalen Nervenzellen der gleichen (intrahemisphärisch) oder der anderen (interhemisphärisch) Hemisphäre auf. Intrahemisphärische Verbindungen werden durch Assoziationsfasern, interhemisphärische Verbindungen durch Kommissurenfasern realisiert. Zusätzlich bestehen efferente und afferente Verbindungen zu anderen Teilen des Nervensystems, insbesondere zum Thalamus.

Kolumnenstruktur: Vertikal Neben dieser horizontal orientierten Schichtenstruktur weist die Großhirnrinde eine vertikal orientierte Einteilung in Kolumnen oder Säulen auf, die sich durch die sechs Schichten zieht. Durch elektrophysiologische Messungen wurde gezeigt, dass benachbarte Neurone häufig zu vertikal angeordneten funktionalen Netzwerken verbunden sind. Die Neurone innerhalb einer solchermaßen definierten Säule sind also in Modulen organisiert, denen ganz spezifische Aufgaben zukommen. Dies ist besonders für sensorische und motorische Areale gezeigt worden. Im primären visuellen Kortex beispielsweise reagieren vertikal angeordnete Neurone sogenannter Orientierungssäulen, die überlappende rezeptive Felder aufweisen, auf Objekte einer bestimmten Orientierung. Zur Erinnerung: Ein rezeptives Feld ist der Bereich von Sinnesrezeptoren auf dessen Signale eine nachgeschaltete Nervenzelle reagiert. Um in unserem Beispiel zu bleiben: Der Bereich der Retina, der zur Erregung eines bestimmten Neurons (z. B. im visuellen Kortex) führt, stellt das rezeptive Feld dieses Neurons dar. Neurone, die zu einer Orientierungssäule gehören, sind also nur durch Reize erregbar, die auf ein bestimmtes Areal der Netzhaut fallen und die eine bestimmte Orientierung (z. B. rechts geneigt) aufweisen. Eine benachbarte Orientierungssäule reagiert dagegen auf eine andere Orientierung (z. B. links geneigt) von im möglicherweise selben rezeptiven Feld verarbeiteten Reizen. Der Vollständigkeit halber sei erwähnt, dass in hierarchisch höheren Arealen eine noch stärker ausgeprägte Spezialisierung von Neuronen bestehen kann. So hat man etwa Neurone gefunden, die auf eine bestimmte Orientierung, Bewegungsrichtung oder Länge von Reizen ansprechen und zwar unabhängig davon, wo der betreffende Reiz auf der Retina verarbeitet wird. David Hubel und Torsten Wiesel haben für ihre Forschungsleistungen auf diesem Gebiet 1981 den Nobelpreis für Physiologie oder Medizin erhalten.

3.7 Vorderhirn, Neokortex: Der Sitz der Person

Die vier Lappen der Großhirnrinde Obgleich die Einteilung der Großhirnrinde in vier Lappen vorwiegend anhand der darüberliegenden vier großen Schädelknochen getroffen wurde, kann man sie mit bloßem Auge mittels des Verlaufs von bestimmten Furchen nachvollziehen (Abb. 3.8). Die Unterteilung in die vier Lappen ist also etwas beliebig und hat an und für sich noch nichts mit bestimmten psychischen Funktionen zu tun. Trotzdem hat sie sich als eine grobe Orientierung bewährt. Der Frontallappen (Stirnlappen, Lobus frontalis) wird nach hinten durch die Zentralfurche (Sulcus centralis) vom Parietallappen (Scheitellappen, Lobus parietalis) und nach unten durch die Sylvische Furche (Sulcus lateralis) vom Temporallappen (Schläfenlappen, Lobus temporalis) abgegrenzt. Der hinten befindliche Occipitallappen (Hinterhauptslappen, Lobus occipitalis) wird durch den Sulcus parietooccipitalis vom Temporal- und vom Parietallappen getrennt und nach hinten beziehungsweise unten durch eine Schicht der Hirnhaut, die Großhirn und Kleinhirn voneinander trennt.

Occipitallappen: Visuelle Informationsverarbeitung Wie bereits erwähnt, gelangt die visuelle Information vom Corpus geniculatum laterale des Thalamus über die Sehstrahlung zur primären visuellen Sehrinde V1, die dem Brodmann-Areal (BA) 17 entspricht (Abb. 3.8). V1 befindet sich am Sulcus calcarinus, einer Furche an der Innenfläche des Hinterhauptlappens. Dort werden die Orientierung, die Raumfrequenz sowie die Farbe visueller Reize innerhalb kleiner rezeptiver Felder berechnet. BA 18 und BA 19 entsprechen in etwa dem sekundären Sehzentrum, in dem weitere Verarbeitungsschritte erfolgen. Dort wird auch die eingehende Information mit bereits gespeicherter Information assoziiert.

Occipitallappen: Der „Was"- und der „Wie"-Pfad Von V1 gehen zwei unterschiedliche Verarbeitungspfade aus. Der ventrale (bauchseitige, auch infero-temporale) Pfad dient der Objekterkennung und wird daher auch „Was"-Pfad genannt. Er zieht sich über V2 und V4 bis in den inferioren (unteren) Temporallappen. Der Ursprung dieses Pfades befindet sich in den parvozellulären (von lateinisch, parvus: klein) Schichten des Corpus geniculatum laterale, die wiederum ihren Eingang von parvozellulären Ganglienzellen der Netzhaut (Retina) erhalten. Diese Neurone zeichnen sich durch kleine rezeptive Felder mit hoher visueller Auflösung, aber langsamer Verarbeitung aus. Der dorsale (rückenseitige, auch postero-parietale) Pfad wird auch „Wo"- oder „Wie"-Pfad genannt, weil er mit der Verarbeitung räumlicher Beziehungen und Bewegungen in Zusammenhang gebracht wird. Er spielt bei Greifbewegungen eine Rolle. Dieser Pfad hat seinen Ursprung in den magnozellulären (von lateinisch, magnus: groß) retinalen Ganglienzellen, die durch große rezeptive Felder und schnelle Reizleitung charakterisiert sind, und über die magnozellulären

Schichten des Corpus geniculatum laterale zu V1 projizieren. Neurone mit großen rezeptiven Feldern verfügen verständlicherweise über ein schlechteres räumliches Auflösungsvermögen als Neurone mit kleinen rezeptiven Feldern.

Pro und contra der Unterscheidung von „Was"- und „Wie"-Pfad Man darf diese anatomische und funktionale Unterscheidung allerdings nicht zu strikt auffassen, denn die beiden Pfade weisen diverse Verbindungen auf. Tatsächlich kennt man die visuelle Verarbeitung sehr viel genauer; eine gründliche Darstellung könnte ein eigenes Buch füllen. Trotzdem wird das Prinzip der Unterscheidung in einen ventralen („Was") und dorsalen („Wie") Pfad durch eine Reihe von Befunden gestützt. Läsionen in bestimmten Arealen des Occipitalkortex können nämlich in relativ spezifischen Funktionsausfällen resultieren, die eher dem einen oder eher dem anderen Pfad zuzuordnen sind. Die in diesem Zusammenhang oft erwähnte Patientin DF kann nicht beurteilen, ob ein Schlitz in einem Kasten vertikal oder horizontal orientiert ist; sie hat jedoch kein Problem damit, einen Brief in diesen Schlitz einzuwerfen (z. B. englischsprachiger Wikipedia-Eintrag „Patient DF"). Das „Was" des ventralen Verarbeitungspfades, in diesem Beispiel die Fähigkeit, die Orientierung bewusst wahrzunehmen, ist also gestört, während das „Wie" des dorsalen Verarbeitungspfades, in diesem Fall die visuomotorische Koordination, die beim Einwerfen eines Briefes erforderlich ist, funktioniert.

Occipitallappen: Rindenblindheit Bei Schädigungen von Teilen des primären Sehzentrums kommt es zu Ausfällen in der kontralateralen Gesichtsfeldhälfte. Der beidseitige Ausfall von V1 führt zur sogenannten Rindenblindheit (blindsight). Die betroffenen Patienten können visuelle Information über ihre intakte Retina zwar aufnehmen und weiterleiten, durch den Ausfall von V1 verlieren sie jedoch das Bewusstsein für diese Information. Da aber ein kleiner Teil der visuellen Verarbeitung auch ohne Einbeziehung von V1 erfolgt, bleiben visuelle Restfunktionen erhalten. Die Patienten leiden streng genommen an subjektiver Blindheit, weil die visuelle Information ja bis zu einem gewissen Grad verarbeitet werden kann. Wenn ein Patient mit Rindenblindheit dazu aufgefordert wird, mit der Hand in Richtung eines kurz aufleuchtenden Lichtes zu zeigen, wird er zunächst sagen, dass er dies nicht könne, weil er nichts sähe. Wenn man ihn dann bittet, es trotzdem – quasi ins Blaue hinein – zu tun, gibt er die Richtung jedoch überzufällig häufig korrekt an. Durch Trainingsverfahren kann möglicherweise eine partielle Rekonstitution der Sehfähigkeit erzielt werden (Melnick et al., 2016).

Parietallappen: Der primäre somatosensorische Kortex führt zur taktilen Wahrnehmung Im Parietallappen kann man zwei Regionen unterscheiden, die für

3.7 Vorderhirn, Neokortex: Der Sitz der Person

unterschiedliche Funktionen zuständig sind. Die vordere Region (anteriorer Teil des Parietallappens) ist für die taktile Wahrnehmung (Somatosensorik) zuständig. Der hintere (posteriore) Teil hat vielfältige, oft raumbezogene Funktionen. Hinter der Zentralfurche befindet sich der Gyrus postcentralis, der weitgehend dem primären somatosensorischen Kortex entspricht. Die Afferenzen stammen aus kontralateral lokalisierten Sinneszellen, die über den Thalamus den somatosensorischen Kortex erreichen. Die Verschaltung ist somatotop, das heißt benachbarte Körperregionen werden auch in benachbarten Regionen des somatosensorischen Kortex abgebildet. Allerdings sind die relativen Größenverhältnisse stark verzerrt. So nehmen die Finger, die Hand, das Gesicht und die Lippen besonders viel Raum ein, während Schulter und Rücken relativ klein repräsentiert sind (Abb. 3.9). Die Zuordnung ist häufig als sensorischer Homunkulus dargestellt. Im somatosensorischen Kortex enden nicht nur Fasern, die auf Berührung reagieren, sondern auch Fasern, die für Temperatur, Vibration und Schmerz zuständig sind. Der somatosensorische Kortex bei der Schmerzwahrnehmung verfügt über ein hohes Maß an Plastizität im negativen und positiven Sinne: So kann chronischer Schmerz gelernt werden und tritt infolgedessen selbst dann auf, wenn die eigentliche Ursache des Schmerzes wegfällt. Umgekehrt zielt die psychologische Schmerztherapie darauf ab, dass Patienten ihr Gedächtnis für den Schmerz verlieren, den Schmerz also quasi „verlernen".

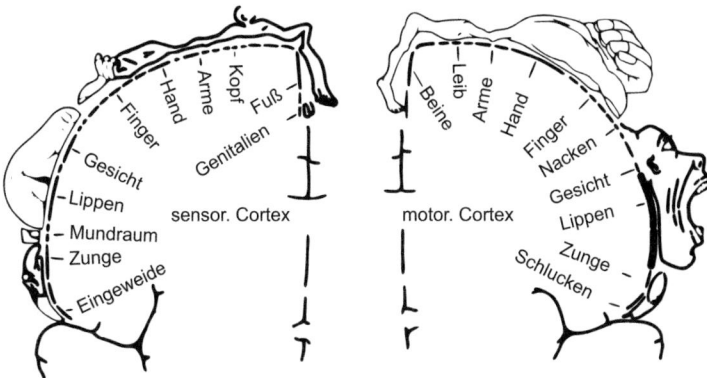

Abb. 3.9 Sensorischer und motorischer Homunkulus. Benachbarte sensorisch oder motorisch innervierte Körperregionen werden auch in benachbarten Regionen des sensorischen bzw. motorischen Kortex repräsentiert. Die Größenverhältnisse sind jedoch verzerrt; manche relativ kleine Körperregionen (z. B. das Gesicht) nehmen einen überproportional großen Raum im sensorischen bzw. motorischen Kortex ein (Abbildung zur Verfügung gestellt von Martin Reiche, Universität Leipzig)

Efferenzen des somatosensorischen Kortex ziehen zu sekundären somatosensiblen Assoziationsfeldern, zum Kleinhirn, zu den Basalganglien und in das Rückenmark.

Parietallappen: Die räumliche Verarbeitung Eben haben wir kennengelernt, dass der dorsale visuelle Verarbeitungspfad bis zum posterioren Parietallappen zieht. In diesem Zusammenhang trägt er zur Steuerung von Bewegungen und der räumlichen Aufmerksamkeit bei. In unterschiedlichen Arealen des Parietallappens werden unterschiedliche Teilleistungen vollbracht, die mit räumlicher Verarbeitung zu tun haben. Beispielsweise befinden sich im medialen intraparietalen Areal Neurone, die die Raumposition von Greifobjekten relativ zur Blickrichtung kodieren. In einem anderen Areal werden kopfzentrierte Raumkarten erstellt. Im Parietalkortex wird auch räumliche Information aus auditiven, vestibulären (Gleichgewichtsorgan) und somatosensorischen Kanälen berücksichtigt. Durch funktionelle Bildgebungsstudien konnte gezeigt werden, dass der Parietallappen jedoch auch zu höheren kognitiven Funktionen wie etwa dem Lesen oder Rechnen beiträgt, die nur indirekt mit räumlicher Information zu tun haben.

Temporallappen: Die Hörzentren Im Temporallappen befinden sich die für das Hören entscheidenden Areale der Großhirnrinde, der primäre und sekundäre auditive Kortex (BA 41, 42) sowie das Wernicke-Areal (BA 22). Der auditive Kortex umfasst dabei die obere Windung des Temporallappens (Gyrus temporalis superior) und die Heschl-Querwindung (Heschl Gyri temporales transversi). Posterior zur Heschl-Querwindung liegt das Planum temporale. In der linken Hemisphäre entspricht das Planum temporale in etwa dem Wernicke-Areal. Das homologe (an der korrespondierenden Stelle befindliche) Areal in der rechten Hemisphäre ist für die Verarbeitung von Musik wichtig. Läsionen in dieser Region können zur Unfähigkeit Musik wahrzunehmen (Amusie) führen. Den kontralateralen Fall, nämlich linkshemisphärische Läsionen, die zur Wernicke-Aphasie führen, haben wir ja bereits kennengelernt.

Tonotopie Der auditive Kortex weist eine tonotope Organisation auf, das bedeutet, dass manche seiner Zellen frequenzspezifisch antworten und Neurone, die auf benachbarte Frequenzen ansprechen, nahe beieinanderliegen. Diese Tonotopie zieht sich durch die gesamte Hörbahn, angefangen vom Hörnerv an der Cochlea bis zum auditiven Kortex. Da jedoch beim Tier bis zu 15 unterscheidbare Felder des auditiven Kortex nachgewiesen wurden, ist davon auszugehen, dass auch beim Menschen eine ziemlich differenzierte Binnenstruktur vorliegt. Ganz grob lässt sich festhalten, dass im primären auditiven Kortex wichtige Dimensionen eines Schalls (wie z. B. Frequenz, Richtung, Lautstärke) repräsentiert werden, während der sekundäre

3.7 Vorderhirn, Neokortex: Der Sitz der Person

auditive Kortex zeitlich variable Muster (Rhythmen und Melodien) auswertet. Der tertiäre auditive Kortex schließlich leistet die Integration mit dem Langzeitgedächtnis, wobei der Abgleich mit dem Langzeitgedächtnis möglicherweise auch schon vorher stattfinden kann. Wie im visuellen System gehen auch beim Hörsystem manche Forscher von der Existenz eines dorsalen („Wo") und eines ventralen („Was") Pfades mit einer analogen funktionellen Zuschreibung aus.

Temporallappen: Gedächtnis für Gesichter (und Stimmen) Es sei noch einmal daran erinnert, dass sich der für die Übertragung vom Kurz- ins Langzeitgedächtnis so wichtige Hippocampus im Temporallappen befindet. Der mediale Teil des Temporallappens enthält noch diverse weitere Gebiete, die beim deklarativen Gedächtnis eine Rolle spielen. Darüber hinaus ist der inferotemporale Kortex, der sich im unteren Temporallappen befindet und Teil des visuellen „Was"-Pfades ist, für visuelle Gedächtnisfunktionen zuständig. So konnte man beim Makakenäffchen im Areal IT (IT für inferotemporal) Neurone nachweisen, die auf bekannte Gesichter reagierten. Es ist speziell der Gyrus fusiformis des inferotemporalen Kortex, der auch beim Menschen als Areal für die Wiedererkennung von Gesichtern bekannt ist (daher auch die englische Bezeichnung „fusiform face area"). Schädigungen dieses Areals können zu Prosopagnosie (Unfähigkeit oder Beeinträchtigung beim Erkennen von Gesichtern) führen. In bildgebenden Studien konnte gezeigt werden, dass nicht nur das Gedächtnis für Gesichter, sondern auch für andere hochtrainierte „Objekte", beispielsweise Autos bei Autoliebhabern oder Vögel bei Vogelkundlern, dort zu liegen scheint. Inzwischen sind analoge Regionen auch für die Identifikation von Stimmen identifiziert worden, nämlich ein Netzwerk aus temporalen, auditiven Arealen, das eng verknüpft ist mit dem Netzwerk zur Gesichtererkennung.

Temporallappen: Gedächtniszentren für verbale und autobiographische Information Der kanadische Neurochirurg Wilder Penfield (1891–1976) hat im Rahmen von durch schwere Epilepsie indizierte Gehirnoperationen den temporalen Kortex seiner wachen Patienten elektrisch gereizt. Dabei traten bei diesen gelegentlich Erinnerungen an (teilweise lange) zurückliegende Erlebnisse auf. Die Bedeutung der Temporallappen für unterschiedliche Gedächtnisfunktionen ist auch durch zahlreiche neuropsychologische und bildgebende Studien belegt.

Frontallappen: Der primäre motorische Kortex dient der Ausführung von Willkürbewegungen Im Frontallappen kann man zwei wichtige Regionen unterscheiden. Der motorische Kortex ist für die Vorbereitung und Ausführung von willkürlichen Bewegungen verantwortlich. Der präfrontale Kortex reguliert das Zusammenspiel von Gedanken, Emotionen, Handlungen und Zielen. Er gilt als Sitz der sogenannten exekutiven Funktionen und der Persönlichkeit. Der Motorkortex ist in den vor der Zentralfurche liegenden primären motorischen Kortex (BA 4) sowie den supplementär-motorischen Kortex und den prämotorischen Kortex (beide BA 6) unterteilt. Der Motorkortex kommt nur bei Säugetieren vor und ist bei Primaten besonders ausgeprägt. Bei den Primaten, insbesondere beim Menschen, hat sich evolutionär die Fähigkeit zu äußerst komplexen und fein adjustierten Willkürbewegungen entwickelt. Man denke nur an unsere Fingerfertigkeit beim Klavierspielen oder die ausschließlich dem Menschen zugeschriebene Fähigkeit, Sprachlaute mittels koordinierter Aktivität der Sprechwerkzeuge (Stimmbänder, Kehlkopf, Zunge, Lippen) zu artikulieren. Dazu braucht es feine, präzise aufeinander abgestimmte Bewegungen, die ohne unseren Motorkortex nicht zu leisten wären.

Primärer motorischer Kortex: Der motorische Homunkulus Der primäre motorische Kortex enthält Motoneurone, die in das Rückenmark und in die Hirnnervenkerne mit motorischen Funktionen ziehen. Dort erfolgt die Umschaltung auf die Neurone, die die Willkürmuskulatur innervieren. Die Zuordnung von Arealen der primären motorischen Rinde zu bestimmten muskulär gesteuerten Körperregionen ist ebenfalls oft als Homunkulus dargestellt. Dieser weist ebenso wie der sensorische Homunkulus eine somatotope Organisation auf, das heißt, benachbarte Körperregionen sind in benachbarten Hirnarealen repräsentiert. Die Muskeln der Hand und die Sprechmuskeln, für die hohe Anforderungen an die Feinmotorik bestehen, nehmen dabei relativ große Areale ein. Diese Verzerrungen sind übrigens beim Menschen besonders groß. Wir unterscheiden uns dadurch sehr deutlich von anderen Menschenaffen und erheblich von anderen Säugetieren. Die Schädigung eines Areals der primären motorischen Rinde hat in der Regel Störungen der Willkürmotorik für die entsprechende kontralaterale Körperregion bis hin zur teilweisen (Parese) oder vollständigen (Plegie) Lähmung zur Folge.

Der prämotorische und der supplementär-motorische Kortex sind wichtig für die Planung und Ausführung von Bewegungen Der prämotorische Kortex liegt seitlich vor dem primären motorischen Kortex. An ihn schließt sich das Broca-Areal an. Der supplementär-motorische Kortex liegt ebenfalls vor dem primären motorischen Kortex, aber Richtung Kopfmitte über dem prämotorischen Kortex. Die prämotorische Rinde leistet im Zusammenspiel mit den Basalganglien und dem Kleinhirn die Planung von Bewegungen und steuert deren Ausführung. Auch die Absicht, bald eine Bewegung ausführen zu wollen, entsteht in den prämotorischen Arealen. Interessanterweise gibt es bei Primaten im prämotorischen Areal F5 (das als Homolog des Broca-Areals gilt) Neurone, die dann aktiv sind, wenn man anderen

Agenten bei der Ausführung von Bewegungen zusieht, selbst aber bewegungslos bleibt. Man nennt sie daher Spiegelneurone. Solche Neurone gibt es auch in anderen Hirnregionen, wie z. B. visuotaktilen Arealen im Parietallappen. Sie werden in der Neurowissenschaft seit geraumer Zeit sehr stark mit dem Verständnis von Handlungen in Zusammenhang gebracht und im Kontext von Empathie, Imitation und der Entwicklung des Selbst diskutiert. Manche Autoren stellen die Bedeutung der Spiegelneurone für diese kognitiven Leistungen jedoch infrage (Hickok, 2014). Der supplementär-motorische Kortex ist wichtig für den Erwerb und die Vorbereitung von komplexen Bewegungsmustern. Er ist bei der Initiierung von Bewegungen auf Basis früherer Erfahrung beteiligt. Das gilt auch für das spontane Sprechen. Menschen, deren supplementär-motorischer Kortex zerstört ist, verlieren die Fähigkeit sich frei zu äußern, obwohl sie auf Fragen antworten können. Der supplementär-motorische Kortex aktiviert also gelernte motorische Fertigkeiten, die man für manuelle Tätigkeiten und für das spontane Sprechen benötigt. Sensorisch-motorische Netzwerke weisen eine hohe Plastizität auf.

Motorische Intelligenz als Motor der kulturellen Evolution Bei den Primaten hat sich eine neuronale Verbindung entwickelt, die vom primären motorischen und prämotorischen Kortex direkt (unter Umgehung der Kerne im Hirnstamm bzw. verlängerten Rückenmark) zum Vorderhorn des Rückenmarks zieht. Diese sogenannte Pyramidenbahn (auch cerebrospinale Bahn) ermöglicht ein schnelles Ansprechen der Generatoren im Rückenmark, die die eigentlichen Bewegungsmuster an den Gliedmaßen auslösen. Daher sind wir Primaten in der Lage Finger und Zehen willkürlich einzeln zu bewegen. Beim Menschen bestehen auch für die Motoneurone der Schultern und Arme solche direkten Verbindungen, die es beispielsweise nur uns ermöglichen, treffsichere Wurfbewegungen auszuführen. Ein Teil der Pyramidenbahn innerviert auch die Muskeln des Gesichts, der Lippen, der Zunge und des Kehlkopfs, die zur Produktion von Sprache notwendig sind. Neben den prämotorischen Arealen ist beim Menschen natürlich auch das anliegende Broca-Areal an der Sprachproduktion beteiligt. Das Zusammenspiel der beiden Areale ist für die Produktion von Sprache wichtig. Der Münchner Zoologe Gerhard Neuweiler (1935–2008) vertrat die These, dass sich erst durch die zunehmende Entwicklung unserer feinmotorischen Fertigkeiten, einschließlich der Fähigkeit Sprachlaute zu produzieren, die Möglichkeit für die Ausbildung unserer intellektuellen Fähigkeit ergeben hat. Denken, Kunst und Kultur wären ohne die sich entwickelnde motorische Intelligenz nicht entstanden. In diesem Sinn ist motorische Intelligenz der Motor der kulturellen Evolution.

Präfrontalkortex: Einteilung Der präfrontale Kortex bildet den vorderen Teil des Frontallappens. Er macht knapp ein Drittel des Neokortex aus und ist damit das größte Gebiet der Hirnrinde. Es existieren unterschiedliche Einteilungen des Präfrontalkortex, die im Wesentlichen auf einen frontopolar-dorsolateralen (ungefähr BA 8–10, 44–46), einen ventrolateral-ventromedialen (ungefähr BA 9, z. T. 12 und 47) und einen orbital-orbitofrontalen Teil (ungefähr BA 11, z. T. 12 und 47) hinauslaufen (Abb. 3.8). Aufgrund der zahlreichen nicht eindeutig zu definierenden und nicht völlig voneinander abzugrenzenden psychischen Funktionen, die durch den Präfrontalkortex geleistet werden, kann hier schwerlich eine eineindeutige Zuordnung zwischen Struktur und Funktion vorgenommen werden. Dies soll uns jedoch nicht davon abhalten auf einige wichtige Funktionen des Präfrontalkortex einzugehen.

Präfrontalkortex und Exekutive Funktionen Die exekutiven Funktionen dienen der Steuerung des zielgerichteten Verhaltens. Sie umfassen das Planen von Tätigkeiten, das Verwalten von Zielen, das Setzen von Prioritäten, die Kontrolle von spontanen Impulsen, die Regulation von Emotionen, die Ausbildung von Handlungstendenzen u. ä. Das bedeutet, dass beinahe alle höheren kognitiven Funktionen wie Aufmerksamkeit, Gedächtnis, Motivation und Emotion involviert sind. Nehmen wir ein einfaches Alltagsbeispiel wie das Anrufen einer Person, deren Telefonnummer wir nicht kennen und daher im Telefonbuch nachschlagen müssen. Ungeachtet davon, dass wir natürlich über das nötige Weltwissen bezüglich der Existenz und den Zusammenhängen von Personen, Telefonen, Telefonbüchern etc. und über die nötigen Fertigkeiten, die dabei erforderlichen Tätigkeiten auch ausführen zu können, verfügen müssen, müssen wir auch die adäquate Reihenfolge der dabei involvierten Tätigkeiten kennen. Angenommen, wir suchen einen „Wundt, Wilhelm" im Telefonbuch, dann würden wir das Telefonbuch irgendwo am Ende aufschlagen und zuerst mal nach dem Anfangsbuchstaben „W" und dann eventuell nach „Wu" suchen, um schließlich den vollen Familiennamen und den richtigen Vornamen zu finden. Nicht so ein Patient, der beispielsweise aufgrund eines Motorradunfalls eine Schädigung des dorsolateralen präfrontalen Kortex erlitten hat. Bei ihm könnte es sein, dass er das Telefonbuch auf der ersten Seite aufschlägt und Zeile für Zeile, Spalte für Spalte, Seite für Seite nach dem Namen „Wundt" sucht. Dies ist ein mögliches Symptombild eines Frontalhirnsyndroms, das nach Schädigung dorsolateraler Teile des Präfrontalkortex auftritt. Es gibt aber auch noch vielfältige weitere Störungsbilder – wie etwa das unangemessene Beharren auf bestimmten Vorstellungen oder Bewegungen (Perseveration) – auf die hier nicht eingegangen werden kann. Der Präfrontalkortex ist aber in viele weitere mentale Funktionen eingebunden. So konnte in einer funktionellen Kernspintomographiestudie die Beteiligung des präfrontalen Kortex bei der Generierung ästhetischer Urteile gezeigt werden (Jacobsen et al., 2006).

Präfrontalkortex und Persönlichkeit In Kap. 1 haben wir den Fall Phineas Gage kennen gelernt. Die Schädigung von orbitalen (direkt über den Augenhöhlen, den Orbitae, liegenden) oder orbito-frontalen Teilen des Präfrontalkortex kann die Persönlichkeit eines Menschen verändern. Das liegt unter anderem daran, dass durch diese Schädigungen Impulskontrolle und Emotionsregulation beeinträchtigt werden. Als Konsequenz kann es dann zu einer emotionalen und motivationalen Verflachung kommen; das heißt, die Betroffenen wirken relativ teilnahmslos und uninteressiert an ihrer (sozialen) Umwelt. Oder es kann sich eine "Affekt-Inkontinenz" einstellen; das bedeutet, dass die Betroffenen oft unkontrolliert ihren spontanen Gefühlen nachgeben, was dann leicht zu sozial unangemessenem Verhalten führt.

Präfrontalkortex und Arbeitsgedächtnis: Tierbefunde Unter Arbeitsgedächtnis versteht man die Prozesse, die beim kurzfristigen Behalten und Anwenden von Information beteiligt sind und die man zur Realisierung eines aktuellen Ziels benötigt. Beispiele dafür wären das Merken und Verwenden einer Telefonnummer, die man gerade nachgeschlagen hat, und das Verstehen von verschachtelten Sätzen, wie etwa diesem. Dabei ist es wichtig, im gegebenen Kontext adäquate Repräsentationen aktiv zu halten (also die Telefonnummer beziehungsweise den bisherigen Teil des Satzes) und inadäquate Repräsentationen, die einen darin behindern könnten (beispielsweise ein spontan auftauchender Gedanke oder die gehörte Äußerung eines Gesprächspartners) zu unterdrücken. Die US-amerikanische Neurowissenschaftlerin Patricia Goldman-Rakic (1937–2003) hat im Tierversuch die Bedeutung des Präfrontalkortex für Arbeitsgedächtnisprozesse nachgewiesen. Sie hat beispielsweise bei Affen die Aktivität einzelner Neurone des Präfrontalkortex aufgezeichnet. Die Affen hatten eine „delayed matching-to-sample" -Aufgabe zu absolvieren, bei der ein Futterreiz an einem von zwei möglichen Orten kurz gezeigt und dann verdeckt wurde. Der Affe musste sich den Ort, an dem sich die Belohnung befand, merken und zwar über eine gewisse Wartezeit hinweg und ohne dass er die beiden möglichen Orte sehen konnte. Nach der Wartezeit wurde die Verdeckung entfernt und der Affe durfte den Ort, an dem er das Futter vermutete, auswählen. Goldman-Rakic fand heraus, dass es Neurone gibt, die speziell während der Wartezeit Aktionspotenziale (siehe Abschn. 4.4) generieren. Sie folgerte, dass diese Neurone für die erforderliche Teilleistung des Arbeitsgedächtnisses, nämlich sich den Ort des Futters zu merken, zuständig sind (Goldman-Rakic, 1995).

Präfrontalkortex und Arbeitsgedächnis: Humanbefunde Auch beim Menschen werden Funktionen des Arbeitsgedächtnisses im Präfrontalkortex realisiert. So kommt es bei Schädigung des inferioren Präfrontalkortex zu Problemen des Arbeitsgedächtnisses für Orte und bei Schädigung des oberen dorsolateralen Präfrontalkortex zu Problemen des Arbeitsgedächtnisses für räumliche Orientierung. Zu den Funktionen des Arbeitsgedächtnisses gehört auch die Unterdrückung von Information, die im gegebenen Kontext irrelevant ist. Kinder können dies schlechter als Erwachsene. Da bei Kindern der Präfrontalkortex auch noch nicht voll entwickelt ist – die Myelinisierung der Neurone ist nämlich erst nach der Pubertät abgeschlossen – könnte darin die körperliche Ursache der geringeren Inhibitionsfähigkeit bei Kindern im Vergleich zu Erwachsenen liegen.

Aus Platzgründen konnten hier weitere interessante Themen zum Gehirn nicht angesprochen werden. So gibt es beispielsweise neben der Spezialisierung der beiden Hirnhemisphären in Bezug auf die Verarbeitung von sprachlicher oder emotionaler Information noch weitere funktionale Spezifizierungen, in denen sich die beiden Hemisphären unterscheiden. Interessant sind auch sowohl die Fakten aber auch die Mythen in Bezug auf anatomische und funktionale Unterschiede in den Gehirnen von Männern und Frauen (z. B. Lautenbacher et al., 2007). Auf das letztgenannte Thema werden wir im Abschn. 5.4 noch eingehen.

Wir wollen jetzt diese eher makroskopische Perspektive verlassen und die Strukturen und Prozesse, die unserer Psyche zugrunde liegen, noch etwas genauer unter die Lupe nehmen. Im nächsten Kapitel nehmen wir also eine eher mikroskopische Betrachtungsebene ein und lernen die Nervenzelle als Grundbaustein des Gehirns kennen.

Überblicksliteratur

- Hendelman, W. (2016). *Atlas of functional neuroanatomy.* CRC Press.
- Huggenberger, S., Moser, N., Schröder, H., Cozzi, B., Granato, A., & Merighi, A. (2019). *Neuroanatomie des Menschen.* Springer.
- Poeppel, D., Mangun, G. R., & Gazzaniga, M. S. (2020). *The cognitive neurosciences.* MIT Press.
- Zilles, K., & Rehkämper, G. (1993). *Funktionelle Neuroanatomie: Lehrbuch und Atlas.* Springer.

Neurone als funktionale Grundelemente des Nervensystems

4

4.1 Die Psyche als Resultat eines Systems aus An- und Aus-Zuständen

Das Muster der neuronalen Zustände begründet das Muster der psychologischen Tatsachen Nervenzellen lassen sich nach unterschiedlichen Kriterien klassifizieren, beispielsweise nach ihrer Leitungsgeschwindigkeit, nach dem Neurotransmitter, den sie zur Informationsübertragung an andere Zellen verwenden, nach ihrer speziellen Funktion oder nach ihrem Aussehen. Gemeinsam haben sie jedoch die Eigenschaft, dass sie elektrische Erregung weitergeben können. Im Prinzip kann also jede Nervenzelle zwei Zustände annehmen, nämlich „an" oder „aus". Dieses über die Zeit veränderliche Muster aus An- und Aus-Zuständen aller Neurone im Nervensystem begründet den aktuellen Zustand des mentalen Apparats und kann als die biologische Instanziierung unserer mentalen Prozesse aufgefasst werden (siehe *Die biologische Instanziierung der Psyche,* Abschn. 1.5). Obgleich gelegentlich, etwa in der Gestaltpsychologie (u. a. von Wolfgang Köhler, 1887–1967), eine Isomorphie zwischen den neuronalen und mentalen Vorgängen postuliert wurde, ist die Zuordnung des Musters der Zustände der Neurone und des Musters der Zustände der Elemente des Psychischen in vielerlei Hinsicht noch nicht geklärt. Trotzdem ist es wichtig, die zellbiologischen Vorgänge zu verstehen, die die Entstehung elektrischer Erregungen und deren Weitergabe bedingen. Das bedeutet jedoch nicht, dass diese zellbiologische Beschreibung des informationsverarbeitenden Systems am besten geeignet ist, psychische Zustände oder Prozesse zu beschreiben oder zu erklären. Ganz im Gegenteil, die Beobachtung, dass wir durch ein unerwartet eintretendes lautes Geräusch sehr leicht abgelenkt werden können, oder der Befund, dass wir von sozialen Modellen oder Vorbildern lernen können, wird auf der Ebene psychologischer Konzepte sicher besser zu verstehen sein als auf rein neurobiologischer

© Springer-Verlag GmbH Deutschland, ein Teil von Springer Nature 2022
E. Schröger et al., *Biologische Psychologie,* Basiswissen Psychologie,
https://doi.org/10.1007/978-3-662-65179-7_4

Ebene. Dennoch sind wir eben auch Körper und nicht nur Geist und von vielen auf psychologischer Ebene interessierenden Phänomenen sind neurobiologische Korrelate und Wirkzusammenhänge bekannt. Grundkenntnisse dieser neurobiologischen Tatsachen sind für ein umfassenderes Verständnis der psychologischen Tatsachen, also der Psyche, wie wir sie oben definiert haben, wichtig.

Vergleich des Nervensystems mit dem Computer: Unterschiede im Ausmaß der Vernetzung Die Tatsache, dass die Elemente des Nervensystems (d. h. die Nervenzellen) nur zwei Zustände annehmen können („an" oder „aus") drängt einen Vergleich mit den heute üblichen Computern auf, die ja ebenfalls digital arbeiten: Jede „Zelle" des Speichers eines Computers kann nur die Zustände „0" und „1" annehmen (wenn wir mal von Quantencomputern absehen). So wie das Nervensystem aus der Dynamik der An- und Aus-Zustände unser Erleben und Verhalten hervorbringt, ist auch der Computer in der Lage, mittels dynamischer Prozesse von 0- und 1-Zuständen ganz erstaunliche Leistungen zu vollbringen. Computer können beispielsweise Schach spielen oder den Ablauf eines biopsychologischen Experiments steuern. Dazu benötigen sie, ähnlich wie das Nervensystem, Sensoren (z. B. „Augen"), um an Information über die Außenwelt zu gelangen, und Effektoren (z. B. „Hände"), um Veränderungen in der Außenwelt hervorrufen zu können. In Bezug auf Speicherkapazität und Rechengeschwindigkeit erreichen die derzeit leistungsstärksten Supercomputer mittlerweile vergleichbare oder auch höhere Werte als das menschliche Gehirn – wenn auch mit einem ungleich höheren Energieverbrauch. Doch trotz der vergleichbaren Geschwindigkeit in der Informationsverarbeitung ist es offensichtlich, dass unser Gehirn selbst diesen Supercomputern in vielen Bereichen enorm überlegen ist: Scheinbar mühelos erkennen wir bekannte Gesichter auf überfüllten Bahnsteigen, können Gesprächen auf ausgelassenen Geburtstagspartys folgen, beurteilen sicher die Übereinstimmung zweier Fingerabdrücke und fällen Entscheidungen in hoch komplexen Situationen, um nur einige Beispiele zu nennen. Die Überlegenheit des Gehirns beruht also nicht auf der Geschwindigkeit der Informationsverarbeitung, sondern vielmehr auf der riesigen Anzahl und dem extrem hohen Vernetzungsgrad seiner Einzelelemente, den Nervenzellen. Selbst moderne Supercomputer sind derzeit noch weit davon entfernt, einen derart hohen Vernetzungsgrad aufzuweisen und simulieren die Arbeitsweise des Gehirns daher nur unzureichend. Im Rahmen des 2013 ins Leben gerufenen und von der Europäischen Union geförderten „Human Brain Project" wird daran gearbeitet, die Struktur und Funktionsweise des menschlichen Gehirns in seiner gesamten Komplexität zu modellieren. Im Zuge dieser Bestrebungen wird auch die Entwicklung analog arbeitender sogenannter neuromorpher Chips vorangetrieben, mit deren Hilfe

4.1 Die Psyche als Resultat eines Systems aus An- und Aus-Zuständen

selbst komplexe Lernvorgänge darstellbar wären. Wir sind gespannt, ob die hohen Erwartungen am Ende des Projekts (avisiert für 2023) erfüllt werden können.

Gehirn-Computer-Vergleich: Unterschiede in der Flexibilität der Verbindungen Im Gehirn gibt es – wie anfangs erwähnt – etwa 100 Mrd., d. h. 10^{11}, Nervenzellen, und jede kann mit einer bis zu mehreren Hunderttausend anderen Nervenzellen verbunden sein. Diese Verbindungen zwischen Nervenzellen werden über Synapsen realisiert. Wenn man bedenkt, dass die Gesamtzahl an Synapsen auf etwa eine Billiarde, d. h. 10^{15}, geschätzt wird, kann man sich ausmalen, zu welchen unglaublichen „Rechenleistungen" unser Gehirn in der Lage ist. Die Leistungsfähigkeit dieses hoch komplex verschalteten Systems wird zudem noch beträchtlich durch seine Flexibilität erweitert. Synaptische Verbindungen zwischen Nervenzellen sind nämlich keinesfalls starr, sondern werden beständig auf-, um- und abgebaut. Information wird also über das dynamische Muster synaptischer Verbindungen gespeichert. Im Gegensatz zum herkömmlichen Computer, bei dem Prozessor und Speicher räumlich getrennte und wenig plastische Strukturen darstellen, nutzt das Gehirn die synaptischen Verbindungen parallel und daher zeit- und energiesparend sowohl für die Prozesse der Informationsverarbeitung als auch für die der Speicherung.

Gehirn-Computer-Vergleich: Verwendung von Heuristiken Ein anderer Unterschied zum Computer besteht darin, dass unser Gehirn häufig Heuristiken verwendet, das heißt einfache, aber effektive Regeln, die (auf den ersten Blick) nicht immer einer logischen oder rationalen Herangehensweise entsprechen. So kommen wir z. B. trotz eventuell nur unvollständig vorliegender Information zu alltagstauglichen Lösungen komplexer Entscheidungsprobleme. Zudem arbeitet das Nervensystem mit einer gewissen Ungenauigkeit (es führt also keine exakten mathematischen Operationen aus) und zeigt Redundanzen (es berechnet das Gleiche parallel auf hierarchisch äquivalenten oder unterschiedlichen Verarbeitungsstufen). Weitere scheinbare Unzulänglichkeiten sind beispielsweise die überraschend geringe Kapazität unseres Arbeitsgedächtnisses, das nur etwa vier bis sieben Einheiten im Fokus unserer Aufmerksamkeit halten kann. Ein anderes (scheinbares) Manko ist, dass Gedächtnisinhalte während des Konsolidierungsprozesses nicht originalgetreu gespeichert werden, sondern vielerlei Verzerrungen unterworfen sind. Unser Gedächtnis stellt also keinen passiven Speicher dar, wie es beim Computer der Fall ist, sondern ein aktives, ständig im Umbau befindliches System. Auffallend ist weiterhin die enorme Fehlertoleranz des Nervensystems. So führt der Ausfall einzelner Nervenzellen nicht zwangsläufig zu auf der Verhaltensebene feststellbaren Funktionseinbußen. Zudem müssen wir berücksichtigen, dass das neuronale

System nur einen Bestandteil der Gesamtheit des menschlichen Organismus darstellt. Ohne das Funktionieren der anderen Bestandteile des Organismus und ohne die vielfältigen Interaktionen mit diesen wäre das Gehirn nicht in der Lage, seine erstaunlichen Leistungen zu erbringen.

4.2 Nervenzellen

Die Struktur von Nervenzellen Es stellt sich die Frage, wie Nervenzellen überhaupt aufgebaut sind. Wie andere tierische Zellen bestehen auch Nervenzellen aus einer Membran, einem Kern und kleineren zellinternen Strukturen, sogenannten Organellen (z. B. Golgi-Apparat, Mitochondrien), die u. a. Funktionen wie Verpackung und Transport von Substanzen oder auch die Bereitstellung des universell genutzten Energieträgers Adenosintriphosphat gewährleisten. Die Zellmembran besteht aus einer mechanisch belastbaren und für geladene Moleküle weitgehend undurchlässigen Lipid-Doppelschicht. Diese Lipid-Doppelschicht wird von einer Vielzahl unterschiedlichster Proteine kanalartig durchzogen, die in Abhängigkeit von bestimmten Bedingungen ihre Struktur verändern und somit die Durchlässigkeit der Membran für geladene Moleküle regulieren können. Über diesen Mechanismus wird zum einen die funktionale Abgrenzung einer Zelle von ihrer Umgebung aber auch der selektive Austausch zwischen dem Zellinneren und der Umgebung ermöglicht.

Funktionelle Klassifikation von Nervenzellen Nervenzellen können aufgrund der Wahrnehmung unterschiedlicher charakteristischer Funktionsbereiche klassifiziert werden. Sensorische Nervenzellen empfangen Information in Form von Umweltreizen wie z. B. Lichtwellen, Schallwellen, mechanische oder chemische Reize. Die Informationsaufnahme erfolgt dabei entweder direkt über spezialisierte Zellfortsätze, wie im Fall mechanosensibler und olfaktorischer Nervenzellen oder aber über vorgeschaltete für die Aufnahme der jeweiligen Reizenergie spezialisierte Zellen, die sogenannten Sinneszellen. Hierzu zählen z. B. die Stäbchen und Zapfen in unserer Retina, die auf die Aufnahme von Lichtenergie spezialisiert sind oder aber die Haarzellen des Innenohres, die durch Schallwellen ausgelöste mechanische Schwingungen in elektrische Impulse umwandeln. Eine weitere Klasse von Nervenzellen steht im Dienste der Verrechnung und Weiterleitung von Information innerhalb des Nervensystems. Diese sogenannten Interneurone stellen mit ca. 90 % den zahlenmäßig deutlich dominierenden Anteil von Nervenzellen dar. Motorische Nervenzellen wiederum leiten Information vom Zentralnervensystem an ausführende Organe wie z. B. Muskeln oder Drüsen weiter.

4.2 Nervenzellen

Die drei Abschnitte einer Nervenzelle: Soma, Dendrit, Axon Nervenzellen bestehen aus Soma (Zellkörper), Dendriten (abgeleitet aus dem griechischen Wort dendros für Baum) und Axon (griechisch für Achse). Der Zellkörper enthält den Zellkern und die Organellen. Die Dendriten und das Axon stellen neuronenspezifische Zellfortsätze dar, die der Aufnahme, Verrechnung und Weiterleitung von Informationen dienen. Dendriten empfangen Information in Form von elektrischen Impulsen über spezifische Kontaktstellen, die sogenannten Synapsen, die sie mit benachbarten Nervenzellstrukturen ausbilden (Abb. 4.1). Die Purkinje-Zellen in der Kleinhirnrinde bilden zum Beispiel einen beeindruckend weit verzweigten Dendritenbaum aus, über dessen Ausläufer die Purkinje-Zelle Informationen von mehr als 100.000 in tieferen Schichten der Kleinhirnrinde befindlichen Körnerzellen erhält. Wie im

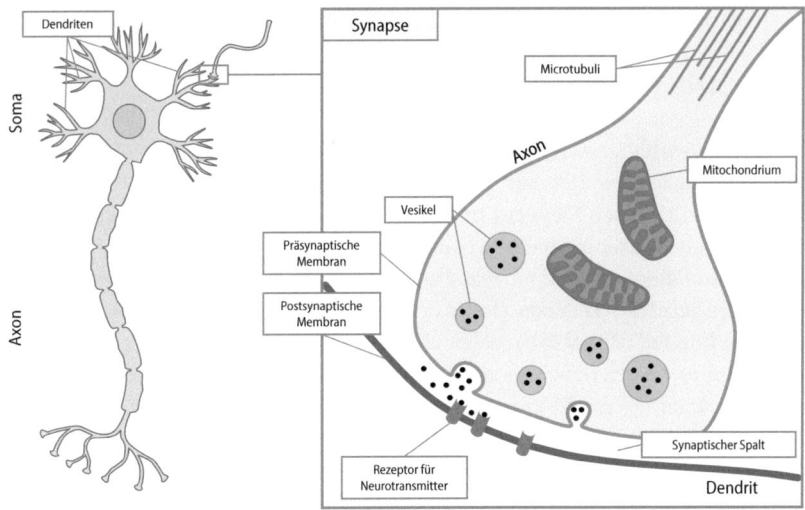

Abb. 4.1 Die Abschnitte der Nervenzelle und die chemische Synapse. Links sieht man die Illustration einer Pyramidenzelle mit den Dendriten, dem Zellkörper (Soma) und dem Axon. An den Dendriten befinden sich kleine Ausstülpungen (Dornfortsätze, englisch „spines"), an denen die Ausläufer der Axone (Axonterminalen) anderer Nervenzellen andocken können. In den Vesikeln der Axonterminalen befindet sich der chemische Botenstoff (Neurotransmitter). Wenn das Neuron aktiv ist (d. h. wenn ein Aktionspotenzial aus dem Axon eintrifft), verschmelzen die Vesikel mit der präsynaptischen Membran und der Neurotransmitter wird in den synaptischen Spalt abgegeben. Durch Bindung der Neurotransmitter an spezifische Rezeptoren in der postsynaptischen Membran wird die elektrische Erregung als chemisches Signal an die nachgeschaltete Nervenzelle weitergegeben (genauere Erläuterungen im Text; Abbildung erstellt mit Unterstützung von Marc Pabst, Universität Leipzig)

vorigen Absatz bereits ausgeführt, können spezialisierte Dendriten sensorischer Nervenzellen aber auch direkt Informationen aus der Umwelt aufnehmen, z. B. mechanische Reize oder Gerüche. Von den Dendriten wird die Information zunächst an den Zellkörper weitergeleitet und dann über das Axon mittels synaptischer Verbindungen auf nachgeschaltete Nervenzellen übertragen. Axone können sehr lang sein und damit die elektrische Erregung über eine große Distanz weiterleiten. Von den Zehen oder den Fingerspitzen bis zum Rückenmark ziehende Axone erreichen beim Menschen beispielsweise eine Länge von bis zu einem Meter. Axone können aber auch eine Länge von nur wenigen Millimetern aufweisen. Alle Axone eines menschlichen Gehirns zusammen erreichen eine Länge von weit mehr als 200.000 km, würden also mehrmals die Erde umspannen. Im Folgenden wollen wir darstellen, aufgrund welcher strukturellen Besonderheiten der Nervenzellmembran Informationsaufnahme und Informationsweiterleitung realisiert werden.

4.3 Die Nervenzelle im Aus-Zustand

Die Zellmembran weist für unterschiedliche Stoffe unterschiedliche Durchlässigkeit auf Zunächst wollen wir uns die Nervenzelle ansehen, während sie sich im Aus-Zustand befindet. Sie weist in diesem Zustand das sogenannte Ruhepotenzial auf. Dabei ist sie aber gar nicht so inaktiv wie der Name vermuten lässt. Zellinneres und Extrazellulärraum sind mit wässrigen Flüssigkeiten angefüllt, die verschiedene elektrisch geladene Teilchen (Ionen und Moleküle) enthalten. Intra- und extrazelluläre Flüssigkeiten weisen dabei charakteristische Unterschiede bezüglich der Konzentrationen der verschiedenen Ladungsträger auf: In der Relation finden sich im Zellinneren höhere Konzentrationen an positiv geladenen Kalium-Ionen (K^+) und negativ geladenen Protein-Ionen. In der Summe überwiegen im Zellinneren die negativen Ladungsträger. Im Extrazellulärraum dagegen finden sich relativ gesehen höhere Konzentrationen an positiv geladenen Natrium-Ionen (Na^+) und negativ geladenen Chlorid-Ionen (Cl^-). In der Summe überwiegen im Extrazellulärraum die positiven Ladungsträger. Wäre die neuronale Zellmembran für die hier angeführten Ladungsträger in gleicher Art und Weise durchlässig, würden sich die beschriebenen Konzentrations- und Ladungsunterschiede aufgrund der Wirkung elektrostatischer Kräfte (entgegengesetzte Ladungen ziehen sich an, gleiche Ladungen stoßen sich ab) und aufgrund von Diffusionsvorgängen (thermische Bewegung von Teilchen in Richtung eines Konzentrationsgefälles) schnell ausgleichen. Da die neuronale Zellmembran jedoch für unterschiedliche Ladungsträger unterschiedlich permeabel (d. h. durchlässig) ist, können Konzentrations- und damit Potenzialdifferenzen aufrechterhalten werden. So bildet die Membran eine undurchlässige Barriere für die negativ geladenen Protein-Ionen im Zellinneren. Die Membran ist ebenfalls kaum permeabel für die extrazellulär höher konzentrierten positiv geladenen Natrium-Ionen und die intrazellulär höher konzentrierten negativ geladene Chlorid-Ionen. Spezielle aus Proteinen gebildete Poren in der Membran – sogenannte Ionenkanäle – erlauben hingegen die Passage positiv geladener Kalium-Ionen. Dem Konzentrationsgradienten folgend strömen also beständig positiv geladene Kalium-Ionen aus dem Zellinneren aus und lassen negativ geladene Protein-Ionen zurück. Die durch diese Diffusion von Kalium-Ionen entstehende elektrische Potenzialdifferenz von etwa -70 Millivolt (mV) zwischen Zellinnerem und Extrazellulärraum wird als Ruhemembranpotenzial bezeichnet.

Die Natrium-Kalium-Pumpe verhindert einen Potenzialausgleich Trotz der niedrigen Permeabilität der Membran für Natrium-Ionen diffundieren im Ruhezustand der Nervenzelle Natrium-Ionen dem Konzentrations- und Ladungsgradienten folgend über (prozentual gesehen) einige wenige geöffnete Natrium-Kanäle ins Zellinnere. Dieser beständige, wenn auch geringe Einstrom positiv geladener Natrium-Ionen sollte nun zu einem langsamen Abbau des Ruhemembranpotenzials führen. Dem wirkt jedoch die sogenannte Natrium-Kalium-Pumpe entgegen. Die Natrium-Kalium-Pumpe stellt ein aus verschiedenen Untereinheiten aufgebautes, die Nervenzellmembran durchziehendes Protein dar, das unter erheblichem Energieverbrauch Natrium-Ionen entgegen dem Konzentrations- und Ladungsgradienten in den Extrazellulärraum und Kalium-Ionen entgegen dem Konzentrationsgradienten ins Zellinnere transportiert. Durch diesen aktiven Transportprozess werden die Konzentrationsunterschiede für Kalium- und Natriumionen zwischen Zellinnerem und Extrazellulärraum und damit die Grundlagen für das Ruhemembranpotenzial aufrechterhalten. Selbstverständlich laufen in Nervenzellen im hier beschriebenen Aus-Zustand aber noch zahlreiche weitere Prozesse ab. Dabei handelt es sich zum einen um generelle Zellaktivitäten (z. B. Energiegewinnung, Transportprozesse) und zum anderen um nervenzelltypische Aktivitäten wie etwa die Produktion von Neurotransmittern.

4.4 Die Nervenzelle im An-Zustand

Das Aktionspotenzial: Alles-oder-Nichts-Prinzip Nun wollen wir betrachten, was passiert, wenn die Nervenzelle den An-Zustand einnimmt (siehe Abb. 4.2). Erzeugt wird der An-Zustand letztlich durch eine Änderung des Ruhemembranpotenzials. Wie bereits erwähnt, empfangen die Dendriten eines Neurons die elektrischen

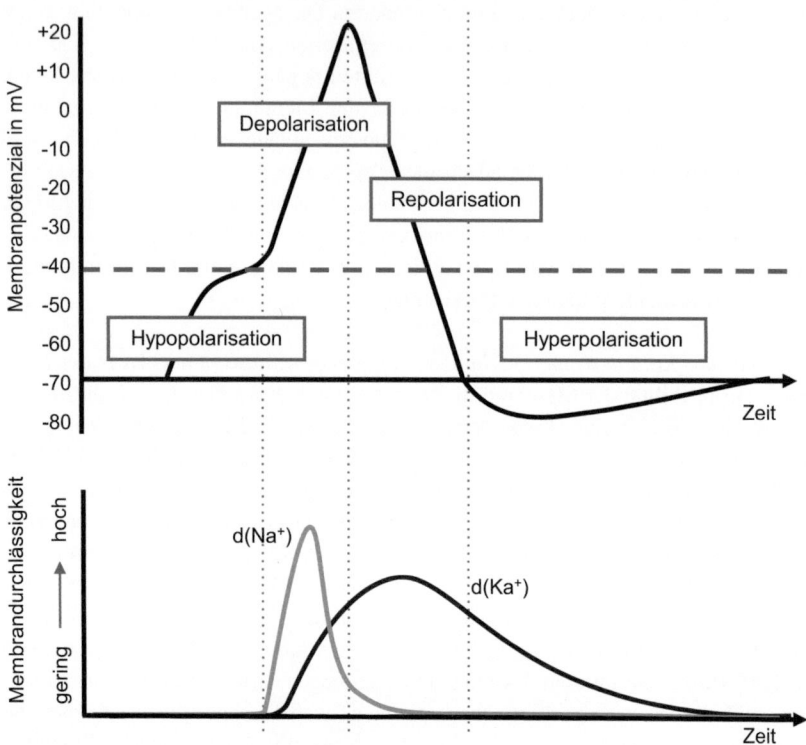

Abb. 4.2 Die Phasen des Aktionspotenzials. Aufgrund der Veränderung der Durchlässigkeit der axonalen Zellmembran für verschiedene Ionen kommt es zu Ionenströmen, die zuerst zu einer Depolarisation und anschließend zur Repolarisation des Membranpotenzials führen. Das dabei entstehende Aktionspotenzial folgt einem Alles-oder-Nichts-Prinzip. Die Gesamtheit der zu einem bestimmten Zeitpunkt aktiven und inaktiven Neurone (also der Neurone mit und ohne Aktionspotenzial) stellt das zelluläre Grundgerüst all unserer aktuellen psychischen Prozesse dar (genauere Erläuterungen im Text; Abbildung erstellt von den Autoren mit Unterstützung von Marc Pabst, Universität Leipzig)

Signale (Information) über die synaptische Verbindung zum Axon einer vorangeschalteten Nervenzelle. Genau genommen kommt es dabei zu einer lokalen Veränderung des Membranpotenzials an den Dendriten, indem die Membran kurzzeitig ihre Permeabilität für bestimmte Ionen erhöht. Diese Permeabilitätsänderung wird über die Öffnung spezifischer, die Nervenzellmembran durchziehender Ionenkanäle realisiert. Die Membran wird infolge der Permeabilitätsänderungen entweder

4.4 Die Nervenzelle im An-Zustand

depolarisiert (d. h. das Potenzial der Nervenzelle von -70 mV im Aus-Zustand wird weniger negativ oder sogar positiv) oder hyperpolarisiert (d. h. das Potenzial verschiebt sich noch stärker in den negativen Bereich). Im ersten Fall liegt ein exzitatorisches (erregendes) postsynaptisches Potenzial (EPSP) vor, im zweiten Fall ein inhibitorisches (hemmendes) postsynaptisches Potenzial (IPSP). Diese EPSPs und IPSPs summieren sich zeitlich (über mehrere aufeinander folgende Signale) und räumlich (über mehrere simultan aktive benachbarte Synapsen) auf. Die so entstandene Potenzialverschiebung breitet sich elektrotonisch entlang der Membran des Dendriten aus: Die Veränderung des Membranpotenzials an einer definierten Stelle bewirkt eine Veränderung des Membranpotenzials an benachbarten Membranabschnitten. Diese passive Erregungsweiterleitung erfolgt schnell, ist aber verlustreich, sodass damit nur sehr kurze Strecken (wenige Millimeter) überbrückt werden können. Übersteigt nun die über die Dendritenmembran und die Membran des Nervenzellkörpers hinweg fortgeleitete Potenzialverschiebung am als Axonhügel bezeichneten Übergang zwischen Zellkörper und Axon einen kritischen Schwellenwert, so wird ein sogenanntes Aktionspotenzial ausgelöst. Das Aktionspotenzial wird dabei auf der Basis eines Alles-oder-Nichts-Prinzips generiert: Wird der Schwellenwert erreicht, so ist die Amplitude des generierten Aktionspotenzials unabhängig davon, wie stark die Potenzialverschiebung war, die zum Überschreiten des Schwellenwertes geführt hat („Alles"). Wird der Schwellenwert dagegen nicht erreicht, so wird die Potenzialänderung am Axonhügel nicht weitergeleitet („Nichts").

Molekülbewegungen beim Aktionspotenzial Die Zellmembran der Axone weist eine Besonderheit im Vergleich zur Membran der Dendriten und des Zellkörpers auf: Sie enthält nämlich eine Vielzahl von sogenannten spannungsabhängigen Ionenkanälen. Sobald die sich räumlich und/oder zeitlich addierenden Potenzialverschiebungen am Axonhügel den Schwellenwert überschreiten, öffnen sich plötzlich eine Vielzahl von spannungsabhängigen Natriumkanälen. Durch diesen Prozess erhöht sich die Permeabilität der Membran für Na^+-Ionen, die nun dem Konzentrations- und Ladungsgradienten folgend lawinenartig in das Axon einströmen. Durch diesen Einstrom von Natriumionen kehrt sich das Membranpotenzial um: Das Zellinnere ist nun im Vergleich zum Extrazellulärraum positiv geladen. Die Phase des Erreichens von positiven Spannungswerten (bis zu etwa $+25$ mV) wird auch als „overshoot" bezeichnet. Da die Dichte der spannungssensitiven Natrium-Kanäle am Axonhügel am größten ist, wird dort das Aktionspotenzial ausgelöst. Innerhalb von etwa einer Millisekunde nach dem massiven Einstrom von Natrium-Ionen ist der Gipfel des Aktionspotenzials erreicht. Nun erfolgt eine ebenso schnelle Repolarisation: Die Verschiebung des Membranpotenzials in den positiven Bereich bewirkt nämlich eine Öffnung spannungssensitiver Kalium-Kanäle, durch welche nun K^+-Ionen aus dem Zellinneren dem Konzentrations- und Ladungsgradienten folgend in den Extrazellulärraum strömen. Durch diesen Ausstrom positiver Ladungsträger verschiebt sich die Membranspannung wieder in Richtung des Ruhemembranpotenzials. Dabei nimmt das Membranpotenzial kurzzeitig sogar negativere Werte als das Ruhemembranpotenzial an (bis −90 mV). Diese Phase des Aktionspotenzials wird als Hyperpolarisation bezeichnet. Anschließend sorgt die bereits im Abschnitt 4.2 beschriebene Natrium-Kalium-Pumpe dafür, dass die für das Ruhemembranpotenzial charakteristischen intra- und extrazellulären Konzentrationen von Natrium- und Kalium-Ionen wiederhergestellt werden (siehe Abb. 4.2). Übrigens blockiert das berüchtigte Gift des Kugelfisches (Tetrodotoxin), das bei unsachgemäßer Zubereitung aus der Haut oder den Eingeweiden des Fisches in das zum Verzehr gedachte Muskelfleisch gelangen kann, den spannungssensitiven Natrium-Kanal. Durch diese Blockade wird die Auslösung von Aktionspotenzialen verhindert, was u. a. zur Lähmung der Atemmuskulatur führt. Inhaltsstoffe der Pflanzengattung Digitalis (Fingerhut), die zur Therapie der Herzinsuffizienz eingesetzt werden, hemmen dagegen den Ionentransport über die Natrium-Kalium-Pumpe.

Absolute und relative Refraktärphase beim Aktionspotenzial Während der initialen Phase der Depolarisation bei einem Aktionspotenzial ist die Zelle im entsprechenden Membranbereich absolut refraktär, das heißt, es kann kein weiteres Aktionspotenzial ausgelöst werden. Während der Phasen der Repolarisation und der Hyperpolarisation liegt ein relativer Refraktärzustand vor; das heißt die Schwelle, die eintreffende EPSPs überwinden müssen, um ein Aktionspotenzial auszulösen, liegt deutlich höher. Im Prinzip gilt, dass ein Neuron umso mehr Aktionspotenziale generiert, je stärker es gereizt wird. Die Reizstärke wird also über die Frequenz der Aktionspotenziale kodiert und nicht über deren Amplitude, die ja nach dem Alles-oder-Nichts-Prinzip konstant ist. Allerdings können Neurone aufgrund der Refraktärphase auch bei sehr starker Reizung nicht beliebig schnell feuern, sondern nur 200 bis 400-mal pro Sekunde (d. h. mit einer Frequenz von 200–400 Hz). Der Refraktärzustand der Zellmembran bedingt aber auch, dass sich das Aktionspotenzial nur in eine Richtung ausbreitet. Dies wird gelegentlich anhand der Zündschnur-Metapher veranschaulicht: Dort, wo das Zündpulver gerade abgebrannt ist (d. h. dort, wo spannungsabhängige Natrium- und Kaliumkanäle gerade inaktiviert sind), kann sich die Flamme (d. h. das Aktionspotenzial) nicht fortpflanzen. Zu einer Hyperpolarisation und der damit verbundenen Erschwernis, ein Aktionspotenzial auszulösen, kommt es übrigens auch durch eintreffende IPSPs. Dies ist deshalb so, weil am Axonhügel, an dem das Aktionspotenzial ausgelöst wird, eine Verrechnung erregender (EPSP) und hemmender (IPSP) Potenziale erfolgt. Erst wenn die Summe aus EPSPs und IPSPs zu einer die kritische Schwelle überschreitenden Depolarisierung führt, wird ein Aktionspotenzial generiert. Synapsen sind damit nicht nur Kontaktstellen, an denen Information 1:1 zwischen Neuronen weitergeleitet wird. Vielmehr findet hier die Verrechnung der aus verschiedenen Neuronen einlaufenden Information statt. Diese Verrechnungsprozesse stellen die zelluläre Basis für die funktionelle Plastizität unseres Gehirns dar und ermöglichen somit, dass wir durch Lernen auf sich stetig ändernde Anforderungen der Umwelt reagieren.

Saltatorische Erregungsweiterleitung am Axon Wie in Abschn. 3.2 erwähnt, bilden bestimmte Gliazelltypen (Oligodendrozyten und Schwann-Zellen) an vielen Axonen Myelinscheiden aus. Diese wirken wie elektrische Isolatoren, sodass an myelinisierten Stellen kein Aktionspotenzial ausgelöst werden kann. Die Myelinscheiden sind an den alle 0,2 bis 1,5 mm auftretenden Einschnürungen, den Ranvierschen Schnürringen, unterbrochen. An diesen Einschnürungen weist die Zellmembran eine hohe Konzentration an spannungsabhängigen Natrium- und Kaliumkanälen sowie Natrium-Kalium-Pumpen auf, wodurch das Axon hier weiterhin elektrisch erregbar ist. In den Membranabschnitten dagegen, die durch die Myelinscheiden isoliert sind, breiten sich die Potenzialdifferenzen passiv, mit hoher Geschwindigkeit, wenn auch unter stetiger Verringerung der Amplitude innerhalb des Axons aus. Diese als elektrotonisch bezeichnete Form der Ausbreitung von Potenzialdifferenzen hatten wir bereits für die Informationsweiterleitung an den reizaufnehmenden dendritischen Nervenzellfortsätzen eingeführt. An der nächsten erregbaren Stelle der Axonmembran, d. h. dem nächsten Ranvierschen Schnürring, kann dann wieder ein Aktionspotenzial ausgelöst werden. Durch die erneute Auslösung eines Aktionspotenzials, welches ja auf der Basis eines Alles-oder-Nichts-Prinzips beruht, wird die durch die elektrotonische Weiterleitung bedingte Amplitudenverringerung kompensiert. Das Aktionspotenzial springt quasi über die isolierenden Myelinscheiden von Schnürring zu Schnürring. Diese als saltatorisch (hüpfend) bezeichnete Erregungsausbreitung erfolgt also sowohl schnell als auch verlustarm.

4.5 Die Weiterleitung von An-Zuständen: Synapsen und Neurotransmitter

Die chemische Synapse Bisher haben wir die Vorgänge behandelt, die zur Auslösung eines Aktionspotenzials am Axonhügel und zur Weiterleitung dieser elektrischen Erregung innerhalb der Zelle führen. Hier soll kurz beschrieben werden, wie die Übertragung der Information zwischen den Zellen funktioniert (siehe Abb. 4.1). Diese Übertragung erfolgt an elektrisch oder chemisch arbeitenden Synapsen, den Kontaktstellen zwischen Nervenzellen. Die häufigere und für uns wichtigere Übertragung an chemischen Synapsen beruht auf der Freisetzung von Neurotransmittern. Neurotransmitter sind spezifische Substanzen, die im präsynaptischen Neuron synthetisiert und in sogenannte Vesikel verpackt in die präsynaptischen Endigungen des Axons transportiert werden. Durch das Eintreffen eines Aktionspotenzials verschmelzen nun die Vesikel mit der präsynaptischen Membran und die Neurotransmittermoleküle werden in den synaptischen Spalt freigesetzt. Für die Aufklärung der räumlich und zeitlich exakt gesteuerten Prozesse, die der Transmitterfreisetzung vorausgehen, erhielten der Biochemiker James Rothman, der Zellbiologe Randy Schekman und der Mediziner Thomas Südhoff 2013 den Nobelpreis für Physiologie oder Medizin. Nach ihrer Freisetzung in den synaptischen Spalt gelangen die Transmittermoleküle an die postsynaptische Membran und binden nach dem Schlüssel-Schloss-Prinzip an für sie spezifische Rezeptoren. Diese Rezeptoren können zum einen die postsynaptische Membran durchziehende Kanalproteine sein, die als Ionenkanäle fungieren. Durch die Bindung von Transmittermolekülen an diese sogenannten ionotropen Rezeptoren verändert sich deren Durchlässigkeit für bestimmte Ionen. Der dadurch ermöglichte Einstrom von Ionen führt dann zu einer direkten Änderung des Membranpotenzials der postsynaptischen Nervenzelle. Je nachdem, ob die Öffnung der Ionenkanäle zu einer Depolarisation oder Hyperpolarisation der postsynaptischen Membran führt, wird somit ein exzitatorisches (aktivierendes)- oder ein inhibitorisches (hemmendes) postsynaptisches Potenzial (EPSP, IPSP) ausgelöst. Neben den gerade beschriebenen ionotropen Rezeptoren können Neurotransmitter auch an einen anderen Rezeptortyp – die sogenannten metabotropen Rezeptoren – binden. Bei diesem Rezeptortyp aktiviert die Bindung des Neurotransmitters eine sekundäre Botenstoff-(„second-messenger")-Kaskade im Intrazellulärraum. Erst infolge dieser Aktivierung wird dann die Durchlässigkeit von Ionenkanälen moduliert, wodurch wiederum postsynaptische Potenziale generiert werden können. Die Öffnung von Ionenkanälen auf diesem indirekten Weg ist zwar zeitintensiver als die direkte Öffnung der Kanäle, ermöglicht aber eine flexiblere Steuerung der synaptischen Übertragung. Bei beiden Rezeptortypen löst sich der Transmitter nach einer gewissen Zeit wieder vom Rezeptor und wird durch spezifische Enzyme abgebaut oder durch spezifische Transportproteine wieder in die präsynaptische Nervenzelle aufgenommen. An der postsynaptischen Membran wird durch die Tätigkeit der bereits beschriebenen Natrium-Kalium-Pumpe dann das Ruhemembranpotenzial wiederhergestellt und die Zelle könnte erneut depolarisiert werden.

4.5 Die Weiterleitung von An-Zuständen: Synapsen und Neurotransmitter

Neurotransmittersysteme In der Regel produziert eine präsynaptische Nervenzelle nur einen bestimmten Neurotransmitter. Insgesamt gibt es jedoch hunderte von unterschiedlichen Transmittern. Viele Medikamente und Gifte entfalten ihre Wirkung an den Synapsen und viele psychiatrische und neurologische Krankheiten haben ihre Ursache in Fehlfunktionen von Neurotransmittersystemen. Diese Thematik ist daher auch für die Psychologie von Bedeutung, kann in diesem Lehrbuch aber nur kurz anhand einiger Beispiele behandelt werden, nämlich dem serotonergen, dem dopaminergen und dem cholinergen Neurotransmittersystem.

(1) Das serotonerge System
Allgemeiner Aufbau und Funktion. Das serotonerge System – also die Gesamtheit der Neuronen, die Serotonin als Transmitter verwenden – ist an vielen psychischen Phänomenen beteiligt. Serotonin wird im Zentralnervensystem von Neuronen in den Raphe-Kernen im Hirnstamm gebildet. Die Axone dieser Neurone ziehen vom Hirnstamm bis in das Mittelhirn und in verschiedene Abschnitte des Vorderhirns, so z. B. in den Thalamus, in Strukturen des limbischen Systems (z. B. in die Amygdala und den Hippocampus) und in den Frontallappen der Großhirnrinde. Die Zielzellen des serotonergen Systems unterscheiden sich dabei hinsichtlich ihrer Ausstattung mit spezifischen Serotonin-Rezeptoren. Über das Andocken an verschiedene Rezeptoren kann Serotonin sowohl erregend als auch hemmend auf die Zielzellen wirken und so recht unspezifische beziehungsweise komplexe Wirkungen entfalten. Serotonin ist unter anderem an der Regulation des Schlaf-Wach-Rhythmus, der Nahrungsaufnahme, des Sexualverhaltens sowie der Schmerzwahrnehmung, der Beurteilung vor allem positiver emotionaler Erlebnisse und am Stressmanagement beteiligt. Außerhalb des Nervensystems fungiert Serotonin zudem als Gewebehormon, u. a. im Herz-Kreislauf-System, im Verdauungstrakt und bei der Blutgerinnung.

Macht Serotonin wirklich glücklich? – Psychopharmakologische Aspekte In der populärwissenschaftlichen Literatur wird Serotonin oft als „Glückshormon" bezeichnet. Diese Bezeichnung beruht vor allem auf einer Entdeckung des Schweizer Psychiaters Roland Kuhn im Jahr 1957. Kuhn verabreichte depressiven Patienten die vom Pharmazieunternehmen Geigy entwickelte Substanz Imipramin und beobachtete bei einem gewissen Prozentsatz der Patienten eine deutliche Stimmungsaufhellung. Später konnte gezeigt werden, dass die aufgrund ihrer chemischen Struktur – nämlich drei ringförmig angeordnete Kohlenstoffeinheiten – trizyklische Antidepressiva genannten Substanzen ihre Wirksamkeit über eine Hemmung der Wiederaufnahme von Serotonin aus dem synaptischen Spalt entfalten. Serotonin kann dann länger an den entsprechenden Rezeptoren der postsynaptischen Membran gebunden bleiben und könnte so zu der beobachteten erhöhten positiven emotionalen

Gestimmtheit führen. Basierend auf diesen Beobachtungen wurde vermutet, dass depressiven Erkrankungen ein genereller Mangel an Serotonin im Zentralnervensystem zugrunde liege (Coppen, 1967). Serotonin wird im menschlichen Körper über eine Zwischenstufe aus der Aminosäure Tryptophan gebildet, also nicht direkt über die Nahrung aufgenommen. Tryptophan ist in Lebensmitteln wie z. B. Cashew- und Erdnüssen, Hülsenfrüchten, Kakao und Käse enthalten. Über einen Aminosäuretransporter kann Tryptophan die Blut-Hirn-Schranke passieren und im Gehirn dann in Serotonin umgewandelt werden. Wird nun durch eine spezielle Ernährung der Tryptophanspiegel im Blut moduliert, kann dies zu einer veränderten Serotoninkonzentration im Gehirn und damit zur Beeinflussung der emotionalen Gestimmtheit führen. So haben Studien z. B. gezeigt, dass eine tryptophanfreie Diät Rückfälle hinsichtlich der emotionalen Befindlichkeit von genesenen Patienten, die zuvor an einer depressiven Symptomatik litten, provozieren kann (Miller et al., 1992, Hayward et al., 2005). In gesunden Probanden, die zudem keine Risikofaktoren für die Entstehung einer Depression aufwiesen, bewirkte eine solche tryptophanfreie Diät dagegen keine Verschlechterung der emotionalen Befindlichkeit (Ruhe et al., 2007). Weiterhin zeigten positronenemissionstomographische (PET) Untersuchungen zum Rezeptorbindungsverhalten von radioaktiv markiertem Serotonin eine verringerte Bindung des Neurotransmitters an den A1-Subtyp des Serotoninrezeptors im Hippocampus, der Amygdala und den Raphekernen bei Patienten mit diagnostizierter Depression im Vergleich zu gesunden Probanden (Drevets et al., 1999). Allerdings blieb die reduzierte Rezeptorbindung auch nach Abklingen der depressiven Symptomatik bestehen. Isoliert betrachtet stellen die Konzentration von Serotonin im Zentralnervensystem und dessen Bindung an die entsprechenden Rezeptoren also mitnichten ein erschöpfendes Modell zur Vorhersage unserer emotionalen Gestimmtheit dar (Cowen & Browning, 2015).

Die Rolle des Immunsystems Neuere Untersuchungen weisen zudem auf einen Zusammenhang zwischen dem Status des Immunsystems und dem Auftreten depressiver Symptome hin (einen Überblick geben z. B. Dantzer et al., 2008). Verletzungen, Infektionen mit Bakterien oder Viren, Allergien, Autoimmunerkrankungen wie die Rheumatoide Arthritis, Krebserkrankungen aber auch akuter sozialer Stress führen über einen Anstieg der Konzentration bestimmter Botenstoffe, der sogenannten Interleukine, zu einer Aktivierung des Immunsystems (siehe auch *Psychische Erkrankungen und Immunsystem,* Abschn. 6.3). Nun gelangen diese Interleukine auf verschiedenen Wegen auch in das zentrale Nervensystem. In Tiermodellen konnte gezeigt werden, dass Interleukine im zentralen Nervensystem die Produktion von membranständigen Proteinen erhöhen, die für die Wiederaufnahme des

4.5 Die Weiterleitung von An-Zuständen: Synapsen und Neurotransmitter

Neurotransmitters Serotonin aus dem synaptischen Spalt in die Nervenzelle zuständig sind. Infolgedessen verringert sich die Verfügbarkeit von Serotonin an der postsynaptischen Membran (Miller & Raison, 2016). Dieser Mechanismus trägt möglicherweise zur erhöhten Prävalenz für das Auftreten von Depressionen bei körperlich erkrankten Menschen bei. Betrachten wir nun den Zusammenhang zwischen der Aktivierung des Immunsystems und dem Auftreten von Depressionen einmal unter phylogenetisch-evolutionären Gesichtspunkten: Warum sollte sich im Verlaufe der menschlichen Stammesgeschichte ein solcher Zusammenhang entwickelt haben? Eine mögliche Antwort auf diese Frage schlagen Raison und Miller (2013) mit ihrer „Pathogene Defense Hypothese der Depression" vor. Menschen, die auf einen Pathogen-Kontakt oder auf körperliche Verletzungen mit einer starken Aktivierung des Immunsystems und mit depressiver Symptomatik, also z. B. mit sozialem Rückzug reagierten, könnten selbst höhere Überlebenschancen gehabt und zudem Angehörige ihrer Stammesgruppe vor Ansteckung geschützt haben (vgl. die phylogenetisch-evolutionäre Richtung der Biopsychologie, Abschn. 1.2).

(2) Dopaminsysteme
Allgemeiner Aufbau und Funktion. Ein anderer wichtiger Neurotransmitter ist Dopamin. Die komplexe Wirkung von Dopamin hängt, wie schon für den Neurotransmitter Serotonin beschrieben, von der Ausstattung der Zielzellen mit spezifischen metabotropen Rezeptoren ab. So führt die Bindung von Dopamin an die Rezeptortypen D1 und D5 über die Aktivierung einer cAMP-vermittelten Signalkaskade zur Auslösung exzitatorischer postsynaptischer Potenziale, d. h. zu einer Aktivierung der Zielzelle. Dopaminbindung an die Rezeptortypen D2-4 führt dagegen zur Deaktivierung dieser Signalkaskade und damit zur Auslösung inhibitorischer postsynaptischer Potenziale, also zur Hemmung der Zielzelle. Spezifische Enzyme im synaptischen Spalt – die Monoaminooxidasen – begrenzen die zeitliche Wirkung des Dopamins durch dessen raschen Abbau. Durch eine medikamentöse Beeinflussung der enzymatischen Wirkung der Monoaminooxidasen kann die dopaminerge Aktivität beeinflusst werden. Es gibt zwar nur relativ wenige Neurone, die Dopamin verwenden, doch lassen sich im Zentralnervensystem verschiedene Dopamin-Subsysteme unterscheiden, deren spezielle Funktionen wir uns im Folgenden anschauen wollen.

Das mesostriatale Dopaminsystem steht im Dienst der Motorik Die Zellkörper der dopaminergen Neurone des mesostriatalen Systems liegen in der im Mittelhirn lokalisierten Substantia nigra. Von dort ausgehend senden diese Neurone Projektionen in subkortikale Hirnstrukturen, die im Dienste der willkürlichen Bewegungssteuerung stehen, nämlich in die Basalganglien. Die komplexe Verschaltung von hemmenden und erregenden dopaminergen Projektionen zwischen der Substantia nigra und verschiedenen Anteilen der Basalganglien ermöglicht die Feinsteuerung von Bewegungsimpulsen, die über den Thalamus an den motorischen Kortex weitergegeben werden. Wir werden in einem der nachfolgenden Abschnitte genauer auf Störungen der Informationsweiterleitung im mesostriatalen Dopaminsystem, wie sie z. B. bei der Parkinson-Erkrankung auftreten, und auf entsprechende psychopharmakologische Interventionen eingehen.

Das mesokortikale und das mesolimbische Dopaminsystem Weitere Dopamin-Subsysteme betreffen dopaminerge Verbindungen zwischen Substantia nigra und präfrontalem Kortex (mesokortikales System) und Substantia nigra und limbischem System (mesolimbisches System). Das mesokortikale und das mesolimbische Dopamin-Subsystem sind v. a. an der Regulation komplexer psychischer Funktionen wie Aufmerksamkeit, soziales Verhalten, Motivation und Belohnungserwartung beteiligt. Es gibt Hinweise darauf, dass Überaktivierungen in diesen beiden Subsystemen eine Rolle bei der Entstehung der Schizophrenie, der Aufmerksamkeitsdefizit-Hyperaktivitätsstörung (ADHS) sowie von Suchterkrankungen spielen.

Psychopharmakologische Aspekte von Dopamin Im Jahr 2000 erhielt der schwedische Pharmakologe Arvid Carlsson den Nobelpreis für Physiologie oder Medizin für seine in den 50iger Jahren des 20. Jahrhunderts gemachte Entdeckung der Bedeutung des Dopamins als Neurotransmitter im zentralen motorischen System. Carlsson hatte Kaninchen mit der aus Pflanzen gewonnenen Substanz Reserpin behandelt. Reserpin bewirkt u. a., dass in den synaptischen Spalt freigesetztes Dopamin nicht wieder in die präsynaptische Zelle aufgenommen werden kann. In hoher Dosierung eingesetzt werden dadurch die Dopaminspeicher geleert und das dopaminerge System quasi stillgelegt. Die so behandelten Tiere waren nun nicht mehr in der Lage koordinierte Bewegungen auszuführen. Carlsson erkannte, dass diese Symptomatik der beim Menschen auftretenden Parkinson-Erkrankung ähnelte. Und tatsächlich konnte später gezeigt werden, dass bei der Parkinson-Erkrankung dopaminerge Neurone des mesostriatalen Systems fortschreitend degenerieren. Durch die Reduktion bzw. den kompletten Ausfall der dopaminergen Projektionen zwischen Mittelhirn und den Basalganglien kommt es zu den für die Parkinson-Erkrankung typischen Störungen in der Bewegungsinitiierung und Bewegungssteuerung. Die Hauptsymptome Rigor (Steifheit, Starre), Tremor (Muskelzittern) und Akinese (Bewegungshemmung) werden auch als Parkinson-Trias bezeichnet. Dieses scheinbar paradoxe Symptombild aus zum einen verstärkter Hemmung von Bewegungen

4.5 Die Weiterleitung von An-Zuständen: Synapsen und Neurotransmitter

(Rigor, Akinese) und zum anderen überschießender Aktivierung (Tremor) beruht dabei auf der bereits angeführten sowohl aktivierenden als auch hemmenden Wirkung von Dopamin auf verschiedene Teilstrukturen der Basalganglien.

L-Dopa, ein Parkinson-Medikament Es lag nahe, die durch den Dopaminmangel verursachte Symptomatik durch eine medikamentöse Substitution lindern zu wollen. Wie bereits in Abschn. 3.4 beschrieben wurde, kann Dopamin aufgrund seiner chemischen Struktur die Blut-Hirn-Schranke nicht passieren, weshalb eine direkte Dopamin-Substitution nicht so einfach möglich ist. Carlsson setzte stattdessen L-Dopa, die direkte Vorstufe des Dopamins in der im Körper ablaufenden Dopamin-Biosynthese, ein. L-Dopa kann die Blut-Hirn-Schranke passieren. Nun kommt allerdings das für die Umwandlung von L-Dopa in Dopamin verantwortliche Enzym nicht nur im Zentralnervensystem, sondern im gesamten Körper vor. L-Dopa würde also schon, bevor es überhaupt sein Zielgebiet im Gehirn erreicht hat, in Dopamin umgewandelt werden. Um diese vorzeitige Umwandlung zu verhindern, wird L-Dopa in Kombination mit einer das betreffende Enzym zur Dopamin-Synthese hemmenden Substanz verabreicht. Diese Substanz blockiert lediglich die Dopamin-Synthese außerhalb des Gehirns, da sie nun wiederum aufgrund ihrer chemischen Eigenschaften nicht durch die Blut-Hirn-Schranke gelangt. Das medikamentös verabreichte L-Dopa erreicht so das Gehirn, wird dort in Dopamin umgewandelt und kompensiert den durch den Untergang striataler Neuronen verursachten Dopaminmangel. Bei der medikamentösen Therapie mit Dopamin-Vorstufen zur Behandlung der Parkinson-Erkrankung muss allerdings beachtet werden, dass die systemische Applikation der Medikamente auch zu unerwünschten Nebenwirkungen führen kann. Während die L-Dopa-Gabe im beeinträchtigten mesostriatalen System zu einer Normalisierung des Dopaminspiegels führt, kommt es in den eigentlich funktionierenden anderen dopaminergen Subsystemen, dem mesokortikalen und mesolimbischen System, zu einem ungewollten Anstieg des Dopaminspiegels. Die Überaktivierung in diesen beiden Systemen wird wie bereits angesprochen mit dem Auftreten von für schizophrene Störungen charakteristischen Symptomen wie Wahnvorstellung oder Halluzinationen in Zusammenhang gebracht. Bei der pharmazeutischen Entwicklung von Parkinson-Medikamenten ist also darauf zu achten, dass die Auslösung von schizophrenie-ähnlichen Symptomen vermieden wird. Umgekehrt müssen bei der Verabreichung von Schizophrenie-Medikamenten unerwünschte Nebenwirkungen auf das Bewegungssystem vermieden werden.

Dopamin belohnt Dopamin spielt eine wichtige Rolle beim Lernen durch Belohnung. Meistern Sie z. B. erfolgreich eine schwierige Kletterroute oder erzielen eine sehr gute Note in einer Prüfung, dann wird im ventralen Tegmentum (einem Teil des Mittelhirns) Dopamin ausgeschüttet und wirkt als positiver Verstärker. Dadurch werden Verhaltensweisen stabilisiert, die mit dem ausgelösten Glücksgefühl assoziiert sind. Der Konsum verschiedenster Drogen (Kokain, Opium, Heroin, Alkohol, Nikotin) fördert die dopaminerge Aktivität. Die dadurch ausgelösten Gefühle von Glück, Euphorie und Wohlbefinden erklären das hohe Suchtpotenzial dieser Drogen (Volkow et. al 2019).

(3) Das cholinerge System
Allgemeiner Aufbau und Funktion. Neurone des cholinergen Systems nutzen den Neurotransmitter Acetylcholin zur Informationsübertragung. Im Gehirn finden wir cholinerge Neurone weit verbreitet, vor allem im Striatum, dem Thalamus und in subkortikalen Kerngebieten des Vorderhirns, von denen Projektionen zum Kortex, zum Hippocampus und zur Amygdala gesendet werden. Cholinerge Neurone sind an Prozessen der Gedächtnisbildung, der Steuerung der Aufmerksamkeit und der Regulation des Aktivierungszustandes des Organismus beteiligt. Außerhalb des Zentralnervensystems agiert Acetylcholin zudem als Neurotransmitter bei der Übertragung von Impulsen motorischer Nerven an die Muskeln des Bewegungsapparates und bei der Regulation von Funktionen des vegetativen Nervensystems (z. B. Herz- und Magen-Darm-Tätigkeit, Regulation der Aktivität der Schweißdrüsen). Bereits 1921 konnte der Mediziner, Physiologe und spätere Nobelpreisträger Otto Loewi mit einer cleveren experimentellen Anordnung nachweisen, dass die Informationsübertragung zwischen Neuronen und Muskelzellen auf eine chemische Substanz zurückzuführen sein muss. Loewi reizte den zum parasympathischen vegetativen Nervensystem gehörenden Nervus vagus eines isoliert in einer Nährlösung schlagenden Froschherzens. Erwartungsgemäß führte diese Stimulation zu einer Verlangsamung der Frequenz des Herzschlages. Damit war allerdings noch nicht geklärt, ob die Signalübertragung zwischen Nervus vagus und Herzmuskel auf elektrischem oder chemischem Weg erfolgt war. Loewi inkubierte nachfolgend in der Nährlösung, in der sich das stimulierte Herz befunden hatte, ein weiteres Froschherz, bei dem er zuvor den Nervus vagus entfernt hatte. Und doch zeigte sich nun auch für das unstimulierte Herz eine deutliche Verlangsamung der Herzfrequenz. Loewi schlussfolgerte, dass die elektrische Reizung des Nervus vagus zur Freisetzung einer chemischen Substanz geführt haben musste, die dann auf die Herzmuskelzellen einwirkte (Loewi & Navratil, 1926). Damit war das Prinzip der Signalübertragung an chemischen Synapsen entdeckt.

Botulinustoxin blockiert die Freisetzung von Acetylcholin Das extrem starke Gift Botulinustoxin wird durch das sich vor allem in verdorbenen Lebensmittelkonserven entwickelnde Bakterium Clostridium botulinum gebildet. Das Toxin schleust

4.5 Die Weiterleitung von An-Zuständen: Synapsen und Neurotransmitter

sich in cholinerge Nervenzellen ein und bindet dort an die mit Acetylcholin gefüllten synaptischen Vesikel. Diese Bindung verhindert, dass beim Einlaufen eines Aktionspotenzials in die Nervenzelle, die Vesikel mit der präsynaptischen Membran verschmelzen und das Acetylcholin in den synaptischen Spalt freisetzen. Durch die blockierte Acetylcholinfreisetzung im neuromuskulären System kommt es zu (tödlichen) Lähmungen der Muskulatur. In sehr geringen Dosen findet das Toxin Anwendung als Medikament bei Muskelkrämpfen. Zudem wird es im kosmetischen Bereich zur Glättung von Mimikfalten eingesetzt (Botox-Behandlung).

Subtypen von Acetylcholinrezeptoren spezifizieren die Wirkung des Transmitters
Die Zielzellen cholinerger Signalübertragung besitzen Acetylcholinrezeptoren, die anhand ihrer Passung in Bezug auf verschiedene Pflanzeninhaltsstoffe unterschieden werden. So finden wir im Bewegungsapparat aber auch im Gehirn Acetylcholinrezeptoren, die als Natrium-Ionenkanäle fungieren und damit eine erregende Wirkung auf die Zielzelle ausüben. An diesen Rezeptortyp bindet auch das im Tabak enthaltene Nikotin, das eine vergleichbare Wirkung wie das Acetylcholin selbst hervorrufen kann. Nikotin wird daher auch als Acetylcholin-Agonist und der entsprechende Rezeptor als nikotinerger Acetylcholinrezeptor bezeichnet. Bei Vergiftungen mit Nikotin kommt es zu einer Überaktivierung cholinerger Signalübertragung, was sich in zentralnervösen Krämpfen und Lähmungen der Atem- und Herzmuskulatur äußert. Die in verschiedenen südamerikanischen Pflanzen enthaltene Substanz Curare dagegen verhindert durch eine Blockade des Rezeptors die cholinerge Übertragung und wird daher als Acetylcholin-Antagonist bezeichnet. Indigene südamerikanische Stämme nutzten Curare als Pfeilgift, da dieses zu einer Lähmung der Muskulatur der gejagten Tiere führt. Neben dem nikotinergen (ionotropen) Acetylcholinrezeptor existieren verschiedene metabotrope Acetylcholinrezeptoren im Gehirn und im vegetativen Nervensystem, die ihre je nach Subtyp erregende oder hemmende Wirkung über die Aktivierung von G-Protein-gekoppelten Signalkaskaden ausüben. Muscarin, eine Substanz, die in Fliegen- und Risspilzen vorkommt, wirkt an diesen Rezeptoren als Agonist des Acetylcholins. Die Rezeptoren werden demnach als muscarinerge Acetylcholinrezeptoren klassifiziert. Muscarin führt bei Vergiftungen zu ausgeprägten parasympathischen Symptomen wie Übelkeit, Schweißausbruch, Pupillenverengung und Verminderung der Herzfrequenz aber auch zu zentralnervösen Symptomen wie Unruhe und Halluzinationen. Muscarin-Vergiftungen können u. a. mit dem aus der Tollkirsche *(Atropa belladonna)* gewonnenen Acetylcholin-Antagonisten Atropin behandelt werden. Hier sei auch noch einmal erwähnt, dass *Atropa belladonna* schon vor Jahrhunderten dazu eingesetzt wurde, eine besondere Weitstellung der Pupillen zu erzeugen

und damit die wahrgenommene Attraktivität der betreffenden Anwender und Anwenderinnen zu erhöhen (siehe Pupillometrie: Bestimmung der Pupillengröße, Abschn. 2.3).

Das zentrale cholinerge System ist bei der Alzheimer-Erkrankung beeinträchtigt Die cholinerge Hypothese der Alzheimer-Erkrankung geht auf Befunde zurück, denen zufolge Gedächtnisfunktionen durch eine Blockierung des cholinergen Systems beeinträchtigt bzw. durch dessen Aktivierung verbessert werden können (Bartus et al., 1982). Zudem konnte gezeigt werden, dass in den Gehirnen verstorbener Alzheimer-Patienten die Aktivität des an der Biosynthese des Acetylcholins entscheidend beteiligten Enzyms Cholinacetyltransferase umso geringer ausfiel, je höher die Anzahl der für diese Erkrankung typischen Proteinablagerungen im Vorderhirn war (Davies & Maloney, 1976). Diese Befunde legen nahe, dass Symptome neurodegenerativer Erkrankungen mit cholinerger Beteiligung durch den Einsatz von Medikamenten, die aktivierend auf dieses System einwirken, gelindert werden können. Acetylcholin wird nach seiner Freisetzung in den synaptischen Spalt recht schnell durch das Enzym Acetylcholinesterase gespalten und dadurch inaktiviert. Das Prinzip der zeitlichen Begrenzung von Transmitterwirkungen durch deren Abbau im synaptischen Spalt hatten wir schon am Beispiel der Dopamin abbauenden Monoaminooxidasen kennengelernt. Über eine medikamentöse Hemmung der Aktivität der Acetylcholinesterase (z. B. durch Donepezil oder Rivastigmin) kann nun versucht werden, die Wirkung des ausgeschütteten Acetylcholins zu verlängern und somit leichte bis mittelgradige dementielle Symptome zu lindern (Soreq & Seidman, 2001). Natürlich vorkommende Acetylcholinesterasehemmer finden sich z. B. als Inhaltsstoffe bestimmter Blaualgen oder im Gift der Grünen Mamba.

Die Exposition mit Acetylcholinesterasehemmern scheint an der Entstehung des Gulf War Syndroms beteiligt zu sein Schon Mitte des 20. Jahrhunderts wurden Acetylcholinesterasehemmer synthetisch hergestellt und als Insektizide (E605) oder chemische Kampfstoffe (Sarin, Tabun) eingesetzt. Veteranen der US-amerikanischen Streitkräfte, die im Golfkrieg 1991 hohen Konzentrationen an Insektiziden ausgesetzt waren, zeigten nachfolgend u. a. Beeinträchtigungen kognitiver Funktionen wie des Gedächtnisses und der Aufmerksamkeit. Es wird vermutet, dass der durch die Beteiligung an Kampfhandlungen verursachte psychische Stress zu einer erhöhten Durchlässigkeit der Blut-Hirn-Schranke führte, was eine verstärkte Einwirkung der Acetylcholinesterasehemmer auf das zentrale cholinerge System bedingte und so die beobachteten Langzeitschäden im kognitiven Bereich verursachte (Kaufer et al., 1998; Sapolsky, 1998).

4.6 Der Aufbau von Information in neuronalen Netzwerken

Einfache und komplexe Teilleistungen werden durch neuronale Netzwerke realisiert Wir haben in diesem Kapitel bisher dargestellt, dass die elektrische Erregung auf Nervenzellebene und die Übertragung dieser Erregung zwischen einzelnen Neuronen die Grundlage der neuronalen Informationsverarbeitung bildet. Die uns interessierenden Informationsverarbeitungsprozesse, die unser Erleben und Verhalten bedingen, kommen durch das Zusammenspiel vieler Neurone zustande. Man spricht dabei von neuronalen Netzwerken, durch deren computationale Prozesse bestimmte Teilleistungen ermöglicht werden. Solche Teilleistungen können auf unterschiedlichen Ebenen angesiedelt sein, beispielsweise auf der Ebene der visuellen Wahrnehmung oder der Ebene des Verstehens von Sprache. Ein Beispiel für die Wahrnehmungsebene ist das dreidimensionale Sehen. Unsere Augen sind mit in der Netzhaut des Auges lokalisierten lichtempfindlichen Sinneszellen ausgestattet, die die Übertragung von optischer Information in neuronale Signale leistet. Die Netzhaut selbst weist allerdings nur eine zweidimensionale Struktur auf. Das bedeutet, dass die Information über die Position visueller Objekte im dreidimensionalen Raum erst berechnet werden muss. Konkret erfolgt diese Berechnung unter Nutzung unterschiedlicher Signale – unter anderem der Kombination der leicht verschobenen korrespondierenden Erregungsverteilungen auf den beiden Netzhäuten (Querdisparation) im zentralen visuellen System. Ein anderes Beispiel für eine Teilleistung auf der Wahrnehmungsebene stellt die Berechnung von Kontrasten benachbarter Flächen unterschiedlicher Farbe oder Helligkeit dar. Beispiele für Teilleistungen auf höherer kognitiver Ebene wären etwa die Fähigkeit Schach spielen zu können oder gesprochene Sprache zu verstehen. Aufgrund der hohen Komplexität der zugrunde liegenden Informationsverarbeitungsprozesse sind diese Teilleistungen auf höheren kognitiven Ebenen noch nicht so detailliert untersucht. Wissenschaftliche Disziplinen wie die Kognitionswissenschaft, die Neuroinformatik, die Künstliche Intelligenz, die Computationale Neurowissenschaft, die Kybernetik und die Robotik befassen sich mit unterschiedlichen Herangehensweisen und auf unterschiedlichen Analyseebenen mit dem Zustandekommen solcher Leistungen.

Räumliche und zeitliche Bahnung bestimmen darüber, ob ein Neuron feuert Letztendlich kommen bei der Realisierung solcher Leistungen bestimmte Prinzipien neuronaler Verschaltung zum Tragen, von denen hier einige angesprochen werden. Wie bereits erwähnt, summieren sich gleichzeitig an verschiedenen räumlich benachbarten Synapsen erzeugte EPSPs und IPSPs. Wenn die Summe an eingehenden EPSP und IPSP ausreicht, um ein Aktionspotenzial auszulösen, spricht man von räumlicher Bahnung. Analog summieren sich auch EPSPs und IPSPs, die zeitverzögert ausgelöst worden sind. Wenn der zeitliche Überlappungsbereich der postsynaptischen Potenziale groß genug ist, kann es zu zeitlicher Bahnung kommen. In der Regel konvergieren viele Neurone auf ein nachgeschaltetes Neuron. Die Summe der dabei erzeugten EPSPs und IPSPs bestimmt, ob dieses Neuron letztlich aktiv wird oder nicht. Auf diese Weise wird der Informationsfluss zwischen den Zellen gesteuert und es können komplexe, über viele Zellen verteilte Aktivierungsmuster entstehen. Diese komplexen Aktivierungsmuster des neuronalen Systems repräsentieren komplexe Zustände in anderen Systemen, beispielsweise im mentalen System.

Neurone können rückwärts hemmen und verhindern dadurch ein Überschießen der Aktivierung Bisher haben wir diese Erregungsausbreitung aus der Perspektive eines Zielneurons betrachtet, das über die synaptische Übertragung eine Erregung oder Hemmung durch vorangeschaltete Neuronen erfährt. Nun wollen wir die synaptische Ebene und die Ebene innerhalb eines Neurons verlassen und die Kommunikation zwischen Neuronen am Beispiel von Hemmungsprozessen betrachten. Eine Form der Hemmung ist die Rückwärtshemmung (feedback inhibition). Dabei bewirkt die erhöhte Aktivierung eines Ausgangsneurons, dass ein von ihm innerviertes Interneuron mehr Aktionspotenziale generiert. Dieses Interneuron wiederum wirkt nun hemmend auf das Ausgangsneuron zurück und drosselt so dessen Aktivität, ähnlich wie ein Thermostat die Temperatur reguliert. So kann eine fein abgestimmte Weiterleitung von Informationen erfolgen und das Auftreten überschießender Reaktionen verhindert werden. Solche Verschaltungen werden beispielsweise auf Rückenmarksebene durch die sogenannten Renshaw-Interneurone realisiert, die durch ihre Aktivität dafür sorgen, dass wir den zum Stehen und Gehen erforderlichen Muskeltonus erzeugen.

Neurone können vorwärts hemmen und „schärfen" dadurch die Aktivierung Bei der Vorwärtshemmung (feedforward inhibition) wirkt die Aktivierung vorgeschalteter Neurone dämpfend auf den Aktivierungszustand der nachgeschalteten Verarbeitungsebene. Vorwärtshemmung verhindert, dass sich die räumliche und zeitliche Erregbarkeit von exzitatorisch wirkenden Verbindungen auf der nachgeschalteten Ebene zu stark ausbreitet. Über diesen Mechanismus wird in sensorischen Systemen das sogenannte „tuning" von Neuronen, eine Art Feinabstimmung zur bevorzugten Verarbeitung spezifischer sensorischer Information, realisiert.

4.6 Der Aufbau von Information in neuronalen Netzwerken

Neurone können seitwärts hemmen und ermöglichen dadurch eine Akzentuierung der Information Schließlich sei noch kurz die laterale Hemmung (lateral inhibition) erwähnt. Bei dieser Art der Verschaltung hemmt ein aktiviertes Neuron über ein Interneuron die benachbarten Neurone auf derselben Verarbeitungsebene. Die benachbarten Neurone hemmen ihrerseits ihre Nachbarn. Da die stärker aktivierten Neurone ihre Nachbarneurone stärker hemmen als die weniger stark aktivierten Neurone, ergibt sich an Übergangsbereichen (z. B. von Hell zu Dunkel) eine Kontrastverstärkung (siehe Abb. 4.3). Dieses Prinzip der lateralen Hemmung wird überall im Nervensystem genutzt und bewirkt eine Akzentuierung der Information. In der visuellen Wahrnehmung ist diese Art der Hemmung beispielsweise bereits auf der Ebene der Ganglienzellen in der Netzhaut realisiert.

Neuronale Plastizität ermöglicht Lernen Der Aufbau von neuronalen Aktivierungsmustern ist nicht nur von der aktuellen Stimulation abhängig. Wenn dem so wäre,

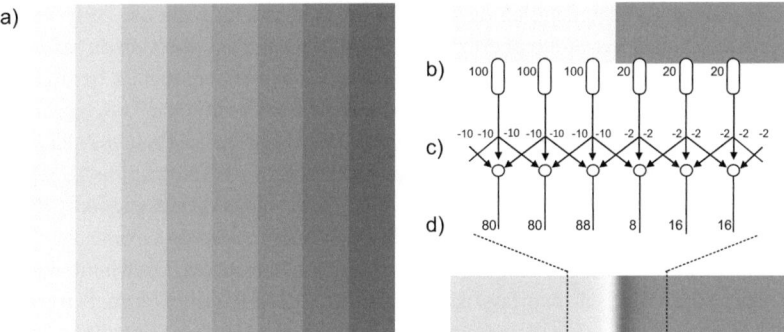

Abb. 4.3 Die benachbarte Darstellung von Streifen unterschiedlicher Helligkeitswerte führt üblicherweise zur Wahrnehmung von Kontrastverstärkungen in den Übergangsbereichen zweier Streifen (**a**). Das Phänomen wurde nach dem Physiker Ernst Mach (1838–1916) benannt (Mach-Bänder). Diese „Wahrnehmungstäuschung" entsteht durch eine Überbetonung der Kontraste, die durch das neuronale Prinzip der lateralen Hemmung hervorgerufen wird, wie rechts schematisch dargestellt ist: **b)** Lichtsinneszellen werden in Abhängigkeit von der Helligkeit der Streifen erregt; **c)** bereits auf Ebene der Netzhaut findet eine Hemmung der eingehenden Signale statt (symbolisiert durch die Pfeile), die vom Ausmaß der Aktivierung der benachbarten Lichtsinneszellen abhängig ist; **d)** dies führt zu einer Verstärkung der Kontraste an den Kanten benachbarter Mach-Bänder. Die Zahlen in der Abbildung symbolisieren die Aktivierung von Lichtsinneszellen und die Aktivierung der nachgeschalteten Ganglienzellen nach Gewichtung mit einem Hemmungsfaktor (im Beispiel 0,1; Abbildung von Sabine Grimm, Universität Leipzig)

wäre ja kein Lernen möglich und man hätte kein Gedächtnis. Tatsächlich weist das Nervensystem auf unterschiedlichen Zeitskalen eine erhebliche Plastizität auf. Der in Wien gebürtige US-amerikanische Neurowissenschaftler Eric Kandel erforschte an der Meeresschnecke Aplysia neuronale Grundlagen der erfahrungsabhängigen Änderung von Verhalten. Das Nervensystem der Aplysia enthält etwa 10.000 leicht zugängliche Neurone, die zu den größten bekannten Zellen im Tierreich gehören. Dadurch eignet sich die Aplysia als Modellorganismus zur Untersuchung der Aktivität einzelner Neurone und deren Interaktionen. Im Jahr 2000 wurde Eric Kandel (zusammen mit Arvid Carlsson and Paul Greengard) mit dem Nobelpreis für Physiologie oder Medizin ausgezeichnet. Kandels Forschungen ermöglichten, wichtige Lernvorgänge wie Habituierung (habituation) und Sensitivierung (sensitization) auf zellulärer beziehungsweise synaptischer Ebene zu verstehen.

Habituation trennt Wichtiges von Unwichtigem Unter Habituierung beziehungsweise Habituation versteht man die Abschwächung bzw. das Ausbleiben einer Reaktion nach wiederholter Präsentation eines für den Organismus nicht bedrohlichen Reizes, der anfänglich diese Reaktion auslöste. Im Falle der Aplysia führt die Berührung einer Stelle oberhalb der Kiemen dazu, dass die Kiemen reflexartig zurückgezogen werden. Wenn die Kiemen mehrmals hintereinander berührt werden, reduziert sich dieser Reflex dramatisch. Der Effekt kann sogar Tage bis Wochen andauern. Der bekannte Verhaltensforscher Konrad Lorenz (1903–1989), der 1973 (zusammen mit Karl von Frisch und Nikolaas Tinbergen) den Nobelpreis für Physiologie oder Medizin für die Forschung zum Aufbau und der Auslösung individueller und sozialer Verhaltensmuster erhielt, hat die Habituation als Lernmechanismus verstanden, der wichtige von unwichtiger Information trennt. Die Habituation ist hochgradig spezifisch und lässt sich nicht durch Reduktion der Erregbarkeit der beteiligten sensorischen Ausgangszelle oder der motorischen Zielzelle erklären. Vielmehr sind Veränderungen an der synaptischen Übertragung für diese Art des Lernens verantwortlich. Bei der Habituation werden nämlich die Kalzium-Kanäle in der präsynaptischen Membran des sensorischen Neurons, die die Ausschüttung des Neurotransmitters Glutamat ermöglichen, deaktiviert. Die synaptische Übertragung wird so gehemmt bzw. sogar blockiert. Längerfristig folgt daraus sogar eine Reduktion der Zahl der Synapsen. Kurzfristig finden also leicht reversible synaptische Veränderungen statt und langfristig schwerer reversible zelluläre Umbauprozesse.

Sensitivierung baut Gedächtnis auf Bei der Sensitivierung nimmt umgekehrt die Reaktion auf die spezifische Stimulation zu. Bei der Aplysia wird das dadurch erreicht, dass zusammen mit einem normalen Berührungsreiz der Haut zusätzlich ein schmerzhafter Reiz verabreicht wird. Auch die Sensitivierung kann entweder

4.6 Der Aufbau von Information in neuronalen Netzwerken

nur kurz andauern oder, bei mehrfacher gleichzeitiger Applikation von Berührungs- und Schmerzreiz, über mehrere Wochen anhalten. Bei der Sensitivierung handelt es sich also um den Aufbau von (Kurzzeit-)Gedächtnis. Realisiert wird dies über eine Verschaltung der beiden Neurone, die die Information über das Eingehen eines Berührungs- bzw. Schmerzreizes verarbeiten. Das den Schmerzreiz verarbeitende Neuron fungiert als Interneuron und moduliert so die Stärke der synaptischen Übertragung zwischen dem sensorischen Neuron, das den Berührungsreiz verarbeitet, und dem Motoneuron, das den Kiemenrückzug steuert. Bei Eintreffen eines Schmerzreizes schüttet das Interneuron den Neurotransmitter Serotonin aus. Dieses bindet an spezifische Rezeptoren der präsynaptischen Membran des sensorischen Neurons und setzt dadurch eine Signalkaskade in Gang: Die vermehrte Produktion eines sekundären Botenstoffs (cyclisches Adenosinmonophosphat, cAMP) im sensorischen Neuron führt zur Aktivierung eines Enzyms (Proteinkinase A, PKA), das die Kalium-Kanäle in der Membran blockiert. Wenn jetzt nahezu gleichzeitig das sensorische Neuron durch einen Berührungsreiz erregt wird, kommt es, wie bereits bei der Habituation beschrieben, zur Ausschüttung des Neurotransmitters Glutamat. Durch die Blockade der Kalium-Kanäle in der präsynaptischen Membran dauert nun jedoch die Depolarisation der Membran länger an. Glutamat wird also verstärkt freigesetzt. Bei der langfristigen Sensitivierung werden über die PKA im Zellkern bestimmte Gene (z. B. CREB [cAMP response element-binding protein]) aktiviert. Die durch diese Gene kodierten Proteine bedingen dann die Synthese weiterer Proteine, die an der Ausbildung zusätzlicher synaptischer Verbindungen beteiligt sind. Als Resultat ergibt sich eine längerfristige Speicherung der Information über die Kopplung von Berührungs- und Schmerzreiz. Das heißt am Beispiel der Aplysia, die verstärkte Auslösbarkeit des Kiemenrückzugsreflexes auf den Berührungsreiz bleibt lange erhalten.

Die Hebbsche Regel Dieses Prinzip des Lernens in neuronalen Netzwerken auf synaptischer Ebene wurde bereits 1949 von dem Psychologen Donald Hebb (1904–1984) formuliert. Gemäß der nach ihm benannten Regel kommt es bei der wiederholten Auslösung von Aktionspotenzialen in der Zielzelle B durch das Axon der Ausgangszelle A zu Wachstumsprozessen oder metabolischen Veränderungen in wenigstens einer dieser Zellen. Dies erhöht die Effektivität mit der die Zelle A die Zelle B aktivieren kann.

Langzeitpotenzierung als Lern- und Gedächtnismechanismus Gut erforscht ist dieses Prinzip bei der so genannten Langzeitpotenzierung (long-term potentiation, LTP) im Hippocampus von Wirbeltieren. Wenn eine Nervenzelle in der CA1 Region des Hippocampus (siehe Abschn. 3.6) hochfrequent (mit etwa 100 Hz) für mehrere Sekunden erregt wird (tetanische Stimulation), erhöht sich die Amplitude des EPSPs für einen gewissen Zeitraum. Das bedeutet, dass das Neuron leichter erregbar wird (tetanische Potenzierung). Da die LTP sehr spezifisch verläuft (Spezifität), bei überlappender Stimulation durch benachbarte Axone verstärkt wird (Kooperativität) und ein schwacher axonaler Input mit einem gleichzeitig auftretenden starken Input assoziativ verknüpft werden kann (Assoziativität), wird LTP als ein wichtiger Lern- und Gedächtnismechanismus verstanden.

Biochemische Grundlagen der Langzeitpotenzierung Bei der Langzeitpotenzierung bindet der Neurotransmitter Glutamat postsynaptisch an verschiedene Typen von Glutamat-Rezeptoren, nämlich AMPA- und NMDA-Rezeptoren. Wie schon bei den Acetylcholin-Rezeptoren beschrieben, leiten sich diese Begriffe von der Abkürzung der chemischen Struktur zweier Glutamat-Agonisten ab, welche – neben Glutamat selbst – bevorzugt an die entsprechenden Rezeptoren binden. AMPA- und NMDA-Rezeptoren gehören zur Gruppe der ionotropen Rezeptoren, d. h. sie bilden Ionenkanäle, die die neuronale Zellmembran durchziehen. Wird Glutamat von der präsynaptischen Zelle freigesetzt, bindet dieses zunächst an die AMPA-Rezeptoren der postsynaptischen Zelle. Durch deren Stimulation öffnen sich die Kanalporen und Natrium-Ionen strömen in die Zelle ein. Dies führt zu einer Depolarisation der postsynaptischen Membran (Abb. 4.4, 1). Dadurch wiederum wird der Ionenkanal des NMDA-Rezeptors von blockierenden Magnesium-Ionen befreit (Abb. 4.4, 2). Trifft nun in der präsynaptischen Membran ein weiteres Aktionspotenzial ein, wird erneut Glutamat in den synaptischen Spalt freigesetzt. Dieses trifft nun auf eine bereits depolarisierte, also quasi voraktivierte, postsynaptische Membran. Die Bindung von Glutamat an den jetzt deblockierten NMDA-Rezeptor führt zu einem massiven Einstrom von Kationen (vor allem Kalzium-Ionen, Abb. 4.4, 3). Der dadurch erzielte starke Anstieg der intrazellulären Kalziumkonzentration aktiviert Enzyme, z. B. die Kalzium/Calmodulin-Proteinkinase II (CaMKII, Abb. 4.4, 4). Dies führt unter anderem zur Phosphorylierung (d. h. dem Anhängen einer Phosphatgruppe) von AMPA-Rezeptoren und damit zur erhöhten Sensitivierung der postsynaptischen Membran für Glutamat (Abb. 4.4, 5). Über zusätzliche Reaktionskaskaden werden zahlreiche molekulare Schalter (Transkriptionsfaktoren), unter anderem das schon bei der Sensitivierung erwähnte CREB-Gen, aktiviert (Abb. 4.4, 6). In Folge dieser Kettenreaktionen werden verschiedenste Proteine gebildet, die die synaptische Modifikation längerfristig in Form morphologischer Änderungen stabilisieren. Der morphologische Umbau betrifft dabei zum einen die Stärkung der bereits bestehenden synaptischen Verbindung und zum anderen den Aufbau zusätzlicher Synapsen in unmittelbarer räumlicher Nähe.

4.6 Der Aufbau von Information in neuronalen Netzwerken

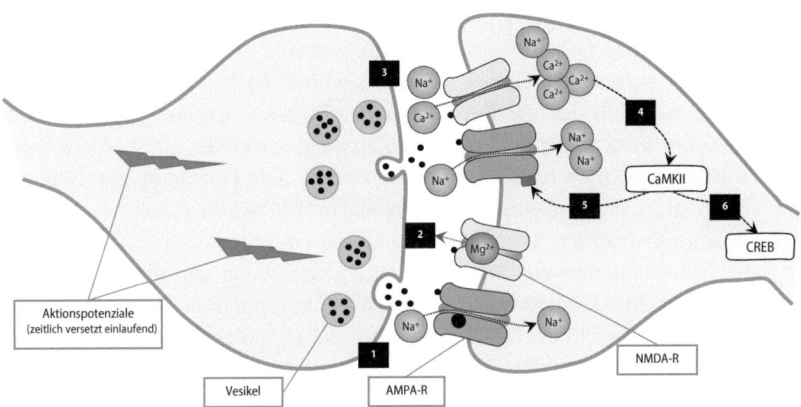

Abb. 4.4 Biochemische Grundlagen der Langzeitpotenzierung. Der Neurotransmitter Glutamat bindet postsynaptisch an AMPA- und NMDA-Rezeptoren. Dadurch kann eine Kaskade von Reaktionen ausgelöst werden (1–6), die zur Bildung von Proteinen führt, die längerfristige synaptische Modifikationen bedingen. Letztlich findet an der Postsynapse eine Koinzidenzdetektion räumlich und zeitlich überlappender Aktivierungen der postsynaptischen Membran statt, welche die Grundlage für synaptisches Lernen darstellt (genauere Erläuterungen im Text; Abbildung von Dagmar Müller mit Unterstützung von Marc Pabst, Universität Leipzig)

Zusammengefasst funktioniert der durch die Aktivierung des NMDA-Rezeptors vermittelte Anstieg der Kalzium-Ionenkonzentration in der Postsynapse als Koinzidenzdetektor für räumlich bzw. zeitlich überlappende Aktivierungen der postsynaptischen Membran und bildet so die Grundlagen für synaptisches Lernen (Roberts, & Glanzman, 2003; Malenka & Nicoll, 1999).

Langzeitdepression, ein weiterer Lernmechanismus Neben der Langzeitpotenzierung gibt es auch die Langzeitdepression (LTD). Bei anhaltender niedrigfrequenter Stimulation der präsynaptischen Endigung kommt es zur Abschwächung der EPSPs der postsynaptischen Nervenzelle. Wie bei der LTP spielt auch beim Prozess der LTD die Kalzium-Ionen-Konzentration in der Postsynapse eine entscheidende Rolle – erhöhte Konzentrationen führen zu LTP, verringerte Konzentrationen zu LTD. Die LTD ist ebenfalls in Lern- und Gedächtnisprozesse involviert. Lernen kann somit sowohl durch Stärkung als auch durch Schwächung synaptischer Verbindungen erfolgen.

Die biochemische Betrachtungsebene der Lern- und Gedächtnisforschung ist kompatibel mit der psychologischen Betrachtungsebene Obwohl es sich hier um ein sehr stark beforschtes Gebiet handelt, sind wir noch weit von einem vollständigen Verständnis der beteiligten zellulären Prozesse und ihrer Auswirkungen auf psychische Funktionen entfernt. Beispielsweise gelten die hier beschriebenen Mechanismen innerhalb relativ lokaler Netzwerke. Die Forschung zur Gedächtnisbildung für globalere Netzwerke beziehungsweise zwischen mehreren lokalen Netzwerken steht noch am Anfang. Doch es gibt bereits erste Versuche, die simultane Aktivität von hunderten von Nervenzellen aufzuzeichnen und mittels der Analyse des gesamten Aktivitätsmusters die Kodierung komplexer Gedächtnisinhalte zu untersuchen. Obwohl die Distanz zwischen diesen molekularbiologischen, biochemischen und neurobiologischen Untersuchungsebenen zu den psychologischen Untersuchungsebenen noch groß ist (vergleiche Abb. 1.2, *Die biologische Instanziierung der Psyche,* Abschn. 1.5), gibt es Evidenz dafür, dass die beschriebenen basalen Prinzipien für Lernen und Gedächtnis enorm relevant sind. Beispielsweise leiden genetisch veränderte Mäuse, denen ein bestimmter NMDA-Rezeptortyp fehlt, unter deutlichen Gedächtniseinbußen. Umgekehrt lernen genetisch veränderte Mäuse mit verbesserter NMDA-Rezeptorfunktion deutlich schneller und dauerhafter als normale Mäuse (Tsien, 2000). Außerdem wirkt sich die Gabe von NMDA-Rezeptor-Antagonisten bei Ratten negativ auf das räumliche Gedächtnis für Unterwasserlabyrinthe aus, wenn sie nach dem Lernen des Labyrinths appliziert werden. Das Gelernte wird unter diesen Bedingungen vermutlich nicht in das Langzeitgedächtnis übertragen (Saucier & Cain, 1995). Menschen mit besseren Gedächtnisleistungen weisen mehr CaMKII kontrollierende Gene auf. Es wird vermutet, dass der Abbau der geistigen Leistungsfähigkeit bei der Alzheimer-Erkrankung durch eine Beeinträchtigung der hippocampalen LTP (mit-)bedingt ist. Ebenso wird spekuliert, dass der LTP in Hirnstrukturen des Belohnungssystems (ventrales Tegmentum und Nucleus accumbens) eine wichtige Rolle bei der Entwicklung von Suchtverhalten zukommt.

Vergessen als adaptiver Prozess Bisher haben wir kennengelernt, wie durch Lernen Gedächtnis erworben wird. Aus der Allgemeinen beziehungsweise Kognitiven Psychologie ist seit langem bekannt, dass die Information im Gedächtnis nicht einfach passiv gespeichert wird, sondern Veränderungen unterworfen ist. Dies beginnt schon beim Einspeichern. Dabei wird die neue Information mit bereits bestehenden Gedächtnisinhalten abgeglichen und in Beziehung gesetzt. Jede neu eintreffende Information wird so in gewisser Weise "verfälscht", kann aber auch umgekehrt die Repräsentationen von bereits Gelerntem verändern. Erinnerungen werden permanent modifiziert und im Extremfall sogar aktiv gelöscht. Dies ist im Prinzip ein sinnvoller Vorgang, weil wir uns ja ständig an die Umwelt anpassen müssen. Da sich beispielsweise zu einem bestimmten Zeitpunkt bestehende Zusammenhänge ändern können, müssen wir in der Lage sein, die neu geltenden Zusammenhänge zu lernen und uns nicht dauerhaft auf die nicht mehr gültigen alten Regeln zu verlassen. Am Modell der Fruchtfliege Drosophila konnte gezeigt werden, dass das Protein Rac bei dieser Art von aktivem Vergessen beteiligt ist (Shuai et al., 2010). Rac scheint jedoch auch beim passiven Vergessen von Bedeutung zu sein. Von passivem Vergessen spricht man, wenn bestehende Gedächtnisspuren nicht mehr aufgefrischt werden.

Adulte Neurogenese ist ein Ausdruck zellulärer Plastizität des Gehirns Durch Lernen und Gedächtnisbildung induzierte Veränderungen im neuronalen System sind allerdings nicht nur auf die Ebene synaptischer Verbindungen beschränkt, sondern können auch die Neubildung von Neuronen umfassen. Dieser Prozess, die sogenannte adulte Neurogenese, wurde erstmals 1965 im Gyrus dentatus des Hippocampus von Rattenhirnen nachgewiesen (Altman & Das, 1965). Damit wurde das klassische Dogma der Neurobiologie, dass Wirbeltiere nicht zu adulter Neurogenese fähig sind, prinzipiell widerlegt. Bei Singvögeln zeigt die adulte Neurogenese eine klare saisonale Abhängigkeit. Mit steigender Tageslänge im Frühjahr erhöht sich die Testosteron-Konzentration im Blut männlicher Singvögel, was zu einer Aktivierung der Neurogenese in Hirnarealen führt, die mit dem Erlernen und der Produktion von Balzgesängen im Zusammenhang stehen (Nottebohm, 1981). Infolge der Neurogenese verdoppeln diese Hirnareale ihr Volumen sogar. Der Prozess der adulten Neurogenese kann durch verschiedene Faktoren beeinflusst werden. So führen kognitives aber auch körperliches Training (bei Mäusen) sowie die Gabe von Antidepressiva oder die Tiefenhirnstimulation zu einer Zunahme der Bildung und Reifung neuer Nervenzellen. Stress, Drogenkonsum und Strahlenbelastung hingegen stören die Neurogenese und können sogar zum Verlust von Neuronen im Hippocampus führen (Eisch et al., 2008).

Überblicksliteratur

- Bear, M. F., Connors, B. W., & Paradiso, M. A. (2018). *Neurowissenschaften: Ein grundlegendes Lehrbuch für Biologie, Medizin und Psychologie.* Springer-Verlag.
- Poeppel, D., Mangun, G. R., & Gazzaniga, M. S. (2020). *The cognitive neurosciences.* MIT Press.
- Riederer, P. F., Laux, G., & Riederer, P. (2010). *Grundlagen der Neuro-Psychopharmakologie.* Springer.

- Stolerman, I., & Price, L. (2015). *Encyclopedia of Psychopharmacology.* Springer.
- Vizi, E. S., & Lajtha, A. (2008). *Handbook of neurochemistry and molecular neurobiology: Neurotransmitter systems.* Springer.

Gene und Verhalten – Subzelluläre Ebene

5

Anknüpfend an die Darstellung der Informationsverarbeitung und Informationsweiterleitung auf der zellulären Ebene, werden wir uns im Weiteren Prozessen zuwenden, die auf der subzellulären oder sogar der molekularen Ebene ablaufen. Nun scheint die subzelluläre Ebene nicht unbedingt die naheliegendste zur Erklärung von Erleben und Verhalten zu sein. Tatsächlich jedoch weist die subzelluläre Ebene, insbesondere auch die genetische Ebene, eine erhebliche Relevanz für viele psychische Phänomene auf. Zum einen liefert sie die Bau- und Funktionspläne für all die unterschiedlichen Zelltypen, die in ihrer Differenziertheit erst die Bildung hochkomplexer Lebewesen wie uns Menschen ermöglichen. Diese Ebene bildet also gewissermaßen die Grundlage für das gesamte Spektrum unserer körperlichen und geistigen Funktionen bzw. – im Fall von Erkrankungen – Dysfunktionen. Zum anderen steht die subzelluläre Ebene jedoch auch im Austausch mit der Umwelt des Individuums. Wenn ein Neugeborenes den Körper seiner Eltern spürt, wenn ein Fußballfan ein spannendes Spiel erlebt oder wenn ein Mensch einer lebensbedrohlichen Situation ausgesetzt ist – immer dann wirken Umwelteinflüsse auch auf die subzelluläre Ebene ein und können diese modifizieren. Durch die Interaktion zwischen Umwelt und subzellulärer Ebene sind zeitnahe Anpassungen des Individuums an veränderte Umweltbedingungen möglich. Die Betrachtung der subzellulären Ebene und ihrer Interaktionen mit der Umwelt liefert also wichtige Beiträge zur gesellschaftlich noch immer hoch-relevanten Anlage-Umwelt-Debatte: Welche menschlichen Fähigkeiten sind in welchem Ausmaß genetisch festgelegt, d. h. angeboren? Welche Fähigkeiten dagegen sind eher durch die Umwelt und durch Lernen geformt, d. h. erworben? Wir gehen auch kurz auf die Geschlechterdebatte ein: typisch weiblich – typisch männlich; gibt es überhaupt gesicherte und praktisch relevante psychische Geschlechtsunterschiede? In diesem Kapitel werden wir zudem das noch junge Forschungsgebiet der Epigenetik vorstellen. Wir werden Beispiele dafür anführen, dass genetische Faktoren nicht nur durch lange währende Selektionsprozesse, sondern auch durch Umwelteinflüsse kurzfristig und reversibel modifiziert werden können.

5.1 Gene und die Weitergabe der Erbinformation an die nächste Generation

Genetisches Material und Erbgänge Wie (fast) alle Zellen des menschlichen Organismus enthalten auch Nervenzellen einen Zellkern, in dem die Erbinformation in Form von 22 homologen Chromosomenpaaren, den Autosomen, und zwei Geschlechtschromosomen gespeichert ist. Jeweils eine Hälfte des diploiden Chromosomensatzes ist dabei auf die genetische Ausstattung der mütterlichen Keimzelle – der Eizelle oder Oozyte – bzw. der väterlichen Keimzelle – der Samenzelle bzw. dem Spermium – zurückzuführen, die im Zuge der sexuellen Fortpflanzung, d. h. der Verschmelzung der beiden Keimzellen, kombiniert wurden. Mit den allein auf Ebene der Chromosomen möglichen $2^{23} \times 2^{23}$ Kombinationen mütterlicher und väterlicher Erbanlagen ergibt sich bereits eine ungeheure Vielfalt genetischer Variationen menschlicher Individuen. Diese Vielfalt erhöht sich durch den im Zuge der Keimzellbildung möglichen Austausch von genetischem Material zwischen homologen Chromosomen, durch das sogenannte Crossing over, nochmals beträchtlich.

Desoxyribonukleinsäure und Genotyp Die doppelsträngige, helixförmig gewundene Desoxyribonukleinsäure (DNA) bildet den Hauptbestandteil der Chromosomen. Die eigentliche Erbinformation wird dabei über die spezifische Abfolge der Nucleobasen Adenin, Guanin, Cytosin und Thymin codiert. Bestimmte Abschnitte der DNA, die Gene, beinhalten die Information für den Aufbau verschiedenster Proteine, die wiederum die Grundlage für die charakteristischen Merkmale einer Spezies oder auch eines Individuums darstellen. Im Verlaufe der Individualentwicklung von der befruchteten Eizelle bis hin zum Tod des Individuums werden in den Genen gespeicherte Informationen genutzt, um die spezifischen Funktionen einzelner Zelltypen gewährleisten zu können. Der sogenannte Genotyp bezeichnet die genetische Ausstattung eines Organismus und stellt quasi dessen prinzipiell zur Verfügung stehenden Bau- und Funktionsplan dar. Der Phänotyp dagegen bezeichnet die auf der Grundlage des Genotyps tatsächlich ausgebildeten Eigenschaften eines Organismus. Es ist wichtig, diese Unterscheidung zu treffen, da ein bestimmter Genotyp nicht zwangsläufig zu immer der exakt gleichen phänotypischen Ausprägung führen muss. Wir werden später noch betrachten, über welche Mechanismen die Genexpression, d. h. die Übersetzung des Genotyps in phänotypische Merkmale, gesteuert werden kann.

5.1 Gene und die Weitergabe der Erbinformation an die nächste Generation 139

Homozygote und heterozygote Allele, dominante und rezessive Erbgänge Wie bereits ausgeführt, enthalten unsere Zellen einen diploiden Chromosomensatz, d. h. die Erbinformation liegt in doppelter Ausführung vor. Die spezifischen Ausprägungen der in doppelter Anzahl vorliegenden Gene werden Allele genannt. Hat ein Individuum nun für einen bestimmten Genort von väterlicher und mütterlicher Seite das gleiche Allel erhalten, so wird das Individuum in Bezug auf diesen Genort als homozygot bezeichnet. Ist das Individuum dagegen mit unterschiedlichen Allelen ausgestattet, so wird es in Bezug auf diesen Genort als heterozygot bezeichnet. Durch die Möglichkeit der Kombination homozygoter und heterozygoter Allele ergeben sich charakteristische Erbgänge. Im dominanten Erbgang bestimmt eines der beiden unterschiedlichen Allele für einen heterozygoten Genort, nämlich das dominante Allel, die Merkmalsausprägung. Das andere – das sogenannte rezessive – Allel trägt dagegen nicht zur Merkmalsausprägung bei. Die Chorea Huntington (siehe Abschn. 3.6, 5.2), eine bisher nicht heilbare neurodegenerative Erkrankung, die u. a. durch charakteristische unkoordinierte, unkontrollierbare und ausgreifende Bewegungen gekennzeichnet ist, wird z. B. über einen dominanten Erbgang ausgeprägt. In Stammbäumen dominant vererbter Allele zeigt sich die entsprechende Merkmalsausprägung charakteristischerweise in 50 % der Nachkommen. Im rezessiven Erbgang dagegen bestimmt das rezessive Allel die Merkmalsausbildung, wobei dieses Allel dafür zwingend in homozygoter Form vorliegen muss. Die Stoffwechselerkrankung Phenylketonurie, bei der betroffene Menschen durch einen Enzymdefekt die Aminosäure Phenylalanin nicht abbauen können, ist ein Beispiel für eine rezessiv vererbte Erkrankung. In Stammbäumen rezessiv vererbter Allele tritt das entsprechende Merkmal nur dann auf, wenn die Nachkommen das entsprechende Allel sowohl vom väterlichen als auch vom mütterlichen Elternteil geerbt haben.

Allele und Blutgruppen Im kodominanten Erbgang nun tragen beide der heterozygoten Allele unabhängig voneinander zur Merkmalsausprägung bei. Ein Paradebeispiel für einen solchen Erbgang finden wir bei der Vererbung der menschlichen Blutgruppen. Die Zellmembran der roten Blutkörperchen, der Erythrozyten, enthält charakteristische Oberflächenstrukturen, die sogenannten Blutgruppen-Antigene, die nach dem AB0-Blutgruppensystem A und B genannt werden. Besitzt ein Individuum nun sowohl das Allel für das Blutgruppen-Antigen A als auch das Allel für B, so werden beide Blutgruppen-Antigene A und B – kodominant – auf der Membran der Erythrozyten ausgeprägt. Das Individuum weist dann als phänotypisches Merkmal die Blutgruppe AB auf. Der Vollständigkeit halber soll hier noch erwähnt werden, dass die Allele A und B in Kombination mit dem Allel 0 dominant vererbt werden, d. h. Individuen mit der Allelkombination A0 bzw. B0 weisen phänotypisch die Blutgruppe A bzw. B auf, weil deren Erythrozyten auf ihrer Oberfläche das Antigen des dominanten Allels A bzw. B. ausprägen. Das Allel 0 dagegen wird rezessiv vererbt, d. h. nur Individuen mit der homozygoten Allelkombination 00 sind phänotypisch durch die Blutgruppe 0 gekennzeichnet.

X-chromosomal gekoppelte Erbgänge: Rot-Grün-Sehschwäche und die „Krankheit der Könige" Die bisher vorgestellten Erbgänge betrafen die Autosomen, also die nicht direkt an der Ausbildung des biologischen Geschlechts beteiligten Chromosomen. Es gibt jedoch auch typische Merkmalsausprägungen, die durch auf den Geschlechtschromosomen lokalisierte Gene bestimmt werden. Nun sind auf dem X-Chromosom aufgrund seiner Größe deutlich mehr Gene lokalisiert als auf dem kleineren Y-Chromosom. Wir werden hier daher nur den Fall des X-chromosomal gekoppelten Erbgangs besprechen. Da männliche Individuen in Bezug auf die Geschlechtschromosomen heterozygot sind (XY), werden bei ihnen verschiedene Merkmale allein durch Gene auf dem von der Mutter vererbten X-Chromosom bestimmt. Die Rot-Grün-Sehschwäche z. B. betrifft signifikant häufiger Männer als Frauen, weil die Gene für die auf die Wellenlänge roten oder grünen Lichts spezialisierten Sehpigmente auf dem X-Chromosom lokalisiert sind. Bei Frauen dagegen können die Auswirkungen des beeinträchtigten Allels durch das Vorliegen eines intakten Allels auf dem zweiten X-Chromosom kompensiert werden. Frauen erkranken also selbst deutlich seltener, fungieren aber als Übertragerinnen des beeinträchtigten Allels an die nachfolgende Generation. Neben der Rot-Grün-Sehschwäche wird auch die Hämophilie, eine Erkrankung bei der die Blutgerinnung gestört ist, X-chromosomal gekoppelt vererbt. In populärwissenschaftlichen Schriften wird die Hämophilie manchmal als „Krankheit der Könige" bezeichnet, weil sie gehäuft im Stammbaum des englischen Königshauses zu finden ist. Der X-chromosomale Gendefekt lässt sich hier auf die Königin Victoria (1819–1901) zurückführen, von deren männlichen Nachkommen viele an Hämophilie litten.

5.2 Die Umsetzung der genetischen Information im Organismus

Genexpression – Vom Gen zum Protein Durch den Prozess der Genexpression wird die in den Genen gespeicherte Information für das Individuum tatsächlich nutzbar gemacht. Genexpression erfordert zunächst, dass die entsprechenden kodierenden Abschnitte der doppelsträngigen DNA-Moleküle in kürzere einzelsträngige Botenmoleküle – die messenger Ribonukleinsäure (mRNA) – überführt werden. Dieser

5.2 Die Umsetzung der genetischen Information im Organismus

Prozess wird als Transkription bezeichnet. Die mRNA passiert die Membran des Zellkerns und dient an speziellen Organellen im Zytoplasma, den Ribosomen, als Matrize für den Aufbau von Aminosäureketten. Diese Ketten falten sich schließlich aufgrund der speziellen Abfolge der Aminosäuren zu charakteristischen dreidimensionalen Strukturen, die den Hauptbestandteil der strukturellen bzw. enzymatisch aktiven Proteine eines Organismus darstellen. Jeweils drei aufeinanderfolgende Nucleobasen (Basentripletts) der mRNA kodieren dabei eine Aminosäure. So steht z. B. das Basentriplett ATG für die Aminosäure Methionin und die beiden Basentripletts GAA und GAG stehen für die Aminosäure Glutaminsäure. Die Übersetzung der Basenabfolge der mRNA in eine Aminosäurekette wird als Translation bezeichnet. Zusammengefasst bestimmt die Abfolge der Nucleobasen innerhalb eines Gens die Abfolge der Nucleobasen in der mRNA und diese wiederum die Abfolge der Aminosäuren in einem Protein und damit dessen spezielle Funktionalität.

Veränderungen des genetischen Codes – Mutationen Nun kann es z. B. durch Fehler während des Kopierens der Erbinformation im Zuge von Zellteilungen zu Veränderungen in der Abfolge der Nucleobasen der DNA kommen. Eine solche nur eine Basenposition betreffende Veränderung wird Punktmutation genannt und kann dazu führen, dass anstelle der ursprünglich codierten Aminosäure eine andere in die Aminosäurekette eingebaut wird. Das kann unter Umständen auf der phänotypischen Ebene völlig folgenlos bleiben. Betrifft der Aminosäureaustausch jedoch eine für die Funktion des aufzubauenden Proteins kritische Stelle, kann es zu auch auf phänotypischer Ebene manifestierten und klinisch relevanten Funktionseinbußen kommen. So führt z. B. der durch eine Punktmutation bedingte Austausch der Nucleobase Adenin durch Thymin im menschlichen HBB-Gen dazu, dass die Aminosäure Valin anstelle von Glutaminsäure an Position 7 der Aminosäurekette der Beta-Untereinheit des Blutfarbstoffs Hämoglobin eingebaut wird. Dieser Austausch verändert die dreidimensionale Struktur des Hämoglobins so massiv, dass die Funktion des Proteins – nämlich der Transport von Sauerstoff – eingeschränkt ist. Die Hämoglobinmoleküle der betroffenen Menschen aggregieren und verursachen so die typische sichelförmige Deformation der roten Blutkörperchen, die namensgebend für das Krankheitsbild der Sichelzellanämie wurde. Neben der hier aufgeführten Punktmutation, die zum Austausch der Aminosäure Valin durch Glutaminsäure führt, sind zahlreiche weitere Punktmutationen an anderen Abschnitten des HBB-Gens identifiziert worden, die ebenfalls zur Ausprägung einer Sichelzellanämie führen (Carlice-Dos-Reis et al., 2017). Ein weiteres Beispiel für die phänotypische Auswirkung eines singulären Austauschs von Nucleobasen stellt eine selten auftretende familiäre (d. h. vererbbare) Form der Parkinson-Erkrankung dar (siehe

Abschn. 3.4, 3.6, 4.4). Hier führt der Austausch der Nucleobase Guanin durch Adenin im SNCA-Gen zu einem Austausch der Aminosäure Alanin durch Threonin im Protein alpha-Synuclein. Und auch wenn die Funktion des intakten Proteins alpha-Synuclein bisher noch nicht abschließend geklärt ist (Bendor et al., 2013), wird aktuell doch eine Rolle bei der Regulation der Freisetzung von transmitterhaltigen Vesikeln aus den Endigungen von Nervenzellen als wahrscheinlich angesehen. Der durch die Punktmutation bedingte Aminosäureaustausch im Alpha-Synuclein führt zu einer Aggregation des fehlerhaften Proteins. Diese Aggregate werden in Form der sogenannten Lewy-Körperchen im Gehirn der Betroffenen abgelagert und können post-mortem histologisch diagnostiziert werden.

Atypische Vervielfältigungen von Basentripletts Neben Punktmutationen kann es aber auch zu atypischen Vervielfältigungen von Basentripletts kommen. Eine solche Mutation kennzeichnet die bereits als Beispiel für einen dominanten Erbgang vorgestellte Huntington-Erkrankung. In mindestens einem der beiden Allele des Huntingtin-Gens von Menschen mit dieser Erkrankung findet sich das für die Aminosäure Glutamin kodierende Basentriplett CAG in mehr als 37 Wiederholungen, während bei Nicht-Erkrankten lediglich 10 bis maximal 30 Wiederholungen auftreten. Das anhand des mutierten Gens hergestellte Protein Huntingtin enthält also lange Ketten von Glutaminsäure-Einheiten. Die Anzahl der Wiederholungen an Glutaminsäure steht dabei in direktem Zusammenhang mit dem Alter, in dem erste Symptome der Erkrankung auftreten: Je mehr Wiederholungen von Glutamin im Huntingtin enthalten sind, desto früher zeigen sich die für die Erkrankung typischen Bewegungsstörungen und Einbußen an kognitiven Fähigkeiten. Ähnlich wie bereits für das Alpha-Synuclein angeführt, ist auch für das (nicht-mutierte) Huntingtin dessen eigentliche Funktion innerhalb des Nervensystems nicht vollständig geklärt. Diskutiert wird eine Rolle bei der Regulation der Bereitstellung neurotropher Faktoren, die ihrerseits das Wachstum von Neuronen und Gliazellen beeinflussen, sowie eine Beteiligung am axonalen Stofftransport und bei der Freisetzung von Neurotransmittern (Schulte & Littleton, 2011). Ablagerungen des mutierten Huntingtins bewirken irreversible Schädigungen von Neuronen vor allem des Striatums, dem ja, wie wir bereits im Abschn. 3.6 erfahren haben, eine zentrale Rolle bei der Steuerung der Willkürmotorik zukommt.

Komplexe Merkmale werden meist durch viele Gene beeinflusst Wir haben im vorigen Abschnitt drei ausgewählte Beispiele kennengelernt, bei denen die Veränderung jeweils eines einzelnen Gens zu einer beeinträchtigten Funktionalität des entsprechenden Proteins und damit zu einer auch auf phänotypischer Ebene sichtbaren Veränderung führt. Hochkomplexe phänotypische Merkmale wie z. B.

5.2 Die Umsetzung der genetischen Information im Organismus

bestimmte kognitive Fähigkeiten (u. a. Lernen anhand von Belohnung, Konzentrationsvermögen, schlussfolgerndes Denken) oder Persönlichkeitseigenschaften (Extraversion, Offenheit für neue Erfahrungen, Risikobereitschaft, Spiritualität) werden in ihrer Ausprägung jedoch nicht durch ein einzelnes spezifisches Gen sondern vielmehr durch das Zusammenwirken einer Vielzahl von Genen bzw. den durch sie kodierten Proteinen bestimmt. Es ist also durchaus kritisches Nachfragen geboten, wenn in populärwissenschaftlichen Veröffentlichungen vereinfachend von der Existenz eines „Gottes-Gens", „Homosexualitäts-Gens" oder „Intelligenz-Gens" berichtet wird. Die den entsprechenden Untersuchungen zugrunde liegenden Stichproben hatten oft nur einen geringen Umfang, blieben auf ausgesuchte Populationen beschränkt und der berichtete Zusammenhang zwischen der spezifischen Ausprägung eines bestimmten Gens und einem komplexen phänotypischen Merkmal ließ sich in Folgestudien häufig nicht replizieren. So wurden z. B. in der Fachzeitschrift Nature Genetics 1996 zwei Artikel veröffentlicht, die von einem signifikanten Zusammenhang zwischen der Ausprägung des für den Dopamin-D4-Rezeptor kodierenden (DRD4) Gens und dem Persönlichkeitsmerkmal Novelty Seeking, d. h. einem andauernden Bedürfnis nach Stimulation unter Inkaufnahme gesundheitlicher, gesellschaftlicher oder finanzieller Risiken, berichteten (Benjamin et al., 1996; Ebstein et al., 1996). Hohe Werte bezüglich Novelty Seeking weisen z. B. Betreiber von Extremsportarten auf. Das DRD4-Gen tritt in der menschlichen Population in verschiedenen Varianten, sogenannten Polymorphismen auf. Einer dieser Polymorphismen bezieht sich auf die Anzahl der Wiederholungen eines bestimmten 48 Basenpaare umfassenden Abschnitts des DRD4-Gens. In den untersuchten Stichproben wiesen nun Menschen mit einer Anzahl von 7 Wiederholungen dieses Genabschnitts signifikant höhere Werte bezüglich des Merkmals Novelty Seeking auf als Menschen mit nur 4 Wiederholungen dieses Genabschnitts. Diese genetische Variabilität erklärte jedoch nur einen Bruchteil der Variabilität der Merkmalsausprägung auf der Verhaltensebene. Allein anhand der spezifischen genetischen Ausstattung bezüglich des DRD4-Gens kann also die konkrete Ausprägung des Merkmals Novelty Seeking nicht zuverlässig vorhergesagt werden. Ein aktueller Überblicksartikel, der die Ergebnisse von 24 nachfolgenden Studien zu dieser Fragestellung zusammenfasst, zeigt eine durchaus heterogene Befundlage (He et al., 2018). Diese Studie verdeutlicht einmal mehr, dass sich die Ausprägung komplexer Merkmale nicht allein anhand der Ausprägung einzelner Gene erklären lässt.

Genomweite Assoziationsstudien: Möglichkeiten und Grenzen Die rasante Entwicklung von genetischen Analysemethoden in den vergangenen 25 Jahren hat es möglich gemacht, DNA-Proben von Gruppen mit oft mehr als 100.000 Teilnehmenden in relativ kurzer Zeit bezüglich des Auftretens einer Vielzahl genetischer

Marker untersuchen zu können. Treten Kombinationen dieser Marker in überzufälliger Häufigkeit in bestimmten Untersuchungsgruppen (z. B. Patientengruppen) auf, in anderen Untersuchungsgruppen (z. B. gesunden Kontrollgruppen) dagegen nicht, so kann geschlussfolgert werden, dass Gene bzw. Kombinationen von Genen, die in unmittelbarer Nähe dieser genetischen Marker lokalisiert sind, an der Ausbildung der entsprechenden Merkmale beteiligt sind. Da sich diese Untersuchungen nicht auf vorab definierte ausgewählte Regionen des Genoms beschränken, werden sie auch als genomweite Assoziationsstudien (GWAS) bezeichnet. Es bleibt zu betonen, dass die über GWAS gewonnenen Befunde tatsächlich (nur) Assoziationen und nicht etwa kausale Beziehungen zwischen genetischen Markern und phänotypischen Merkmalen herstellen. Eine solche genomweite Assoziationsstudie, die durch eine Arbeitsgruppe am Amsterdamer Center for Neurogenomics and Cognitive Research durchgeführt wurde, hat vor einigen Jahren zur Identifikation von etwa 50 Genen geführt, die im Zusammenhang mit der Ausprägung der allgemeinen Intelligenz stehen (Sniekers et al., 2017). Die Mehrzahl dieser Gene wird auch tatsächlich im zentralen Nervensystem exprimiert und von einigen sind bereits Funktionen im Rahmen der neuronalen Entwicklung, der Ausbildung von Synapsen oder dem Wachstum von Axonen nachgewiesen. Wie bereits ausgeführt bedeutet die Kenntnis über bestehende Assoziationen zwischen bestimmten Genorten und der Ausprägung eines komplexen Merkmals jedoch noch nicht, dass wir auch Kenntnis von den genauen Ursache-Wirkungs-Zusammenhängen hätten, die die Ausbildung des phänotypischen Merkmals bedingen. Nur knapp 5 %! der Variabilität im Merkmal Intelligenz ließen sich in dieser Studie über spezifische Kombinationen der ca. 50 identifizierten Genorte aufklären. Das zeigt zum einen, dass solche komplexen Merkmale durch das Zusammenwirken einer noch deutlich größeren Anzahl von Genorten bedingt sind und zum anderen, dass valide Vorhersagen über die Ausprägung komplexer Merkmale wie der Intelligenz anhand der genetischen Ausstattung bisher nicht möglich sind.

5.3 Regulation der Genexpression und epigenetische Phänomene

Nur ein kleiner Teil der Basenpaare wird in Aminosäuren übersetzt Wir wollen uns nun der bereits zu Beginn dieses Kapitels angesprochenen Regulation der Genexpression zuwenden. Wie bereits ausgeführt, bestimmt die Basenabfolge innerhalb eines Gens prinzipiell die Abfolge der Aminosäuren in einem Protein. Ob aber das entsprechende Gen in einer bestimmten Zelle und zu einem bestimmten Zeitpunkt überhaupt in mRNA und letztlich in eine Aminosäurekette übersetzt wird, hängt

5.3 Regulation der Genexpression und epigenetische Phänomene

maßgeblich von der Regulation der Genexpression ab. In Nervenzellen werden andere Genprodukte gebildet als z. B. in Drüsenzellen oder Muskelzellen, obwohl doch alle diese Zelltypen die gleiche genetische Information enthalten. Hier ist es wichtig zu wissen, dass von den ca. 3 Mrd. Basenpaaren, die das menschliche Genom enthält, nur der Bruchteil von etwa 1,5 % in Aminosäuren übersetzt werden. Aktuellen Schätzungen zufolge befinden sich etwa 20.000 Gene, d. h. potenziell in mRNA transkribierbare und damit für Aminosäureketten kodierende Abschnitte im menschlichen Genom (Willyard, 2018). Der überwiegende Anteil der DNA umfasst damit nicht-kodierende Abschnitte. Einige dieser nicht-kodierenden Abschnitte stellen wichtige Bindungsstellen für Proteine dar, die die Transkription von kodierenden Abschnitten der DNA in mRNA gewährleisten. Diese Abschnitte werden auch als Promotor-Regionen bezeichnet. Andere nicht-kodierende DNA-Abschnitte dienen als Bindungsstellen für regulatorische Moleküle, die die zelltyp- und situationsspezifische Expression von Genen befördern oder hemmen können. Diese Bindungsstellen werden je nach ihrem Einfluss auf die Expressionsrate Enhancer (Verstärker) oder Silencer (Abschwächer) genannt. Erst kürzlich wurde gezeigt, dass die Anzahl solcher regulatorischen Sequenzen gerade für die in Zellen des Nervensystems exprimierten Gene im Verlauf der Evolution von den Wirbellosen zu den Wirbeltieren dramatisch zugenommen hat. Es ist zu vermuten, dass überhaupt erst die so ermöglichte verstärkte Regulation der neuronalen Genexpression zu einer Zunahme der Leistungsfähigkeit des Nervensystems der Wirbeltiere geführt hat (Closser et al., 2021).

Transkriptionsfaktoren unterliegen Umwelteinflüssen Interessanterweise betreffen die in genomweiten Assoziationsstudien identifizierten Abschnitte des Genoms, die mit der Ausprägung bestimmter phänotypischer Merkmale assoziiert sind, häufig gerade solche nicht-kodierenden Bereiche der DNA. Die an Enhancer bzw. Silencer bindenden regulatorischen Moleküle werden als Transkriptionsfaktoren bezeichnet. Nun unterliegt die jeweilige Verfügbarkeit solcher Transkriptionsfaktoren und damit die tatsächliche Expression regulierbarer Gene in hohem Maße situativen Einflüssen, d. h. erst durch die Interaktion des genetischen Materials mit verschiedensten Umweltfaktoren werden spezifische phänotypische Merkmale realisiert. Dies soll im Folgenden am Beispiel der Regulation der Genexpression durch Glucocorticoidhormone, wie z. B. das als Stresshormon bezeichnete Cortisol, verdeutlicht werden. Stellen Sie sich vor, Sie halten Ihr erstes Referat im Rahmen Ihres Studiums vor einer größeren Gruppe von Mitstudierenden. Auch wenn Sie sehr gut vorbereitet sind, wird diese zunächst ungewohnte Situation vermutlich eine Stressreaktion auslösen, in deren Folge u. a. Cortisol aus der Nebennierenrinde freigesetzt wird (siehe auch Abschn. 6.5). Cortisol ist ein fettlösliches Molekül, das daher die Zellmembran gut passieren kann. Im Zellinneren wird es an einen spezifischen Rezeptor gekoppelt und gelangt in dieser Form in den Zellkern. Dort wirkt dieser Hormon-Rezeptorkomplex nun als Transkriptionsfaktor, indem er an spezifische nicht-kodierende DNA-Abschnitte, die sogenannten Glucocortikoid-Response-Elemente (GRE) bindet. Durch Bindung an diese GRE-Regionen wird dann die Expression von Genen befördert, die letztlich für die spezifischen Wirkungen des Cortisols wie z. B. die Steigerung des Glukose- und Lipidstoffwechsels oder auch dessen entzündungshemmende Wirkung verantwortlich sind.

Epigenetik Neben den im vorigen Abschnitt beschriebenen Mechanismen zur Regulation der Genexpression werden seit einigen Jahrzehnten verstärkt sogenannte epigenetische Phänomene untersucht. Die Epigenetik (vom griechischen „epi" – darüber, dazu) ist ein Forschungszweig, der sich mit den Zusammenhängen zwischen der durch Umwelteinflüsse modifizierten dreidimensionalen Struktur der DNA auf der einen Seite und der Ausprägung und Vererbung phänotypischer Merkmale auf der anderen Seite beschäftigt. Wir haben bereits ausgeführt, dass die Basenabfolge innerhalb eines Gens prinzipiell die Abfolge der Aminosäuren im entsprechenden Protein bestimmt. Auf der DNA lokalisierte Gene sind allerdings nicht immer frei zugänglich, da die DNA-Doppelstränge normalerweise eng um spezifische Proteine – die Histone – gewickelt sind. DNA-Abschnitte ohne oder mit nur geringer Transkriptionsaktivität zeichnen sich durch die Anheftung zahlreicher Methylgruppen an die DNA und die Histone aus. Die Übertragung von Methylgruppen erfolgt dabei durch spezifische Enzyme – die Methyltransferasen –, deren Aktivität durch bestimmte Umweltfaktoren reguliert wird. Durch die Anheftung von Methylgruppen erfolgt eine dichtere Packung des Histon-DNA-Komplexes. An der Transkription beteiligte Enzyme und Transkriptionsfaktoren haben so keinen freien Zugang zu den betreffenden DNA-Abschnitten und die Transkriptionsrate für Gene, die im betreffenden Abschnitt des Genoms lokalisiert sind, sinkt. In Abhängigkeit vom Methylierungsgrad können Gene also vorübergehend „stillgelegt" werden. Histone in DNA-Abschnitten mit hoher Transkriptionsaktivität sind dagegen durch einen geringeren Methylierungsgrad und durch die Anheftung von Acetylgruppen gekennzeichnet. Diese Modifikation führt zu einer lockeren Packung des Histon-DNA-Komplexes. Der Transkriptionsapparat hat so Zugang zur DNA und die Transkriptionsrate steigt. Methylierung und Acetylierung werden durch enzymatisch aktive Proteine realisiert, deren Aktivität wiederum von Umwelteinflüssen abhängt. Organismen können über das Methylierungs- bzw. Acetylierungsmuster der DNA also flexibel auf Veränderungen von Umweltfaktoren reagieren – und zwar auch dann, wenn die ursprüngliche Abfolge der Basenpaare im Genom beibehalten wird.

5.3 Regulation der Genexpression und epigenetische Phänomene

Gelée Royal differenziert Larven der Honigbiene Ein eindrucksvolles Beispiel für einen epigenetischen Mechanismus im Tierreich finden wir bei der Differenzierung von Larven der Honigbiene zu Arbeiterinnen bzw. Bienenköniginnen. Die phänotypisch so unterschiedlichen Arbeiterinnen und Königinnen sind in Bezug auf die Basenabfolge in ihrem Genom erstaunlicherweise identisch. Bienenlarven, die sich zu Bienenköniginnen entwickeln, werden mit einer besonderen Nahrung, dem Gelée Royal, gefüttert. Das Gelée Royal enthält Substanzen, die die enzymatische Aktivität von Methyltransferasen hemmen. Dadurch weist die DNA von mit Gelée Royal gefütterten Larven einen geringeren Methylierungsgrad als die DNA der mit Pollen gefütterten Larven auf. So können Gene transkribiert werden, die entscheidend für die Entwicklung einer Larve zur Königin sind, z. B. Gene, die für die Entwicklung der Geschlechtsorgane verantwortlich sind. Diese Gene sind in den mit Pollen ernährten Larven durch Methylierung dagegen stillgelegt.

Diät bei Mäuseweibchen kann eine krankheitsreduzierende (epigenetische) Veränderung der DNA der Mäuseembryonen bewirken Die Regulation der Genexpression durch Methylierung findet sich auch bei Säugetieren, z. B. bei den Agouti-Mäusen. Das Genom dieses speziellen Mäusestamms weist eine Mutation in dem DNA-Abschnitt auf, der die Expression des Agouti-Gens reguliert. Die Mutation führt zu einer verstärkten Produktion des Agouti-Proteins, was sich auf der phänotypischen Ebene durch eine Änderung der Fellfarbe von herkömmlich braun zu gelb äußert. Zudem bindet das Agouti-Protein an sogenannte orexigene Neurone im Hypothalamus, deren Aktivierung appetitsteigernd wirkt. Agouti-Mäuse nehmen aufgrund der hohen Konzentration des Agouti-Proteins also verstärkt Nahrung auf und entwickeln so ein deutlich überdurchschnittliches Körpergewicht. In Folge dessen erkranken sie häufig an der Stoffwechselerkrankung Diabetes oder auch an Krebs und versterben frühzeitig (Morgan et al., 1999). Die Agouti-Mutation wird an die Nachkommen vererbt, doch muss deren Vorliegen nicht zwangsläufig zu der beschriebenen phänotypischen Ausprägung führen. Erhalten nämlich trächtige Agouti-Mäuseweibchen eine spezielle Diät, die besonders viele Methylgruppen enthält, so wird das Agouti-Gen durch Methylierung stillgelegt. Die betreffenden Mäusekinder entwickeln dann, obwohl ihre DNA die Agouti-Mutation enthält, eine braune Fellfarbe und ein normales Körpergewicht. Durch die Variation von Umweltfaktoren (hier die Ernährung der Mäusemütter während der Phase der Trächtigkeit) kann also eine epigenetische Veränderung der DNA erfolgen, die dann Veränderungen körperlicher Merkmale (Fellfarbe) aber auch Veränderungen des Verhaltensrepertoires (Spezifik der Nahrungsaufnahme) bedingt (Waterland & Jirtle, 2003).

Epigenetisch bedingte Abnahme der Stressreaktivität durch soziale Reize Epigenetische Modifikationen der DNA können aber nicht nur durch die Aufnahme spezieller Substanzen, sondern auch durch konkrete soziale Erfahrungen in Gang gesetzt werden. Neugeborene Ratten, deren Mütter in den ersten zehn Lebenstagen einen intensiven Körperkontakt zu ihren Jungen pflegen, diese ausgiebig belecken und putzen, zeigen eine verminderte Methylierung der DNA im Bereich der regulatorischen Sequenzen des Gens für den Glucocortikoid-Rezeptor. Infolge der verminderten Methylierung steigt die Expressionsrate des Gens und damit die Anzahl der verfügbaren Glucocortikoid-Rezeptoren. Dies wiederum erlaubt eine feiner abgestimmte Regulation der Freisetzung von Glucocortikoidhormonen über die negativen Rückkopplungsschleifen der Hypothalamus-Hypophysen-Nebennierenrinden-Achse, die, wie wir noch im Abschn. 6.5 behandeln werden, ein wichtiges Element bei der Reaktion des Organismus auf stressauslösende Ereignisse darstellt. Ratten, die als Neugeborene eine große mütterliche Fürsorge genossen haben, zeigen so bis in das Erwachsenenalter hinein eine verminderte Stressreaktivität (Weaver et al., 2004).

Epigenetische Wirkung von traumatischen Erlebnissen Doch nicht nur positive frühkindliche soziale Interaktionen, sondern auch traumatische Erfahrungen wie Misshandlungen, Hunger oder Kriege können andauernde epigenetische Spuren in unseren Zellen hinterlassen. Untersuchungen von Augenzeugen der Anschläge auf das World Trade Center in New York 2001 zeigten, dass sich die DNA-Methylierungsmuster von Betroffenen unterschieden, je nachdem ob diese in Folge des Ereignisses eine posttraumatische Belastungsstörung entwickelten oder nicht (Yehuda et al., 2009). Auch hier betrafen die festgestellten Unterschiede im Methylierungsmuster u. a. wieder an der Regulation der Stressreaktivität beteiligte Gene. Umweltereignisse können also direkt das Erbmaterial verändern und zwar interessanterweise sogar in einer Form, die auch an die Nachkommen weitergegeben werden kann. Dies scheint zunächst der Darwinschen Evolutionstheorie zu widersprechen, die ja davon ausgeht, dass Veränderungen im Erbmaterial zufällig und spontan auftreten und nur bei entsprechenden Umweltbedingungen positiv selektiert werden. Dass die Vererbung erworbener Eigenschaften, wie sie der französische Biologe Jean-Baptiste Lamarck (1744–1829) vorschlug, tatsächlich möglich ist, wurde kürzlich in einem Experiment zur Furchtkonditionierung von Mäusen eindrucksvoll gezeigt (Dias & Ressler, 2014). Mäusen wurde zeitlich eng gekoppelt an die Darbietung des spezifischen süßlichen Duftstoffs Acetophenon ein leichter elektrischer Schlag versetzt, auf den sie mit kurzzeitiger Erstarrung (Angstreaktion) reagierten. Durch klassische Konditionierung erlernten die Tiere nach wenigen gepaarten Darbietungen den Zusammenhang zwischen dem Duftstoff und dem aversiven Reiz und zeigten die Angstreaktion dann auch allein bei Präsentation des Duftstoffs. Wurden so konditionierte Mäuse nun miteinander verpaart, zeigten erstaunlicherweise auch die Nachkommen nach Darbietung des Duftstoffs Acetophenon (nicht aber nach Darbietung anderer Duftstoffe) die Angstreaktion, obwohl den Jungtieren Acetophenon nie gekoppelt mit dem aversiven Reiz dargeboten worden war. Die Mäusekinder hatten die Angst ihrer Eltern vor dem spezifischen Geruch geerbt und zwar in Form einer epigenetischen Modifikation des Gens, das die Expression des Acetophenon-Rezeptors in der Riechschleimhaut kodiert. Diese Befunde stellen eindrucksvoll unter Beweis, dass Erfahrungen über epigenetische Mechanismen direkt an Individuen der nachfolgenden Generation vererbt werden können.

5.4 Geschlechtsentwicklung und Geschlechtsdifferenzen aus subzellulärem Blickwinkel

Das Merkmal Geschlecht spielt in der Psychologie eine wichtige Rolle, etwa bei Fragen zur Entwicklung des Geschlechts, der Geschlechtsidentität oder möglichen Unterschieden zwischen den Geschlechtern. Hier sind vielfältige subzelluläre Prozesse involviert. Daher widmen wir diesem Thema ein eigenes Unterkapitel. Schon in den ersten Lebensjahren lernen Kinder die Unterscheidung zwischen Mädchen und Jungen vorzunehmen. Auch wenn in den meisten Fällen geschlechtsspezifische Merkmale eine Person recht klar als Frau oder Mann erkennen lassen, so gibt es doch viele Aspekte der Geschlechtsentwicklung, in der eine deutlich breitere Überlappung der Merkmale von Männern und Frauen zu verzeichnen ist, als es uns eine streng dichotome Sichtweise vermuten lässt. Unsere eigene Geschlechtsidentifikation ist dabei ein komplexes Konstrukt und stellt einen entscheidenden Aspekt unserer Beziehung zu uns selbst und zu unseren Mitmenschen dar. Dieser Abschnitt soll einige der Zusammenhänge, die bei der Geschlechtsdifferenzierung und der Entwicklung der Geschlechtsidentität eine Rolle spielen, aufzeigen und darauf eingehen, inwieweit sich Geschlechtsunterschiede auf psychische Merkmale (z. B. kognitive Leistungsfähigkeit, Persönlichkeit, Verhalten etc.) auswirken.

Geschlechtsdifferenzierung aus der Sicht des phylogenetisch-evolutionären Ansatzes Die Frage nach dem „Warum" der Entwicklung unterschiedlicher Geschlechter erfordert, dass wir über die evolutionären Vor- und Nachteile geschlechtlicher Fortpflanzung nachdenken. Auf der einen Seite scheint es ziemlich kompliziert und energieaufwendig, dass sich zwei gegengeschlechtliche Individuen einer Art finden müssen, um sich fortzupflanzen und so für den Erhalt der Art zu sorgen. Auf der anderen Seite ergeben sich dadurch – wie oben bereits beschrieben – unzählige Möglichkeiten der Rekombination von Genen innerhalb der Population und damit deutlich höhere Chancen, dass unter den Nachkommen einer Art besser angepasste Individuen sind. Außerdem kann durch Gen-Neukombination einer Anhäufung von ungünstigen Mutationen entgegengewirkt werden. Dass das Geschlecht eines Individuums genetisch determiniert wird (und nicht temperaturabhängig wie es zum Teil bei Reptilien der Fall ist) war vermutlich eine Voraussetzung dafür, dass sich lebendgebärende Arten entwickeln konnten. Die Prinzipien des Lebendgebärens und des Säugens ziehen es nach sich, dass der Prozess der Fortpflanzung für jenes Elternteil, welches den Nachwuchs austrägt und säugt, mit einer deutlich höheren Investition an Zeit und Energie verbunden ist. Die evolutionäre Psychologie trifft spezifische Vorhersagen, wie sich der darin begründete evolutionäre Adaptationsvorgang auch heute noch in der menschlichen Psychologie widerspiegelt, zum Beispiel in Bezug auf die sexuelle Selektion. So wird angenommen, dass das Geschlecht, welches mehr Zeit und Ressourcen für den Nachwuchs aufwendet, bei der Partnerwahl wählerischer sein wird. Dagegen wird das Geschlecht, welches weniger Ressourcen für den Nachwuchs aufwenden muss, stärker mit den gleichgeschlechtlichen Rivalen konkurrieren und den eigenen Fortpflanzungserfolg zu optimieren versuchen, indem es vermehrt kurzfristigen sexuellen Zugang zum anderen Geschlecht sucht (Buss & Schmitt, 2019). Diese stärkere Konkurrenz unter Männern und die Tatsache, dass Frauen in der Regel Männer mit höherem Status und mehr Ressourcen als Partner bevorzugen, wird oft als Erklärung herangezogen, warum sich patriarchalische Gesellschaftsstrukturen entwickeln – da Männer in Bezug auf Status und Besitz (Ressourcen, die für das Wohlergehen des Nachwuchses eingesetzt werden können) seit jeher unter einem stärkeren Selektionsdruck standen.

Geschlechtsdifferenzierung aus aktualgenetischer bzw. ontogenetischer Sicht
Wenden wir uns der Frage des „Wie" zu, möchten wir beleuchten, wie sich Individuen des einen oder anderen Geschlechts ontogenetisch entwickeln. Bei der Befruchtung einer Eizelle kombiniert sich das Erbgut der mütterlichen Oozyte, in der sich ein X-Chromosom befindet, und des väterlichen Spermiums, welches entweder ein X- oder ein Y-Chromosom enthalten kann, zu einem neuen Chromosomensatz. Dessen Geschlechtschromosomen können folglich in der weiblichen (XX) oder in der männlichen (XY) Ausprägung vorliegen. Den größten – vielleicht auch nur den äußerlich offensichtlichsten – Einfluss auf die Entwicklung des Phänotyps scheint dabei das Vorhandensein eines Y-Chromosoms zu spielen. Auf dem kurzen Arm des Y-Chromosoms befindet sich das sogenannte SRY-Gen (vom Englischen: **S**ex determining **R**egion of **Y**), welches für einen Transkriptionsfaktor

5.4 Geschlechtsentwicklung und Geschlechtsdifferenzen ...

kodiert, der einleitet, dass sich beim wenige Wochen alten Embryo aus den noch undifferenziert (bipotent) vorliegenden Keimdrüsen die Hoden entwickeln. SRY hat dabei recht weitreichende Effekte, die auch das Stilllegen bzw. Aktivieren anderer Gene einschließen, zum Teil durch Verformung der DNA-Doppelhelix bzw. durch Methylierung von DNA-Abschnitten. Dadurch wird eine ganze Kaskade von Prozessen eingeleitet, die der weiteren Geschlechtsdifferenzierung dienen. Liegt im Chromosomensatz kein SRY-Gen vor, so entwickelt sich automatisch der weibliche Phänotyp – so dachte man zumindest lange Zeit. Mittlerweile wissen wir, dass neben SRY noch eine ganze Reihe anderer Gene an der embryonalen Geschlechtsentwicklung beteiligt sind und dass die Entwicklung der weiblichen Geschlechtsmerkmale mit voll funktionsfähigen weiblichen Keimdrüsen nicht als Default-Modus angelegt ist, sondern hierzu auch zusätzliche Genaktivität nötig ist (z. B. Aktivierung des DAX-1 Gens des X-Chromosoms).

Geschlechtschromosomen-Anomalien In seltenen Fällen, aber immer noch deutlich häufiger als man vermuten würde, weisen die Geschlechtschromosomen von Neugeborenen untypische Merkmale auf, zum Beispiel können sie in abweichender Zahl vorliegen. Bleibt bei der Bildung der elterlichen Keimzellen während der Meiose das Auseinanderweichen der homologen Chromosomen aus (Non-Disjunction), können Eizellen oder Spermien entstehen, die entweder ein Chromosom zu viel oder ein Chromosom zu wenig haben. Eine Form der Geschlechtschromosomen-Trisomie ist das sogenannte Klinefelter Syndrom (Chromosomenausprägung: 47, XXY; Prävalenz ca. 1:1500 Neugeborene). Individuen mit dieser Chromosomenausstattung sind von männlichem Phänotyp und weisen mehr oder weniger stark ausgeprägte charakteristische Merkmale auf, zu denen unter anderem ein ausbleibender Stimmbruch, ein mangelnder Bartwuchs und eine verringerte Spermienproduktion zählen können. Weitere Formen der Geschlechtschromosomenanomalie sind das Turner-Syndrom (45, X; Prävalenz ca. 1:2500 Neugeborene; weiblicher Phänotyp) oder das Poly-X-Syndrom, bei dem mehr als zwei X-Chromosomen vorliegen (z. B. 47, XXX; Prävalenz ca. 1:2000 Neugeborene; weiblicher Phänotyp). Darüber hinaus können Mutationen oder Translokationen einzelner Gene auftreten. In Folge eines inaktivierten oder fehlenden SRY-Gens (46, XY_{noSRY}) kann z. B. die Ausbildung der Hoden ausbleiben oder nur eingeschränkt ablaufen. Das Individuum entwickelt sich dann eher in Richtung eines weiblichen Phänotyps. Dagegen kann ein durch Crossing-over auf ein X-Chromosom translokalisiertes SRY-Gen (46, $X_{SRY}Y_{noSRY}$) auch dort exprimiert werden, die Ausbildung von Hoden anstoßen und damit die Entwicklung des Individuums in die Richtung eines männlichen Phänotyps bahnen. Dies sind Beispiele für Formen der Intersexualität, die sich auf das chromosomale Geschlecht beziehen.

Hormonelle Einflüsse auf die Geschlechtsdifferenzierung Nach der genetisch gesteuerten Anlage der männlichen oder weiblichen Keimdrüsen in den ersten Wochen der Schwangerschaft laufen weitere Prozesse der Geschlechtsdifferenzierung weitestgehend hormonell gesteuert ab. Die Hoden produzieren hauptsächlich männliche Geschlechtshormone, sogenannte Androgene, im Besonderen Testosteron, während in den Eierstöcken vorwiegend weibliche Geschlechtshormone, vor allem Östrogene, produziert werden. Das quantitative Verhältnis zwischen männlichen und weiblichen Geschlechtshormonen steuert den weiteren Verlauf der Geschlechtsdifferenzierung. Hierfür sind zwei Zeiträume entscheidend, zum einen die vorgeburtliche Phase inklusive der Zeit um die Geburt und zum anderen die Pubertät. Vorgeburtlich entscheidet in erster Linie das Konzentrationsverhältnis weiblicher und männlicher Geschlechtshormone darüber, ob sich die äußeren Geschlechtsorgane in die weibliche oder männliche Richtung entwickeln. Dabei können Formen der hormonell bedingten Intersexualität auftreten, zum Beispiel wenn bei einem männlichen Individuum durch Genmutationen die Androgen-Rezeptoren nicht funktionsfähig ausgebildet werden können. In diesem Falle produzieren die Hoden zwar Testosteron, dieses kann jedoch seine Wirkung nicht entfalten. Bei starker Ausprägung einer solchen Androgenresistenz unterbleibt die Ausbildung der männlichen Genitalien, sodass die äußeren Geschlechtsmerkmale bei der Geburt weiblich erscheinen – weshalb diese Kinder meistens als Mädchen identifiziert und großgezogen werden.

Warum ist bei Männern häufig der Ringfinger länger als der Zeigefinger? Viele weitere vorgeburtliche Entwicklungsprozesse können durch Geschlechtshormone beeinflusst werden. So sorgt ein Überwiegen von Testosteron in der vorgeburtlichen Phase für ein verstärktes Wachstum der Knochen des Ringfingers, die durch ihre hohe Dichte an Testosteron-Rezeptoren besonders sensibel auf dieses Hormon reagieren. Dadurch ist bei Männern der Ringfinger im Durchschnitt länger als der Zeigefinger (man spricht vom D2/D4-Verhältnis; das D steht für lateinisch *„digitus"* für Finger/Zehe), während bei Frauen das Längenverhältnis eher umgekehrt oder ausgewogen ist. Da das D2/D4-Verhältnis pränatal angelegt wird und dann im Laufe des Lebens relativ konstant bleibt, wird es mitunter als Marker für die vorgeburtliche Hormonexposition herangezogen. Der korrelative Zusammenhang scheint jedoch nur schwach ausgeprägt zu sein.

Testosteronspiegel und Hypothalamus Auch auf die Gehirnentwicklung wirkt sich die vorgeburtliche Testosteronkonzentration aus. Besonders im Hypothalamus kommt es zu geschlechtsspezifischen Veränderungen. So unterbindet ein ausreichend hoher Testosteronspiegel, dass Hypothalamusstrukturen heranreifen, die

5.4 Geschlechtsentwicklung und Geschlechtsdifferenzen ...

später einmal die monatliche Hormonausschüttung zur Steuerung der weiblichen Menstruation koordinieren werden.

Geschlechtsdifferenzierung in der Pubertät In der zweiten kritischen Phase – der Pubertät –, deren Veränderungen zum Teil schon ab dem 8./9. Lebensjahr einsetzen, kommt es zur vollständigen Ausprägung der sekundären Geschlechtsmerkmale und zur Entwicklung der Geschlechtsreife. Das Einsetzen der Pubertät ist genetisch gesteuert. Im Hypothalamus wird ein spezifisches Hormon exprimiert, dessen Ausschüttung dafür sorgt, dass Hoden und Eierstöcke Signale erhalten, verstärkt Geschlechtshormone in die Blutbahn auszuschütten. In Abhängigkeit vom Verhältnis zwischen männlichen und weiblichen Geschlechtshormonen kommt es dann zur Ausprägung der geschlechtstypischen sekundären Geschlechtsmerkmale (z. B. Körperbau, Körperbehaarung) sowie zur Bildung befruchtungsfähiger Eizellen bzw. zur Produktion von Spermien. Die Veränderungen im Erleben und Verhalten Pubertierender sind mannigfaltig und teilweise geschlechtsspezifisch.

Geschlechtsspezifische Unterschiede? Während physische und vor allem fortpflanzungsbezogene Unterschiede zwischen den Geschlechtern auf der Hand liegen, wird häufig die Frage gestellt, inwieweit sich Frauen und Männer auch in Bezug auf die Ausprägung individueller Fähigkeiten, Persönlichkeitseigenschaften, Interessen und Verhaltensweisen unterscheiden. Im Hinblick auf kognitive Leistungen haben sich die meisten postulierten Unterschiede (nach denen zum Beispiel Jungen bessere mathematische Fähigkeiten haben sollen) als unbegründete Stereotype erwiesen. Es gibt vereinzelt spezifische Fähigkeiten, für die sich leichte Geschlechterunterschiede in Metaanalysen belegen lassen. Dazu gehört ein besseres Abschneiden von Frauen in Tests zur Sprachkompetenz (Wortflüssigkeit) und ein besseres Abschneiden von Männern in Tests zum räumlichen Vorstellungsvermögen (mentale Rotation). Dabei muss man allerdings erwähnen, dass die Unterschiede zwischen den Geschlechtern, wenn man sie relativ zu den Unterschieden zwischen Individuen innerhalb eines Geschlechts betrachtet, nur von geringer Ausprägung sind. In der Statistik spricht man in so einem Fall von einer geringen Effektstärke (siehe Abb. 5.1). Dies hat der sogenannten Gender Similarity Hypothese Aufwind gegeben, die davon ausgeht, dass Geschlechterunterschiede in Bezug auf individuelle Fähigkeiten klein bis vernachlässigbar sind (Hyde, 2014). In Bezug auf Interessen sind die gefundenen Unterschiede deutlicher. Hier scheinen sich in Metaanalysen Belege für das Stereotyp „Männer interessieren sich für Dinge, Frauen interessieren sich für Menschen" finden zu lassen. In ihren Persönlichkeitseigenschaften unterscheiden sich Männer und Frauen dagegen nur geringfügig. So weisen im Durchschnitt Männer im Vergleich zu Frauen nur leicht höhere Werte in Bezug auf das Merkmal

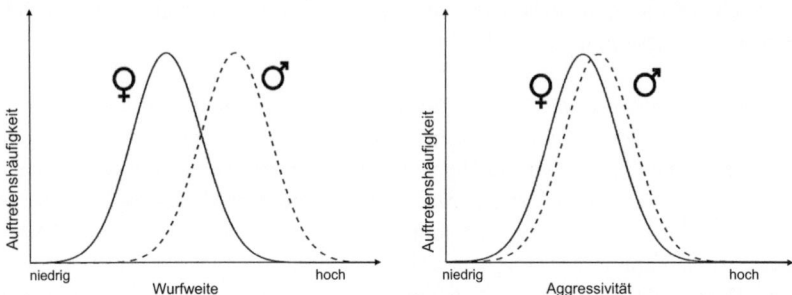

Abb. 5.1 Zwei Beispiele, die grafisch veranschaulichen sollen, wie stark die Ausprägung eines bestimmten Merkmals innerhalb der Gruppen der Frauen und Männern bzw. zwischen beiden Gruppen variieren. Die Normalverteilungskurven zeigen an, dass mittlere Merkmalsausprägungen insgesamt recht häufig in der jeweiligen Gruppe vorkommen, extrem niedrige oder hohe Merkmalsausprägungen dagegen nur sehr selten. Einige wenige Merkmale, zum Beispiel motorische Leistungen, wie die Wurfweite, unterliegen in bestimmten Lebensabschnitten (vor allem nach der Pubertät) recht deutlichen Geschlechtsunterschieden. D. h. die mittlere Merkmalsausprägung der Geschlechter unterscheidet sich klar und es gibt keine starke Überlappung der Normalverteilungskurven – in diesem Fall hat der Unterschied eine große Effektstärke (linker Graph). Für die meisten psychischen Merkmale finden sich – wenn überhaupt – Geschlechtsunterschiede von nur geringer Effektstärke. Auch wenn in einzelnen Studien mitunter signifikante Unterschiede zwischen Frauen und Männern berichtet werden (zum Beispiel in Bezug auf die Aggressivität), so sind die Unterschiede innerhalb der Gruppen wesentlich größer als die Unterschiede zwischen den Geschlechtern (rechter Graph; Abbildung von Sabine Grimm, Universität Leipzig)

Aggressivität auf (Abb. 5.1). In erster Linie unterscheiden sich vielmehr die Formen der Aggressivität zwischen den Geschlechtern: Männer zeigen mehr physische Aggressivität – bereits im Spielverhalten junger Kinder ist diese Tendenz sichtbar –, Frauen zeigen verstärkt relationale Aggressivität (eine Form der Aggression, die die sozialen Beziehungen des Gegenübers schädigen will).

Ursachen geschlechtsspezifischer Unterschiede: Nature Ob beobachtete Unterschiede zwischen Frauen und Männern in Bezug auf psychische Merkmale der biologischen Veranlagung (nature) geschuldet oder doch hauptsächlich auf Umwelteinflüsse (nurture) zurückzuführen sind, ist und bleibt eine spannende Frage. Tierstudien aus neuerer Zeit weisen darauf hin, dass die vorgeburtliche Exposition mit Geschlechtshormonen das Spielverhalten im Kindesalter und die spätere sexuelle Orientierung kausal beeinflussen können (Hines, 2010, 2020). Zum Beispiel zeigten weibliche Rhesusaffen, die während der Embryonalphase höheren Testosteronwerten ausgesetzt waren, als Jungtiere ein typisch männliches Spielverhalten (geprägt von wildem Toben und Raufen). Auch beim Menschen zeigt sich ein ähnliches Muster. Wenn man Personengruppen betrachtet, bei denen der Hormonspiegel krankheitsbedingt erhöht ist, zum Beispiel bei Mädchen mit einem angeborenen androgenitalen Syndrom (dies ist gekennzeichnet durch eine genetisch bedingte Überproduktion von Androgenen in der Nebennierenrinde), so zeigen auch diese vermehrt ein eher männliches Spielverhalten. Die Wahrscheinlichkeit, dass sich Frauen mit androgenitalen Syndrom später als Transgender identifizieren, ist relativ betrachtet höher als allgemein in der Bevölkerung. Ähnliches gilt für Kinder, deren Mütter in der Schwangerschaft aus medizinischen Gründen Hormonpräparate mit androgener Wirkung verabreicht bekommen haben.

Ursachen geschlechtsspezifischer Unterschiede: Nurture Hierbei soll aber nicht vernachlässigt werden, dass die Geschlechtsentwicklung ab der Geburt natürlich auch wesentlich von der Kultur, in der wir leben, geprägt wird, von der Sozialisierung durch die Eltern und durch Gleichaltrige, sowie auch von unserem eigenen Verständnis davon, welches Verhalten als geschlechtstypisch angesehen wird. So werden typisch männliche oder weibliche Verhaltensweisen und Interessen nachgewiesenermaßen auch durch Imitation und Bekräftigung vonseiten der Bezugspersonen aufrechterhalten und verstärkt.

Überblicksliteratur

- Graw, J. (2020). *Genetik.* Springer.
- Hosken, D. J., Hunt, J., & Wedell, N. (2019). *Genes and behaviour: beyond nature-nurture.* John Wiley & Sons.
- Lautenbacher, S., Güntürkün, O., & Hausmann, M. (2007). *Gehirn und Geschlecht.* Springer.
- Neyer, F. J., & Spinath, F. M. (2016). *Anlage und Umwelt: Neue Perspektiven der Verhaltensgenetik und Evolutionspsychologie* (Vol. 22). Walter de Gruyter.
- Wahlsten, D. (2019). *Genes, brain function, and behavior: What genes do, how they malfunction, and ways to repair damage.* Academic Press.

Weitere für die Psyche wichtige informationsverarbeitende Systeme

6

Das Zentralnervensystem erfüllt seine Aufgaben nicht unabhängig von anderen „informationsverarbeitenden" Systemen. Es ist auf die Interaktion mit dem vegetativen Nervensystem, dem Hormonsystem und dem Immunsystem angewiesen. Alle diese Systeme leisten einen wichtigen Beitrag für das Verständnis der biologischen Grundlagen psychischer Funktionen. Wir werden das Zusammenspiel dieser Systeme insbesondere am Beispiel der Stressreaktion kennen lernen. Außerdem gehen wir auf das neue Forschungsfeld der Darm-Gehirn-Achse ein. Dieses untersucht die Wechselwirkung zwischen den im Verdauungstrakt lokalisierten Neuronen und Mikroorganismen auf der einen Seite und Gehirnfunktionen und Psyche auf der anderen Seite.

6.1 Vegetatives Nervensystem: Homöostase

Das vegetative Nervensystem arbeitet weitgehend autonom Das vegetative Nervensystem, das auch als autonomes oder viszerales Nervensystem bezeichnet wird, besteht aus dem sympathischen und dem parasympathischen Nervensystem sowie dem Darmnervensystem. Unter strukturellen Gesichtspunkten können wir das sympathische und das parasympathische Nervensystem sowohl dem zentralen als auch dem peripheren Nervensystem zuordnen. Wie bereits erwähnt, arbeiten Sympathikus und Parasympathikus oft antagonistisch. Der Sympathikus erfüllt leistungsfördernde (ergotrope) und der Parasympathikus erholungsfördernde (trophotrope) Funktionen. Beispielsweise erhöht sich bei Aktivierung des sympathischen Nervensystems der Puls, während er bei Aktivierung des parasympathischen Systems sinkt. Das Darmnervensystem mit seinen geschätzt 100 Mio. Neuronen wird oft auch als „zweites Gehirn" oder „Darm-Gehirn" bezeichnet. Es handelt sich dabei um ein komplexes Nervengeflecht, welches sich um die Organe des

© Springer-Verlag GmbH Deutschland, ein Teil von Springer Nature 2022
E. Schröger et al., *Biologische Psychologie,* Basiswissen Psychologie,
https://doi.org/10.1007/978-3-662-65179-7_6

Verdauungstraktes zieht und deren Funktionen reguliert. Es kann weitestgehend autonom arbeiten, allerdings unterhält es über die sympathischen und parasympathischen Nervenbahnen, sowie über das neuroendokrine System einschließlich der Hypothalamus-Hypophysen-Nebennierenrinden-Achse auch Verbindungen vom bzw. zum Gehirn. Man spricht in diesem Zusammenhang von der Darm-Hirn-Achse (engl. gut-brain-axis). Das vegetative Nervensystem ist traditionell vom cerebrospinalen (somatischen, animalischen) Nervensystem hinsichtlich des unterschiedlichen Grades bewusster Einflussnahme, die die Person über die jeweils assoziierten Prozesse ausüben kann, unterschieden worden. Während das cerebrospinale System für bewusste und willkürliche Funktionen (z. B. Wahrnehmung und Motorik) zuständig ist, besteht für das vegetative Nervensystem eine relative Unabhängigkeit (Autonomie) von personalen beziehungsweise intentionalen Zuständen und Prozessen. Die Person kann also kaum einen willentlichen Einfluss auf das vegetative Nervensystem ausüben, es funktioniert weitgehend automatisch, und seine Aktivität ist nicht unmittelbar mit Bewusstsein (subjektiven Wahrnehmungseindrücken) korreliert.

Das vegetative Nervensystem arbeitet nicht völlig autonom Diese Unterscheidung in ein System, das willentlich kontrollierbar und dem Bewusstsein zugänglich ist, und ein System, das völlig automatisch arbeitet und dem Bewusstsein unzugänglich ist, sollte aus verschiedenen Gründen jedoch nicht zu strikt getroffen werden. So können afferente Informationsflüsse aus dem vegetativen Nervensystem durchaus zu Empfindungen führen (man denke nur an Übelkeit). Tatsächlich stehen uns über die Interozeption – die Wahrnehmung interner Zustände – eine Reihe von wichtigen Informationen zur Verfügung. Beispielsweise können Typ-1 Diabetiker trainiert werden, autonome Indikatoren der Über- oder Unterzuckerung (z. B. Zittern, Heißhunger) wahrzunehmen (Schachinger et al., 2005). Sie werden dadurch in die Lage versetzt, rechtzeitig eine angemessene Medikation einzuleiten. Außerdem können wir über „Biofeedback"-Verfahren teilweise Kontrolle über Funktionen erlangen, die dem vegetativen Nervensystem zugeschrieben werden. Solche Verfahren werden mit einem gewissen Erfolg bei der Behandlung von Bluthochdruck oder Migränekopfschmerz eingesetzt (Nestoriuc & Martin, 2007). In Abschn. 2.3 haben wir das bei der Methode des Elektromyogramms (EMG) kennen gelernt.

Das cerebrospinale Nervensystem ist nicht durchgängig bewusstseinsfähig Andererseits sind die Funktionen des cerebrospinalen Nervensystems nicht notwendigerweise so bewusstseinsfähig beziehungsweise intentional steuerbar wie in der Gegenüberstellung „viszerales Nervensystem = autonom" versus „cerebrospinales Nervensystem = bewusst" unterstellt wird. So kann beispielsweise die Bewegungssteuerung durch visuelle Information beeinflusst werden, die der Person nicht bewusst ist. Ein beeindruckendes Beispiel hierfür ist die bereits angeführte Rindenblindheit (siehe Kap. 3). Die betroffenen Personen können in der Regel die Position einer Lichtquelle überzufällig häufig korrekt angeben, auch wenn sie diese bewusst gar nicht wahrnehmen. Solche und viele andere Beispiele zeigen, dass in unserem cerebrospinalen Nervensystem viele Prozesse unter Ausschluss bewusster Wahrnehmung und intentionaler Kontrolle stattfinden. Trotz dieser Relativierung hat die Unterscheidung in vegetatives und cerebrospinales Nervensystem ihre Berechtigung.

Homöostase: Die Aufrechterhaltung des inneren Milieus Als Hauptaufgabe des vegetativen Nervensystems gilt die Aufrechterhaltung eines optimalen inneren Milieus (Homöostase). Dies wird vorwiegend durch Systeme geleistet, die durch das vegetative Nervensystem innerviert werden und basale Prozesse und Zustände wie etwa Atmung, Blutdruck, Stoffwechsel etc. realisieren.

6.2 Endokrines System: Hormone

Hormonsystem und Nervensystem arbeiten integriert Das Hormonsystem (endokrines System) unterscheidet sich vom vegetativen Nervensystem unter anderem durch die Art der Informationsübertragung. Während das vegetative Nervensystem mit Hilfe von Neurotransmittern die lokal begrenzte Weiterleitung von Information zwischen Neuronen leistet, sind die chemischen Botenstoffe des Hormonsystems Hormone, d. h. Moleküle unterschiedlicher Stoffklassen (z. B. Peptide, Steroide), die von spezialisierten Drüsenzellen oder dem Gewebe in den Körperkreislauf freigesetzt werden und so über größere Distanzen wirksam werden. Wie oben bereits diskutiert, sind das Nervensystem und das Hormonsystem stark miteinander verknüpft. Man fasst sie daher unter dem Begriff des neuroendokrinen Systems zusammen. Die speziell für die psychischen Funktionen relevanten Teile dieses Systems werden – wie in Kap. 1 ausgeführt – von der Psychoneuroendokrinologie untersucht, einer neuen Teildisziplin der Biologischen Psychologie. Ebenso wie das vegetative Nervensystem ist auch das Hormonsystem in homöostatische Regulierungsprozesse eingebunden. Ein Beispiel dafür bietet das antidiuretische Hormon (auch Vasopressin genannt). Dieses Hormon reguliert den Wasser- und Elektrolythaushaltes des Organismus. Dazu erfassen spezielle in den Blutgefäßen lokalisierte Sensoren beständig die im Blutkreislauf herrschenden Druckverhältnisse. Zudem messen sogenannte Osmorezeptoren im Hypothalamus die Elektrolytkonzentration im Blut. Sinkt der Druck im Blutkreislauf (z. B. bei größeren Blutverlusten) und/oder steigt die Elektrolytkonzentration (z. B. nach dem Genuss sehr salziger Speisen), wird vom Hypothalamus das antidiuretische Hormon ausgeschüttet. Dies bewirkt zum einen, dass die Niere Wasser zurückhält, und motiviert zum anderen die Person zum Ausgleich des Flüssigkeitsverlustes durch Trinken. Diese etwas vereinfachte Darstellung zeigt, dass Hormone generell in komplexe Regelkreise eingebunden sind. Hormonelle Regelkreise wirken sich unmittelbar auf unser Verhalten und unsere Motivlage aus. Eigentlich könnte man sogar sagen, dass das Verhalten und die Motive (also die Psyche) als Bestandteil dieser Regelkreise zur Aufrechterhaltung der Homöostase zu verstehen sind.

Oxytocin als Hormon bei stillenden Müttern Die Funktionsweise eines solchen Regelkreises, der mehrere Systeme involviert, kann auch gut am Beispiel des Hormons Oxytocin veranschaulicht werden. Dieses Hormon fördert die Wehentätigkeit bei der Geburt und erhöht den Ejektionsdruck der Milchdrüse bei stillenden Müttern. Die taktile Reizung durch den an der Brust saugenden Säugling (möglicherweise auch die parallel erfolgende visuelle Reizung, d. h. die Tatsache, dass die Mutter den Säugling an der Brust saugen sieht) führt zu erhöhter Aktivität der oxytocinproduzierenden Neurone im Hypothalamus. Das in der Neurohypophyse zwischengespeicherte Oxytocin wird dann in die Blutbahn ausgeschüttet. In der Brust trifft es auf oxytocinsensitive Rezeptoren der Milchdrüse. Deren Aktivierung führt zur Austreibung der Milch (nicht aber zur Produktion von Milch – dafür ist das Hormon Prolaktin verantwortlich). Zentralnervensystem, autonomes Nervensystem und Hormonsystem sind also eng gekoppelt. Wie man am Beispiel des Oxytocins sieht, kann ein und dasselbe Hormon an unterschiedlichen Zielorganen (hier Uterusmuskulatur und Milchdrüse) seine Wirkung entfalten.

Oxytocin als Neurotransmitter bewirkt Bindung bei Präriewühlmäusen Interessanterweise wirkt Oxytocin nicht nur als Hormon über die Blutbahn, sondern auch als Neurotransmitter. So existieren zahlreiche Hirnareale, die oxytocinsensitive Rezeptoren aufweisen. Je nachdem kann die Aufnahme beziehungsweise Nichtaufnahme von Oxytocin dann beispielsweise sexuelle Erregung oder Bindungsverhalten auslösen. So weiß man, dass das Gehirn der monogam lebenden Präriewühlmaus eine hohe Dichte oxytocinsensitiver Rezeptoren aufweist, während dies für die polygame Bergwühlmaus nicht zutrifft (Insel & Shapiro, 1992). Wenn man die oxytocinsensitiven Rezeptoren bei der monogam lebenden Präriewühlmaus durch geeignete Antagonisten blockiert, kann das Oxytocin seine Wirkung nicht entfalten und die Präriewühlmaus verhält sich polygam (Young et al., 2001).

Bewirkt Oxytocin auch beim Menschen emotionale Bindung? Obgleich entsprechend kontrollierte Studien beim Menschen noch ausstehen, ist es gut möglich, dass das „Treuehormon" Oxytocin beim Menschen eine vergleichbare Funktion wie bei der monogam lebenden Präriewühlmaus erfüllt. Dafür sprach unter anderem ein experimenteller Befund aus der Neuroökonomie, nach dem nasal verabreichtes Oxytocin beim Menschen das Vertrauen gegenüber dem Spielpartner in bestimmten Spielsituationen erhöht. In einer Studie vertrauten Personen einer als Treuhänder fungierenden Person einen erheblich höheren Geldbetrag an, wenn ihnen vorher Oxytocin über ein Nasenspray zugeführt wurde (Kosfeld et al., 2005). Diese Spielsituation war insofern realistisch als die Versuchsteilnehmer tatsächlich Geld gewinnen beziehungsweise verlieren konnten. Allerdings sind diese Befunde noch nicht abschließend aussagekräftig, denn sie konnten in Folgestudien nicht immer oder nur eingeschränkt repliziert werden. Ein vertrauensfördernder Effekt von Oxytocin zeigte sich in einigen Studien z. B. nur dann, wenn die Spielpartner keinen direkten sozialen Kontakt zueinander hatten oder wenn die Versuchspersonen ihrem Gegenüber von vornherein wenig Vertrauen entgegenbrachten (Nave et al., 2015, aber auch Declerck et al., 2020).

Oxytocin wird auch mit anderen psychischen Phänomenen wie etwa sozialer Angst oder Autismus in Zusammenhang gebracht.

6.3 Immunsystem: Abwehr von Krankheitserregern

Das Immunsystem ist ein komplexes Netzwerk Das Immunsystem dient der Abwehr von Krankheitserregern und Schädigungen und soll somit die körperliche Unversehrtheit des Organismus garantieren. Ein gut funktionierendes Immunsystem ist essentiell für unsere Gesundheit und unser psychisches Wohlbefinden. Gefahren für den Organismus können von Mikroorganismen (Bakterien, Viren oder Pilzen), von Parasiten oder von zugeführten schädlichen Substanzen ausgehen. Außerdem können körpereigene Zellen, die geschädigt, entartet oder abgestorben sind, im Körper Schaden anrichten. Die Abwehr dieser Gefahren ist Aufgabe des Immunsystems. Dabei unterscheidet man neben den mechanischen und biochemischen Barrieren, die durch Haut und Schleimhäute gebildet werden, zwei Hauptkomponenten der Immunabwehr.

Die unspezifische Immunantwort Die angeborene oder unspezifische Immunantwort ist – wie der Name sagt – nicht auf bestimmte Eindringlinge spezialisiert. Sie besteht in einer allgemeinen Reaktion auf Gefahren, welche durch Immunzellen (z. B. Makrophagen, Granulozyten und natürliche Killerzellen) oder im Blutplasma gelöste Moleküle (z. B. das C-reaktive Protein CRP oder Interferone) vermittelt werden. Die akute Entzündungsreaktion ist Teil der unspezifischen Immunantwort.

Immunologisches Gedächtnis: Spezifische Antikörper suchen Antigene Die erworbene oder spezifische Immunantwort entwickelt sich nach dem Kontakt mit spezifischen Krankheitserregern, indem „maßgeschneiderte" Antikörper gebildet werden. Die spezifischen Antikörper verbleiben auch nach einer ausgestandenen Infektion im Körper und können bei erneutem Kontakt mit demselben Erreger zu einer schnelleren und effizienteren Abwehrreaktion führen als beim Erstkontakt. Deshalb spricht man vom immunologischen Gedächtnis. Eine zentrale Rolle kommt dabei den Lymphozyten zu, die als Vorläuferzellen aus Stammzellen des Knochenmarks gebildet werden. Die sogenannten B-Lymphozyten reifen im Knochenmark heran (B, abgeleitet vom englischen „bone marrow"), die T-Lymphozyten reifen in der Thymusdrüse (T). Dort und in den sekundären lymphatischen Organen (Milz, Lymphknoten, Mandeln) werden die Lymphozyten geprägt, bevor sie auf der Suche nach Antigenen durch den Körper wandern. B-Lymphozyten bilden Antikörper, die sich spezifisch gegen ein als körperfremd erkanntes Antigen richten. Zudem differenzieren sie sich zu Gedächtniszellen, die sich bei einer erneuten Konfrontation mit dem jeweiligen Antigen massiv teilen, wiederum spezifische Antikörper produzieren und so einen langfristigen Schutz vor dem Antigen aufrechterhalten. T-Lymphozyten erkennen dagegen ganz allgemein Peptidfragmente von körperfremden Antigenen und sezernieren Zytokine, die wiederum die anderen Zellen der erworbenen Immunantwort aktivieren und koordinieren. Außerdem gibt es T-Lymphozyten, die durch Freisetzung toxischer Proteine infizierte Zellen eliminieren.

Immunologische und psychische Prozesse interagieren Lange Zeit wurde angenommen, dass das Immunsystem autonom arbeitet. Dies trifft jedoch nicht ganz zu, da eine Immunantwort nach klassischer Konditionierung durch einen neutralen Reiz ausgelöst werden kann. Auch die Beobachtungen, dass anhaltende psychische Belastungen und chronischer Stress zu einer erhöhten Infektanfälligkeit führen, die Wundheilung verzögern, chronische Entzündungen auslösen oder das Wachstum von Tumorzellen beschleunigen können, zeigen, wie eng psychische und immunologische Prozesse miteinander verwoben sind.

Psychoneuroimmunologie Die Psychoneuroimmunologie ist ein Forschungsgebiet, welches sich mit den Wechselwirkungen zwischen Psyche, Nervensystem und Immunsystem beschäftigt. Die Vermittlung dieser Wechselwirkungen erfolgt unter anderem durch sympathische und parasympathische Nerven, die auch die Organe

6.3 Immunsystem: Abwehr von Krankheitserregern

und Gewebe des Immunsystems (Lymphknoten, Milz, Knochenmark, Thymus) innervieren. Außerdem gibt es starke Ähnlichkeiten in den biochemischen Kommunikationswegen. So werden von Gehirn und Immunsystem teilweise dieselben Hormone, Neurotransmitter, Zytokine und deren entsprechende Rezeptorstrukturen genutzt. Das belastungsspezifische Herauf- oder Herunterregulieren des Immunsystems (und des Stoffwechsels) wird als Allostase bezeichnet. Während eines Infekts oder in Zeiten einer akuten (psychischen) Belastungssituation erhöht sich die Aktivität des Immunsystems, es zirkulieren mehr Immunzellen im Blut und es zeigt sich eine stärkere Immunantwort. Während also – wie oben beschrieben wurde – homöostatische Prozesse dafür sorgen, dass ein konstanter Sollwert eingehalten wird, streben allostatische Prozesse danach, einen Sollwert anforderungsspezifisch anzupassen. Eine verstärkte Aktivierung des Stoffwechsels und des Immunsystems ist dabei energieaufwendig und führt im Körper zu erhöhtem Verschleiß, man spricht von allostatischer Last. In diesem Falle kann es sein, dass eine verstärkte Immunantwort auf Dauer nicht mehr adaptiv und sinnvoll wirkt, sondern pathophysiologische Veränderungen nach sich zieht. Entsprechend kann eine dauerhafte Überaktivierung des Immunsystems auf der einen Seite zu chronischen Entzündungen, wie bei den Darmerkrankungen Morbus Crohn und Colitis ulcerosa, bzw. zu Autoimmunerkrankungen, wie z. B. multiple Sklerose, rheumatoide Arthritis oder Diabetes Typ 1, führen. Auf der anderen Seite kann die belastungsbedingte anhaltende Überaktivierung der Immunzellen die Erfüllung ihrer eigentlichen Aufgaben beeinträchtigen und somit zu Infektanfälligkeit und verstärktem Tumorwachstum führen.

Psychische Erkrankungen und Immunsystem Bei psychischen Erkrankungen, wie zum Beispiel Depression und Schizophrenie, sind nicht selten Veränderungen immunologischer Parameter zu beobachten. Solche Zusammenhänge werden im Rahmen der sogenannten Immunopsychiatrie untersucht. So findet sich bei depressiven Patienten häufig ein erhöhter Zytokin-Spiegel (Zytokine sind Eiweiße, die u. a. Entzündungsreaktionen stimulieren). Dabei scheint der Anstieg der Zytokine der depressiven Symptomatik zeitlich vorauszugehen. Auch entwickeln Personen, die auf Medikamente angewiesen sind, welche den Spiegel entzündungsfördernder Zytokine erhöhen (z. B. bei Hepatitis C), mit höherer Wahrscheinlichkeit in der Folgezeit eine Depression (Lee & Giuliani, 2019). Deshalb mutmaßt man mittlerweile, dass es eine wechselseitige Beeinflussung zwischen psychischen Erkrankungen und dem Immunsystem gibt: Depressionen können zum einen als langfristiger Stressfaktor das Immunsystem aus der Balance bringen und dadurch entzündliche Veränderungen zur Folge haben. Aber man findet immer wieder auch Hinweise auf einen Zusammenhang in umgekehrter Richtung und vermutet, dass entzündliche Prozesse einen Risikofaktor für die Entwicklung einer

Depression darstellen könnten. Aus dieser Blickrichtung betrachtet, wäre das stereotypische „Krankheitsverhalten", welches in der Regel depressiven Verhaltensweisen ähnelt (unsere Stimmung ist gedrückt, wir ziehen uns zurück, zeigen apathisches Verhalten und leiden unter Aufmerksamkeitsstörungen), ein Nebenprodukt des Entzündungsgeschehen und der Immunaktivierung (siehe auch Abschn. 4.5).

Ursache-Wirkungs-Beziehungen? Ob diese Zusammenhänge als direkte Ursache-Wirkungs-Beziehung aufzufassen sind, ist noch nicht geklärt. Immerhin gibt es unzählige Faktoren (sozioökonomischer Status, Lebensführung, Übergewicht, Konsum von Alkohol und Tabak, Medikamenteneinnahme, psychischer Stress etc.), die sowohl das Geschehen der depressiven Symptomatik als auch den Immunstatus beeinflussen können. Zum Beispiel kann ein erhöhter Alkoholkonsum unter Umständen die depressive Symptomatik verstärken, aber auch zu Entzündungsgeschehen im Magen-Darm-Trakt führen, ohne dass die daraus resultierende Entzündung unmittelbar und ursächlich etwas mit der Verschlimmerung der Depression zu tun hat. Auch gilt es zu bedenken, dass immunologische Auffälligkeiten zwar bei ganz unterschiedlichen psychischen Erkrankungen (in der Diskussion sind Depression, Schizophrenie, Autismus, Posttraumatische Belastungsstörung, Demenz), oft aber nur bei einem Teil der Erkrankten beobachtet werden (Khandaker et al., 2017). Eine mögliche Erklärung wäre, dass ein relevanter Zusammenhang nur zu spezifischen Symptomen, welche von verschiedenen Erkrankungen geteilt werden, besteht – etwa Antriebslosigkeit oder die Verschlechterung kognitiver Leistungen. Die Komorbidität psychischer Erkrankungen, d. h. die Tatsache, dass eine bestimmte Erkrankung mit höherer Wahrscheinlichkeit mit weiteren Pathopsychologien einhergeht, könnte aber in der Tat darauf hindeuten, dass gemeinsame Risikofaktoren von Bedeutung sind. Unter Umständen handelt es sich bei chronischem Entzündungsgeschehen um einen dieser Risikofaktoren.

6.4 Interaktive Systeme: Darm-Hirn-Achse und Mikrobiom

Darm und Stress Wie bereits oben beschrieben, kommuniziert unser Darmnervensystem auf komplexen Wegen (u. a. durch vegetative Nervenbahnen und endokrine Kommunikation) mit unserem Gehirn. Insofern ist die Darm-Hirn-Achse ein gutes Beispiel dafür, wie die Aufrechterhaltung des inneren Milieus durch psychische Prozesse beeinflusst wird, aber auch umgekehrt, wie eine gestörte Homöostase Auswirkungen auf die Psyche haben kann. In Situationen, die uns in Schock versetzen, kann durch die Aktivierung des Sympathikus und die Ausschüttung von

Stresshormonen die spontane Entleerung von Darm und Blase angeregt und sodann die Verdauungstätigkeit heruntergeguliert werden, damit der Organismus seinen Energieverbrauch zugunsten einer angemessenen Reaktion auf den Schockreiz optimieren kann (die vegetative und hormonelle Kaskade der Stressreaktion wird in Abschn. 6.5 noch näher beschrieben). Bei chronischem Stress allerdings können Sekretion und Beweglichkeit des Darms langfristig außer Balance geraten und so zu Verdauungsbeschwerden führen, die unter Umständen auch ein Reiz-Darm-Syndrom bedingen können. Auf der anderen Seite erfasst das Darmnervensystem über seine sensorischen Nervenzellen, die hauptsächlich auf chemische und mechanische Reize reagieren, den aktuellen Zustand unseres Verdauungsapparates und übermittelt diese Informationen über aufsteigende Verbindungen (hauptsächlich über den Vagus-Nerv) ans Gehirn. So (und auch auf hormonellem Weg) wird signalisiert, ob wir hungrig oder satt sind, oder ob wir Druck oder Schmerz in unserem Verdauungstrakt verspüren. Diese aufsteigenden Bahnen haben eine enge Verbindung zum limbischen System, was verdeutlicht, wie wichtig Geschehnisse im Körper für unser Wohlbefinden und unser emotionales Erleben sind.

Milliarden von Mikroorganismen in unserem Darm beeinflussen unser Immunsystem Auch im Hinblick auf unser Immunsystem spielt der Darm eine zentrale Rolle. Ungefähr 70–80 % aller Zellen, die Antikörper produzieren, befinden sich in der Darmschleimhaut (man spricht vom darmassoziierten Immunsystem). Der Darm-Trakt ist der Ort, an dem das Immunsystem auf die meisten pathogenen Mikroorganismen trifft. Gleichzeitig gibt es aber auch eine Vielzahl an nützlichen Mikroorganismen, die den Körper, insbesondere den Darm, besiedeln. Die Gesamtheit der Mikroben, die einen Organismus bewohnt, wird als Mikrobiom bezeichnet. Es steht in enger funktionaler Wechselbeziehung mit diesem Wirtsorganismus. Das intestinale Mikrobiom besteht dabei hauptsächlich aus anaeroben Bakterien, deren Stoffwechsel unabhängig von molekularem Sauerstoff funktioniert. Man geht von einer Zahl zwischen 10 bis 100 Billionen aus (das entspricht einer Masse von etwa 1–2 kg). Der menschliche Organismus hat sich evolutionär in enger Symbiose mit diesen Mikroorganismen entwickelt, welche unter anderem die Verdauung unterstützen, Vitamine bereitstellen, Pathogene bekämpfen und eben auch die Immunantwort des Organismus modulieren können. Die Anzahl der Bakterienstämme und die genaue Zusammensetzung des Mikrobioms verändert sich im Laufe der Entwicklung von der Geburt bis zum Erwachsenenalter – wobei man bereits in der Besiedlung des Darms von Säuglingen beachtliche Unterschiede finden kann, in Abhängigkeit davon, ob sie auf natürlichem Wege oder per Kaiserschnitt auf die Welt gekommen sind, und ob sie mit Muttermilch oder mit Milchersatz gesäugt wurden. Dies verdeutlicht, wie stark die mikrobielle Besiedlung des Darms von äußeren Faktoren abhängt, wie zum Beispiel der Ernährung, der Einnahme von Medikamenten – im Besonderen von Antibiotika, welche eine gesunde Darmflora vorübergehend beeinträchtigen können –, oder dem Kontakt mit Mikroorganismen der Mutter (Chakaroun & Blüher, 2016). Bis zum Erwachsenenalter stabilisiert sich das Darmmikrobiom in seiner Zusammensetzung aus einer Vielfalt von für die Symbiose relevanten Mikroorganismen. Mikrobiom und Immunsystem sind extrem stark miteinander vernetzt, um die Immunantworten optimal auszutarieren, so dass seltene, pathogene Eindringlinge von Milliarden harmloser und gar nützlicher Mikroben unterschieden werden können.

Anomalien der Zusammensetzung des Mikrobioms Störungen der Homöostase des Mikrobioms (Dysbiose) werden mit einer ganzen Reihe von gastrointestinalen und systemischen Erkrankungen in Zusammenhang gebracht. Hier scheint das sich neu etablierende Forschungsfeld, welches die Interaktionen von Mikrobiom und Gesundheit untersucht, zu bestätigen, was schon Hippokrates im 3. Jahrhundert vor Christus sagte: „Der gesunde Darm ist die Wurzel aller Gesundheit". Auch Hirnfunktionen können durch das Mikrobiom in indirekter Weise beeinflusst werden. Deshalb wird es seit jüngster Zeit als wichtiger Faktor der Darm-Hirn-Achse betrachtet. Wie genau dies funktioniert, ist noch nicht gut erforscht – immerhin gibt es keine Belege dafür, dass direkte Kommunikationswege von Mikroorganismen des Darmes mit dem Gehirn existieren. Dennoch zeigte sich in Tierstudien, dass bei Tieren ohne Mikrobenbesiedlung des Darms zum Beispiel die Entwicklung des Hippocampus und der Amygdala anders verläuft, und dies auch Auswirkungen auf das Lern- und Explorationsverhalten der Tiere hat. Zu welchem Zeitpunkt der Individualentwicklung diese Veränderungen auftreten und über welche Kommunikationswege sie vermittelt werden, ist dabei noch nicht geklärt. Potentiell könnten solche Effekte über den Vagus-Nerv, über eine Immunaktivierung oder über spezifische Moleküle vermittelt werden, die die Darmbakterien produzieren (Luczynski et al., 2016).

Im Folgenden ist an einigen ausgewählten Beispielen kurz dargestellt, was wir zum aktuellen Zeitpunkt über die Rolle des Mikrobioms für Stoffwechselkrankheiten, wie Adipositas, für psychische Erkrankungen, wie Depression und für neurodegenerative Erkrankungen, wie den Morbus Alzheimer wissen.

Adipositas Für die Zivilisationskrankheit Adipositas wurde ein Zusammenhang mit spezifischen Veränderungen des Darmmikrobioms aufgezeigt. Genetische Analysen der Darmflora von fettleibigen Tieren und Menschen zeigten eine Überrepräsentation von Bakterienarten, die mit höherer Effizienz Energie aus der Nahrung gewinnen können. Außerdem können Mikroorganismen des Darms Veränderungen des Glukose- und Lipidstoffwechsels im Wirtsorganismus herbeiführen, das endokrine System beeinflussen oder gar unterschwellige Entzündungsprozesse auslösen. Damit erhöht sich insgesamt die Wahrscheinlichkeit für die Entstehung einer Insulinresistenz, was wiederum einen Risikofaktor für eine Typ-2-Diabetes-mellitus-Erkrankung darstellt. In Tierstudien konnte gezeigt werden, dass es in der Tat einen ursächlichen Zusammenhang zwischen der Zusammensetzung der Darmflora und Adipositas gibt – wird das Mikrobiom adipöser Mäuse auf normalgewichtige Mäuse transferiert, legen die Individuen dieser Versuchsgruppe an Körperfett zu, selbst wenn sie kalorienreduziert ernährt werden. Umgekehrt verlieren adipöse Mäuse an Gewicht, wenn ihnen das Darmmikrobiom schlanker Mäuse transferiert wird (Ridaura et al., 2013). Erste Versuche, diese Erkenntnisse in therapeutische Maßnahmen für Adipositas-Patienten umzusetzen, waren allerdings nicht unmittelbar von Erfolg gekrönt. Wurde den adipösen Patienten das Darmmikrobiom schlanker Menschen transferiert, zeigte sich keine unmittelbare Gewichtsabnahme in Folge der Intervention. Es konnten jedoch Veränderungen verschiedener physiologischer Parameter festgestellt werden, was gegebenenfalls das Krankheitsgeschehen auf längere Sicht positiv beeinflussen könnte (Zhang et al., 2019). Vielversprechend ist die Transplantation des eigenen Mikrobioms nach erfolgreicher Gewichtsabnahme bei Übergewichtigen, da diese der häufig nach Diäten auftretenden erneuten Gewichtszunahme – dem Jojo-Effekt – vorzubeugen scheint (Rinott et al., 2021).

Depression Auch die Depression scheint mit einer veränderten Zusammensetzung des Darmmikrobioms in Verbindung zu stehen. So wird bei depressiven Patienten eine verringerte Artenvielfalt in der Zusammensetzung der Darmflora beobachtet. Tiere, die im Experiment systematisch unter Stress gesetzt werden und infolgedessen depressive Verhaltensweisen entwickeln, zeigen ebenso diese charakteristische Reduktion der Artenvielfalt im Mikrobiom des Darms. Stress führt zur erhöhten Ausschüttung des Hormons Cortisol, welches die Darmbeweglichkeit beeinflusst und somit kausal das Milieu für Mikroorganismen verändern und damit die Zusammensetzung des Mikrobioms verschieben kann (Foster & Neufeld, 2013; Foster et al., 2017). Es gibt allerdings auch Evidenz dafür, dass die Transplantation bestimmter Bakterienstämme in die Darmflora von Tieren zu ängstlichem Verhalten, einer veränderten Erregbarkeit des Darmnervensystems und Veränderungen im Transmitterhaushalt des Gehirns führen kann (Li et al., 2019). Umweltfaktoren, Psyche und Mikrobiom stehen also in einem engen wechselseitigen Zusammenhang.

Alzheimer-Erkrankung Ein Merkmal der Alzheimer-Erkrankung ist die Entstehung sogenannter seniler Plaques. Diese stellen extrazelluläre Ansammlungen des Peptids

Beta-Amyloid dar, welche nicht mehr schnell genug abgebaut werden können und daher in aggregierter Form abgelagert werden. Dies führt zu Funktionseinschränkungen der Nervenzellverbindungen in den betroffenen Gebieten und letztendlich zum Verlust von Nervenzellen. Die senilen Plaques stellen damit einen wichtigen ursächlichen Faktor für die fortschreitenden kognitiven Beeinträchtigungen, die mit der Alzheimer-Erkrankung einhergehen, dar. Neuere Studien konnten am Mausmodell zeigen, dass eine Verschiebung des Gleichgewichts der Darmflora dazu führen kann, dass die Durchlässigkeit der Blut-Hirn-Schranke herabgesetzt wird und so verstärkt periphere Immunzellen ins Gehirn gelangen. Dies kurbelte die Aktivierung der Mikroglia im Gehirn an, was wiederum Neuroinflammation und eine verstärkte Ansammlung von Beta-Amyloid zur Folge hatte (Seo et al., 2019). Wenn zukünftige Forschungen diesen potentiellen Mechanismus neurodegenerativer Entwicklungen bestätigen, bietet sich womöglich auch hier ein therapeutischer Ansatz zur Beeinflussung des Krankheitsgeschehens.

Der Darm als Mediator für Umwelteinflüsse Aus dem Blickwinkel der Debatte „Nature" vs. „Nurture" ist der Darm ein enorm wichtiger Mediator für Umweltfaktoren. Die enge Kommunikation zwischen Darm und Gehirn über vegetative Nervenbahnen und Hormone, sowie unser darmassoziiertes Immunsystem können erklären, warum sich Veränderungen im Darmsystem auch auf die Entwicklung des Gehirns und seine spezifischen Funktionen, wie z. B. die Realisierung von Kognition und Verhalten auswirken können. Prozesse in unserem Darm werden wesentlich durch das Mikrobiom bestimmt, welches durch verschiedene über die Darm-Hirn-Achse neuromodulatorisch wirkende Faktoren (u. a. Ernährung, Stress) potenziell verändert werden kann. Faszinierend ist, dass dabei gerade die Symbiose mit Billionen von Mikroorganismen unsere individuelle Gesundheit und unser Wohlbefinden entscheidend beeinflussen kann.

6.5 Interaktion von Psyche und vegetativem Nervensystem, endokrinem System und Immunsystem: Stress

Stress: Reaktion des Organismus auf eine Belastungssituation Wir sind jetzt fast am Ende des Lehrbuchs angelangt, also an dem Teil, der zuletzt gelesen wird und der damit wahrscheinlich zeitlich der Modulabschlussprüfung am nächsten steht. Stress bietet sich in diesem Zusammenhang als Abschlussthema an. Am Beispiel des Themas Stress soll auch noch einmal die starke Vernetzung der verschiedenen Kommunikationssysteme (Zentrales und Peripheres Nervensystem, Vegetatives

Nervensystem, Endokrines System, Immunsystem), der verschiedenen Organsysteme (Gehirn, Blut-Kreislauf-System, Nebenniere, lymphatische Organe) und der verschiedenen Betrachtungsebenen (biologisch, psychologisch) deutlich gemacht werden. Was ist eigentlich Stress? Stress wird üblicherweise zirkulär definiert als Reaktion eines Individuums auf einen Stressor, also einen Reiz, der die Stressreaktion auslöst. Ein Stressor kann sowohl ein äußeres Ereignis (z. B. Lärm, Feind, Gift) als auch ein inneres Ereignis (z. B. Befürchtung, Überforderung) sein. Zudem kann ein und derselbe Reiz für eine Person als Stressor wirken (z. B., weil diese ihm eine entsprechende Bedeutung zuweist oder sie keine Ressourcen für den Umgang mit diesem mobilisieren kann), für eine andere Person hingegen nicht. Die Stressreaktion ist auf psychischer und physischer Ebene beschreibbar. Evolutionär gesehen dient sie dem adäquaten Umgang mit dem Stressor und besteht beispielsweise in der Flucht aus einer Gefahrensituation. In diesem Sinne kann Stress durchaus etwas Positives sein. Häufig wird mit Stress jedoch auch gemeint, dass die durch den Stressor bedingte Belastungssituation nicht unmittelbar aufgelöst werden kann (z. B. Hunger, Verlust eines nahestehenden Menschen). Auch hier kommt es zu entsprechenden Anpassungsreaktionen des Organismus. Stress hat dann eher eine negative Konnotation, obwohl die damit einhergehende Reaktion biologisch zweckdienlich sein kann. Unabhängig davon, ob die Stressreaktion aus einem bestimmten Betrachtungswinkel als positiv oder negativ bewertet wird, treten kurz- und/oder langfristig Veränderungen auf physischer und psychischer Ebene auf. Diese können wiederum Auswirkungen auf andere physische und psychische Variablen haben. Außerdem können sie sich verselbstständigen und auch bei Wegfall des Stressors weiter bestehen.

Stress als Abweichung vom optimalen vegetativen Niveau Der bekannte Stressforscher Hans Selye (1907–1982) hat Stress als Abweichung von einer vegetativen Normallage beschrieben. Nach seiner Theorie wird durch Stressoren der Organismus in ein Ungleichgewicht zugunsten des sympathischen Systems gebracht und während der Erholungsphasen, in denen keine Stressoren auftreten, wieder in die vegetative Normallage versetzt. Treten die Stressoren allerdings zu stark oder zu häufig auf oder dauern zu lange an, kann das optimale Gleichgewicht zwischen sympathischem und parasympathischem Nervensystem nicht wiederhergestellt werden. Da Stressoren unterschiedlichster Natur sein können (Verletzungen, Blutverlust, Temperaturschwankungen, Immobilisierung, soziale Stressoren etc.), die Stressreaktion selbst aber unspezifisch abläuft und immer aus den gleichen Komponenten besteht, führte Selye den Begriff der *generalisierten Stressreaktion* ein. Mittlerweile wissen wir jedoch, dass die Stressreaktion durchaus auch stressor-spezifische

Anteile haben kann und dass unterschiedliche Individuen auf denselben Stressor verschieden reagieren können.

Das schnelle Stresssystem läuft über das sympathische Nervensystem Derzeit geht man davon aus, dass die Stressreaktion durch zwei Systeme realisiert wird (siehe Abb. 6.1). Das eine System besteht tatsächlich (wie von Selye vermutet) aus einer Aktivierung des sympathischen Nervensystems, die in Sekundenschnelle erfolgen kann. Es läuft über die sympathico-adreno-medulläre Achse, also über das sympathische Nervensystem und das Nebennierenmark („adreno" bedeutet die Nebenniere betreffend und „medulla" ist lateinisch für Mark). Dabei werden die Katecholamine Adrenalin und Noradrenalin ausgeschüttet und zwar sowohl als Neurotransmitter im Nervensystem als auch als Hormone im endokrinen System. Noradrenerge Neurone – also Nervenzellen, die Noradrenalin als Neurotransmitter verwenden – innervieren unter anderem den Frontalkortex und die Amygdalae. Der Organismus wird dadurch sehr schnell in einen Zustand erhöhter körperlicher (z. B. Erhöhung des Herzschlags und der Blutzuckerkonzentration, Schwitzen) und psychischer (z. B. Angst, Aggression) Leistungsbereitschaft versetzt. Der Physiologe Walter Cannon (1871- 1945) hat dafür den Begriff „fight-or-flight"-Antwort geprägt.

Das langsame Stresssystem läuft über die Hypothalamus-Hypophysen-Nebennierenrindenachse Das andere, langsamer auf den Stressor reagierende System stellt die Hypothalamus-Hypophysen-Nebennierenrindenachse (HHNA) dar, dessen Aktivierung letztlich zur Ausschüttung von Cortisol und anderen Glucocorticoiden führt. Dabei wird das Maximum der Cortisol-Freisetzung ca. 15–20 min nach Auftreten des Stressors erreicht. Wie der Name HHNA (englisch HPA für „hypothalamic–pituitary–adrenal axis") schon sagt, wird hier über den Hypothalamus, die Hypophyse und die Nebennierenrinde eine Kaskade von Stoffen freigesetzt. Der Hypothalamus sezerniert das sogenannte Corticotropin-Releasing-Hormon (CRH, auch CRF für „corticotropin-releasing factor"). Dies wiederum bewirkt in der Hypophyse die Ausschüttung des adrenocorticotropen Hormons (ACTH), welches wiederum in der Nebennierenrinde zur Ausschüttung von Glucocorticoiden führt. Glucocorticoide haben diverse Wirkungen auf das Herz-Kreislauf-System, das Nervensystem, den Stoffwechsel sowie auf das Immunsystem. Ihr Name leitet sich von den Effekten auf den Zuckerstoffwechsel, nämlich die Umwandlung von Aminosäuren in Glukose, ab. Dieser in der Leber ablaufende Prozess wird Gluconeogenese genannt und führt zu einem Anstieg des Blutzuckerspiegels und folglich zu einer Steigerung der körperlichen und geistigen Leistungsbereitschaft. Rezeptoren für Glucocorticoide sind allerdings in zahlreichen weiteren Organen anzutreffen, so zum Beispiel im Gehirn, in Fettzellen, in der Magenschleimhaut,

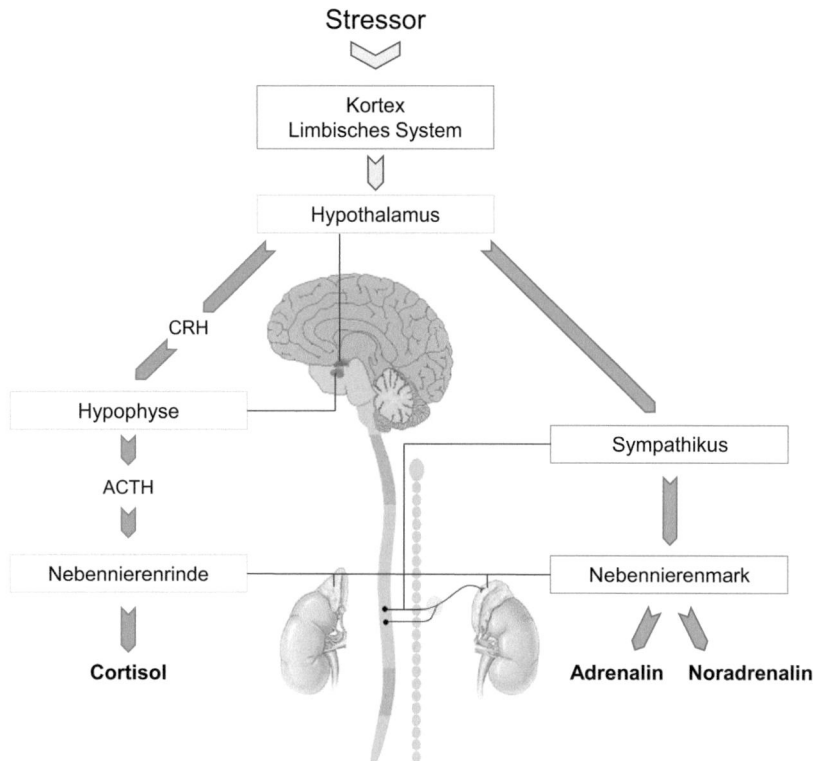

Abb. 6.1 Das schnelle (rechts, blaue Pfeile) und das langsame (links, orangefarbene Pfeile) Stresssystem. Das schnelle Stresssystem läuft über das sympathische Nervensystem (die sympathico-adreno-medulläre Achse), das langsame Stresssystem über die Hypothalamus-Hypophysen-Nebennierenrinden-Achse. Als psychophysiologische Marker gelten Alpha-Amylase und Cortisol. Beide Systeme involvieren das Nervensystem und das Hormonsystem, beide umfassen mehrere Organe (u. a. Gehirn, Niere, Blut; genaue Erläuterung im Text; Abbildung von Sabine Grimm, Universität Leipzig)

in der glatten Muskulatur und in Teilen des Immunsystems. Im Gehirn modulieren Glucocorticoide Emotionen wie Angst und beeinflussen Gedächtnis- und Lernprozesse. Bei länger anhaltender übermäßiger Ausschüttung dieser Stoffe können so chronische Angstzustände und depressive Verstimmtheit auftreten oder auch

Gedächtnisfunktionen in Mitleidenschaft gezogen werden. Neurone des Hippocampus können durch einen anhaltend hohen Glucocorticoidspiegel zerstört werden. In Bezug auf das Herz und die Blutgefäße verstärken Glucocorticoide die Wirkung von Adrenalin und Noradrenalin, d. h. sie unterstützen deren steigernde Wirkung auf Herzrate und Blutdruck. Im Magen verändern Glucocorticoide die Resistenz der Schleimhaut gegen Magensäure. Über komplexe Mechanismen gesteuert wirken Glucocorticoide auf das Immunsystem im Allgemeinen entzündungshemmend, die Immunreaktionen unterdrückend und antiallergisch, d. h. immunsupprimierend. Neuere Befunde zeigen allerdings auch, dass sie in Bezug auf das angeborene Immunsystem mitunter eine aktivierende Wirkung haben können. Aufgrund dieser zahlreichen Wirkungen der Glucocorticoide kann chronischer Stress eine Rolle bei der Entstehung bzw. Aufrechterhaltung von Bluthochdruck, Magengeschwüren, Erkrankungen der Herzkranzgefäße und einer Suppression der Immunreaktion spielen. Zudem reguliert das Glucocorticoid Cortisol im Rahmen eines negativen Feedback-Mechanismus seine eigene Ausschüttung, unter anderem durch Hemmung der Freisetzung von CRH im Hypothalamus und ACTH in der Hypophyse. Dies ist ein wichtiger Regulationsmechanismus, der ein Entgleisen der Aktivierung der HHN-Achse im Falle eines anhaltenden Stressors verhindern soll.

Antizipation von Umweltveränderungen kann Stresssysteme aktivieren Nicht nur die tatsächliche Exposition mit einem Stressor, sondern allein schon die Antizipation einer Gefahr oder Bedrohung kann ausreichen, um die beiden Stresssysteme – die sympathico-adreno-medulläre Achse und die Hypothalamus-Hypophysen-Nebennierenrindenachse – zu aktivieren. Deren Homöostase ist auch stark vom Tag-Nacht-Rhythmus bzw. den daran angelehnten internen Zeitgebern beeinflusst. Unter normalen Bedingungen wird zum Beispiel Cortisol nach einem charakteristischen zirkadianen Muster ausgeschüttet – mit hohen Konzentrationen kurz vor bzw. nach dem Aufwachen, gefolgt von einem stetigen Abfall bis zum Minimum während des Schlafens. In dieser Rhythmik spiegeln sich die Antizipation von Veränderungen in der Umwelt und die daran gekoppelten Aktivitätsphasen des Organismus wider, um unter evolutionären Gesichtspunkten eine optimale Fitness während der Tag-und-Nacht-Phasen zu gewährleisten. Das zirkadiane Muster der Cortisol-Freisetzung wird hauptsächlich von Hypothalamuskernen reguliert, genauer durch Projektionen vom auf Helligkeitsveränderungen reagierenden Nucleus suprachiasmaticus auf den Nucleus paraventricularis, der u. a. die Freisetzung des Corticotropin-Releasing-Hormons während der inaktiven Phase hemmt.

Die Marker des schnellen und des langsamen Stresssystems In Kap. 2 über die Methoden der Biopsychologie haben wir bereits erfahren, dass mittels Speichelproben der Cortisolspiegel bestimmt werden kann. In der biopsychologischen Forschung wird Cortisol als Marker für die stressbedingte Aktivierung der HHN-Achse verwendet. Nach neueren Erkenntnissen kann auch die stressbedingte Aktivierung des sympathischen Nervensystems über Speichelproben ermittelt werden. Das Enzym alpha-Amylase wird in den Speicheldrüsen produziert und dient eigentlich den ersten Schritten in der Verdauung von Kohlenhydraten. Da es aber auch sehr sensitiv auf sozialen Stress reagiert, eignet sich die Messung der Konzentration von alpha-Amylase zur Bestimmung der Aktivität des sympathischen Stresssystems (Rohleder et al., 2006). Sowohl die Cortisol- als auch die alpha-Amylase-Proben können recht unkompliziert gewonnen werden. Deshalb sind diese Methoden nicht nur für Laborexperimente, sondern auch für Felduntersuchungen geeignet.

Kurzfristige Auswirkungen von Stress Akuter Stress kann die Aktivitäten des Präfrontalkortex reduzieren und somit dessen vielfältige Funktionen beeinträchtigen. Beispielsweise können exekutive Funktionen gestört und das Arbeitsgedächtnis sowie der Abruf von Informationen aus dem episodischen Gedächtnis beeinträchtigt sein. Zu den typischerweise durch Stress ausgelösten Emotionen gehören Angst (die bis zur Erstarrung führen kann) und Aggression.

Langfristige Auswirkungen von Stress Bei sehr großer oder lange anhaltender Stressbelastung können sich langfristig psychische Folgen einstellen. Dazu gehören unter anderem eine negative emotionale Befindlichkeit (z. B. Angst, Hoffnungslosigkeit) und kognitive Beeinträchtigungen (z. B. Gedächtnisprobleme). Die Psychologen Martin Seligman und Steven Maier haben in den sechziger Jahren des 20. Jahrhunderts die Theorie der erlernten Hilflosigkeit entwickelt, die Stress und Depression miteinander in Beziehung setzt. Danach kann die längerfristige Erfahrung, Stressoren nicht ausweichen zu können, zum Erlernen von Hilflosigkeit führen. Die Unfähigkeit, sich der Belastung zu entziehen, wird dann auf Situationen übertragen, die man eigentlich bewältigen könnte. Als Folge, so die Theorie, kann sich eine Depression entwickeln.

Erlernte Hilflosigkeit kann Stressbewältigung verhindern Das Phänomen der erlernten Hilflosigkeit zeigten Seligman und Maier u. a. in einem einflussreichen Experiment auf, in welchem Hunden ein leichter Schmerzreiz in Form eines Elektroschocks an der Hinterpfote zugefügt wurde. Dabei bekam eine Gruppe von Hunden die Möglichkeit durch Berühren eines Hebels mit der Schnauze den Schmerzreiz zu beenden. Eine zweite Gruppe von Hunden erhielt Schmerzreize von gleicher Dauer und Intensität wie die erste Gruppe, hatte jedoch nicht die Möglichkeit, den Reiz durch eigenes Handeln zu verkürzen. Eine dritte Gruppe (die Kontrollgruppe) erhielt keine Schmerzreize. In der eigentlichen Versuchsbedingung des Experiments wurde nun eine sogenannte Shuttle-Box verwendet, die aus zwei Kompartimenten bestand, welche durch ein Hindernis voneinander abgetrennt waren. Befand sich der Hund im ersten Kompartiment, erhielt er zu einem zufälligen Zeitpunkt über ein Gitter am Boden der Box einen Elektroschock, konnte aber durch einen Sprung über das Hindernis ins andere Kompartiment gelangen und so dem Schmerzreiz entkommen. 90 % der Tiere aus der Kontrollgruppe und aus der Gruppe, die den Elektroschock im ersten Teil des Experiments aktiv beenden konnten, erlernten dieses Fluchtverhalten. In der Gruppe, die zuvor keinen Einfluss auf den Schmerzreiz nehmen konnte, wurde das Fluchtverhalten nur von einem Drittel der Tiere erlernt. Die Autoren schlussfolgerten, dass die passive und ängstliche Haltung, mit der der Schmerzreiz ertragen wurde, im ersten Teil des Experiments gelernt und auf die neue Belastungssituation im zweiten Teil des Experiments übertragen wurde (Seligman & Maier, 1967). Nach 50 Jahren und unzähligen weiteren Studien zur erlernten Hilflosigkeit korrigierten die Autoren diese Interpretation. Aktuell gehen sie nicht mehr von einem aktiven Lernen des passiven Verhaltens aus, sondern eher davon, dass Passivität und eine erhöhte Ängstlichkeit standardmäßige Reaktionen sind, die Säugetiere zeigen, wenn sie über längere Zeit immer wieder negativen Ereignissen ausgesetzt sind. Was dagegen aktiv gelernt werden kann, ist die Erfahrung, dass negative Ereignisse durch eigenes Handeln kontrollierbar sein können, und die Erwartung, dass dies auch in der Zukunft so sein wird. (Maier & Seligman, 2016). Interessanterweise scheint dieser Aspekt der erlernten Kontrollierbarkeit relativ losgelöst von der Aktivierung der HHN-Achse zu sein, sondern vielmehr auf die Funktion eines Netzwerks zurückzuführen sein, welches sich evolutionär später und weitestgehend unabhängig entwickelt hat.

Stress und posttraumatische Belastungsstörung In extremen Fällen kann es auch zu einer posttraumatischen Belastungsstörung (PTBS) kommen. Traumatische Erlebnisse, die zu einer PTBS führen können, sind beispielsweise Gewalterfahrungen, die zu Todesangst und Schock geführt haben. Die Betroffenen erleben die negativen Erfahrungen in Gedanken immer wieder („flashbacks"). Häufig treten als zusätzliche Symptome Teilnahmslosigkeit, Depression, erhöhte Angst vor traumabezogenen Reizen, vegetative Übererregung und Suchtverhalten auf. PTBS-Patienten weisen ein verringertes Volumen des Hippocampus auf. Dies könnte zum einen dadurch erklärt werden, dass Personen mit kleinerem Hippocampus ein größeres Risiko aufweisen könnten, eine PTBS zu entwickeln. Wie wir aber bereits ausgeführt haben, können zum anderen erhöhte Cortisolkonzentrationen zum Verlust von Neuronen im Hippocampus führen. Da bei Stress über die HHN-Achse verstärkt Cortisol freigesetzt wird, könnten die Gedächtnissymptome bei PTBS also ein Resultat der durch den Stress bedingten Volumenreduktion des Hippocampus darstellen. In diesem Zusammenhang ist interessant, dass bei PTBS-Patienten die Fähigkeit zur Extinktion von Furcht, also die Auslöschung einer erlernten Verbindung zwischen einem Reiz und Furcht, beeinträchtigt ist. Inzwischen wurden erfolgreiche Kurzzeitintervention zur Reduktion der Stress-Symptome von PTBS-Patienten entwickelt (Elbert et al., 2015).

Wie vermeiden Sie Stress vor der Modulprüfung? Man kann den Stress reduzieren, indem man sich langfristig auf die Prüfung vorbereitet (Abb. 6.2). Die inhaltliche Beschäftigung mit den Themen der Biopsychologie sollte dazu führen, dass man sich in dem Fach besser auskennt. Dies wiederum sollte das Interesse für die Themengebiete erhöhen und somit zu vermehrtem Studium biopsychologischer Themen führen. Wenn man sich im Stoff sicher fühlt, reduziert das die Angst vor der Prüfung. Strategisch ist es auch nützlich, wenn man die Prüfungssituationen möglichst realitätsnah simuliert. Bei mündlichen Prüfungen sollte man in Kleingruppen Prüfer-Prüflings-Situationen durchspielen. Bei schriftlichen Klausuren sollte man sich über den Typus der Prüfungsfragen (z. B. multiple-choice, offene Fragen) informieren und sich gegenseitig Klausuren erstellen und diese bearbeiten. Wenn Sie so vorgehen, sollte die Klausur kein Problem darstellen. Übrigens: Ein wenig Stress kann auch leistungsförderlich sein. Warum? Unter anderem führt Stress zu einer unspezifischen Aktivierung, die den Organismus in erhöhte Leistungsbereitschaft versetzt. Stress kann auch dazu führen, dass man die Bedeutung der situativen Anforderung (d. h. des Bestehens der Prüfung) erkennt und dadurch seine Prioritäten entsprechend setzt.

Überblicksliteratur

- Cooper, C., & Quick, J. C. (2017). *The handbook of stress and health: A guide to research and practice.* John Wiley & Sons.
- Ehlert, U., & von Känel, R. (2010). *Psychoendokrinologie und Psychoimmunologie.* Springer.
- Haller, D. (2018). *The gut microbiome in health and disease.* Springer.
- Jänig, W. (2007). Vegetatives Nervensystem. In R. F. Schmidt, F. Lang, & M. Heckmann (Eds.), *Physiologie des Menschen* (pp. 439–473). Springer.
- Kusnecov, A. W., & Anisman, H. (2013). *The Wiley-Blackwell handbook of psychoneuroimmunology.* John Wiley & Sons.

> **Klausur Biologische Psychologie**
>
> - Frage 13) Beschreiben Sie die Wirkkaskaden der sympathico-adreno-medullären Achse und der Hypothalamus-Hypophysen-Nebennierenrinden-Achse bei der Stressreaktion!

Starkes Stressempfinden führt zur massiven Ausschüttung der Hormone Adrenalin und Cortisol und bewirkt damit Einschränkungen der kognitiven Leistungsfähigkeit.

Werden Situationen als bewältigbar eingeschätzt, pendeln sich Adrenalin- und Cortisolkonzentration auf mittlerem Niveau ein. Das Leistungvermögen kann dann optimal abgerufen werden.

Abb. 6.2 Eine typische Prüfungssituation und zwei Möglichkeiten, damit umzugehen. Der links abgebildete Student bewertet die Prüfungssituation als bedrohlich und überaktiviert dadurch seine Stresssysteme. Die rechts abgebildete Studentin erlebt dagegen die gleiche Situation als positive Herausforderung (Abbildung von Dagmar Müller, Universität Leipzig)

- Schedlowski, M., & Tewes, U. (1996). *Psychoneuroimmunologie.* Spektrum.
- Teixeira, A. L., & Bauer, M. E. (2019). *Immunopsychiatry: A clinician's introduction to the immune basis of mental disorders.* Oxford University Press.
- Tetro, J., & Allen-Vercoe, E. (2016). *The human microbiome handbook.* DEStech Publications, Inc.

Literatur

Altman, J., & Das, G. D. (1965). Post-natal origin of microneurones in the rat brain. *Nature, 207*(5000), 953–956. https://doi.org/10.1038/207953a0.

Angell, J. R. (1903). The relation of structural and functional psychology to philosophy. *Philosophical Review, 12*(3), 243–271.

Angell, J. R. (1907). The province of functional psychology. *Psychological Review, 14*(2), 61.

Bartus, R. T., Dean, R. L., 3rd., Beer, B., & Lippa, A. S. (1982). The cholinergic hypothesis of geriatric memory dysfunction. *Science, 217*(4558), 408–414. https://doi.org/10.1126/science.7046051.

Bauder, H., Taub, E., & Miltner, W. (2001). *Behandlung motorischer Störungen nach Schlaganfall: Die Taubsche Bewegungsindukationstherapie*. Hogrefe, Verlag für Psychologie.

Bendor, J. T., Logan, T. P., & Edwards, R. H. (2013). The function of alpha-synuclein. *Neuron, 79*(6), 1044–1066. https://doi.org/10.1016/j.neuron.2013.09.004.

Benedek, M., & Kaernbach, C. (2010). A continuous measure of phasic electrodermal activity. *Journal of Neuroscience Methods, 190*(1), 80–91. https://doi.org/10.1016/j.jneumeth.2010.04.028.

Benjamin, J., Li, L., Patterson, C., Greenberg, B. D., Murphy, D. L., & Hamer, D. H. (1996). Population and familial association between the D4 dopamine receptor gene and measures of Novelty Seeking. *Nature Genetics, 12*(1), 81–84. https://doi.org/10.1038/ng0196-81.

Berger, H. (1929). Über das Elektroenkephalogramm des Menschen. *Archiv für Psychiatrie und Nervenkrankheiten, 87*(1), 527–570.

Birbaumer, N. (2006). Breaking the silence: Brain-computer interfaces (BCI) for communication and motor control. *Psychophysiology, 43*(6), 517–532. https://doi.org/10.1111/j.1469-8986.2006.00456.x.

Borbély, A. A. (1982). A two process model of sleep regulation. *Human Neurobiology, 1*(3), 195–204. https://www.ncbi.nlm.nih.gov/pubmed/7185792.

Brauer, J., Anwander, A., & Friederici, A. D. (2011). Neuroanatomical prerequisites for language functions in the maturing brain. *Cerebral Cortex, 21*(2), 459–466. https://doi.org/10.1093/cercor/bhq108.

Buss, D. M., & Schmitt, D. P. (2019). Mate preferences and their behavioral manifestations. *Annual Review of Psychology, 70*, 77–110. https://doi.org/10.1146/annurev-psych-010418-103408.

Carlice-Dos-Reis, T., Viana, J., Moreira, F. C., Cardoso, G. L., Guerreiro, J., Santos, S., & Ribeiro-Dos-Santos, A. (2017). Investigation of mutations in the HBB gene using the 1,000 genomes database. *PLoS ONE, 12*(4), e0174637. https://doi.org/10.1371/journal.pone.0174637.

Chakaroun, R., & Blüher, M. (2016). Mikrobiom. *Adipositas und Energiestoffwechsel. Der Diabetologe, 12*(6), 401–408.

Chen, T. W., Wardill, T. J., Sun, Y., Pulver, S. R., Renninger, S. L., Baohan, A., Schreiter, E. R., Kerr, R. A., Orger, M. B., Jayaraman, V., Looger, L. L., Svoboda, K., & Kim, D. S. (2013). Ultrasensitive fluorescent proteins for imaging neuronal activity. *Nature, 499*(7458), 295–300. https://doi.org/10.1038/nature12354.

Chen, Y. H., Saby, J., Kuschner, E., Gaetz, W., Edgar, J. C., & Roberts, T. P. L. (2019). Magnetoencephalography and the infant brain. *NeuroImage, 189*, 445–458. https://doi.org/10.1016/j.neuroimage.2019.01.059.

Closser, M., Guo, Y., Wang, P., Patel, T., Jang, S., Hammelman, J., De Nooij, J. C., Kopunova, R., Mazzoni, E. O., Ruan, Y., Gifford, D. K., & Wichterle, H. (2022). An expansion of the non-coding genome and its regulatory potential underlies vertebrate neuronal diversity. *Neuron, 110*(1), 70–85 e76. https://doi.org/10.1016/j.neuron.2021.10.014.

Combe, G. (1847). *Constitution of man considered in relation to external objects*. Silas Andrus & Son.

Coppen, A. (1967). The biochemistry of affective disorders. *British Journal of Psychiatry, 113*(504), 1237–1264. https://doi.org/10.1192/bjp.113.504.1237.

Corkin, S. (2013). *Permanent present tense: The man with no memory, and what he taught the world*. Penguin Books.

Cowen, P. J., & Browning, M. (2015). What has serotonin to do with depression? *World Psychiatry, 14*(2), 158–160. https://doi.org/10.1002/wps.20229.

Dantzer, R., O'Connor, J. C., Freund, G. G., Johnson, R. W., & Kelley, K. W. (2008). From inflammation to sickness and depression: When the immune system subjugates the brain. *Nature Reviews Neuroscience, 9*(1), 46–56. https://doi.org/10.1038/nrn2297.

Darwin, C. R. (1859). *On the origin of species by means of natural selection, or the preservation of favoured races in the struggle for life*. John Murray.

Davies, P., & Maloney, A. J. (1976). Selective loss of central cholinergic neurons in Alzheimer's disease. *Lancet, 2*(8000), 1403. https://doi.org/10.1016/s0140-6736(76)91936-x.

Declerck, C. H., Boone, C., Pauwels, L., Vogt, B., & Fehr, E. (2020). A registered replication study on oxytocin and trust. *Nature Human Behaviour, 4*(6), 646–655. https://doi.org/10.1038/s41562-020-0878-x.

Dias, B. G., & Ressler, K. J. (2014). Parental olfactory experience influences behavior and neural structure in subsequent generations. *Nature Neuroscience, 17*(1), 89–96. https://doi.org/10.1038/nn.3594.

Diekelmann, S., & Born, J. (2010). The memory function of sleep. *Nature Reviews Neuroscience, 11*(2), 114–126. https://doi.org/10.1038/nrn2762.

Dimberg, U. (1982). Facial reactions to facial expressions. *Psychophysiology, 19*(6), 643–647. https://doi.org/10.1111/j.1469-8986.1982.tb02516.x.

Dimigen, O., Sommer, W., Hohlfeld, A., Jacobs, A. M., & Kliegl, R. (2011). Coregistration of eye movements and EEG in natural reading: Analyses and review. *Journal of Experimental Psychology: General, 140*(4), 552–572. https://doi.org/10.1037/a0023885.

Drevets, W. C., Frank, E., Price, J. C., Kupfer, D. J., Holt, D., Greer, P. J., Huang, Y., Gautier, C., & Mathis, C. (1999). PET imaging of serotonin 1A receptor binding in depression. *Biological Psychiatry, 46*(10), 1375–1387. https://doi.org/10.1016/s0006-3223(99)001 89-4.

Dröscher, A. (1998). Camillo Golgi and the discovery of the Golgi apparatus. *Histochemistry and Cell Biology, 109*(5–6), 425–430. https://doi.org/10.1007/s004180050245.

Ebstein, R. P., Novick, O., Umansky, R., Priel, B., Osher, Y., Blaine, D., Bennett, E. R., Nemanov, L., Katz, M., & Belmaker, R. H. (1996). Dopamine D4 receptor (D4DR) exon III polymorphism associated with the human personality trait of Novelty Seeking. *Nature Genetics, 12*(1), 78–80. https://doi.org/10.1038/ng0196-78.

Eckoldt, M. (2016). *Eine kurze Geschichte von Gehirn und Geist: Woher wir wissen, wie wir fühlen und denken*. Pantheon-Verlag.

Eisch, A. J., Cameron, H. A., Encinas, J. M., Meltzer, L. A., Ming, G. L., & Overstreet-Wadiche, L. S. (2008). Adult neurogenesis, mental health, and mental illness: Hope or hype? *Journal of Neuroscience, 28*(46), 11785–11791. https://doi.org/10.1523/JNEURO SCI.3798-08.2008.

Einhäuser, W. (2017). The pupil as marker of cognitive processes. In Q. Zhao (Hrsg.), *Computational and Cognitive Neuroscience of Vision* (S. 141–169). Springer.

Elbert, T., Schauer, M., & Neuner, F. (2015). Narrative exposure therapy (NET): Reorganizing memories of traumatic stress, fear, and violence. In U. Schnyder & M. Cloitre (Hrsg.), *Evidence based treatments for trauma-related psychological disorders* (S. 229–253). Springer.

Engbert, R., Nuthmann, A., Richter, E. M., & Kliegl, R. (2005). SWIFT: A dynamical model of saccade generation during reading. *Psychological Review, 112*(4), 777–813. https://doi.org/10.1037/0033-295X.112.4.777.

Fahrenberg, J. (2018). *Wilhelm Wundt (1832–1920). Einführung, Zitate, Kommentare, Rezeption, Rekonstruktionsversuche*. Pabst Science Publishers.

Foster, J. A., & Neufeld, K.-A.M. (2013). Gut–brain axis: How the microbiome influences anxiety and depression. *Trends in Neurosciences, 36*(5), 305–312. https://doi.org/10.1016/j.tins.2013.01.005.

Foster, J. A., Rinaman, L., & Cryan, J. F. (2017). Stress & the gut-brain axis: Regulation by the microbiome. *Neurobiol Stress, 7*, 124–136. https://doi.org/10.1016/j.ynstr.2017.03.001.

Friederici, A. D. (2017a). Evolution of the neural language network. *Psychonomic Bulletin & Review, 24*(1), 41–47. https://doi.org/10.3758/s13423-016-1090-x.

Friederici, A. D. (2017b). *Language in our brain: The origins of a uniquely human capacity*. MIT Press.

Friederici, A. D., Chomsky, N., Berwick, R. C., Moro, A., & Bolhuis, J. J. (2017). Language, mind and brain. *Nature Human Behaviour, 1*(10), 713–722. https://doi.org/10.1038/s41 562-017-0184-4.

Gais, S., & Born, J. (2004). Low acetylcholine during slow-wave sleep is critical for declarative memory consolidation. *Proceedings of the National Academy of Sciences, 101*(7), 2140–2144. https://doi.org/10.1073/pnas.0305404101.

Gamer, M., & Vossel, G. (2009). Psychophysiologische Aussagebeurteilung: Aktueller Stand und neuere Entwicklungen. *Zeitschrift für Neuropsychologie, 20*(3), 207–218. https://doi.org/10.1024/1016-264X.20.3.207.

Gaul, C., Jordan, B., Wustmann, T., & Preuss, U. W. (2007). Klüver-Bucy-Syndrom beim Menschen. *Der Nervenarzt, 78*(7), 821–824.

Gauthier, I., Skudlarski, P., Gore, J. C., & Anderson, A. W. (2000). Expertise for cars and birds recruits brain areas involved in face recognition. *Nature Neuroscience, 3*(2), 191–197. https://doi.org/10.1038/72140.

Giphart, R., & van Vugt, M. (2018). *Mismatch: How our stone age brain deceives us every day and what we can do about it.* Robinson.

Goldman-Rakic, P. S. (1995). Cellular basis of working memory. *Neuron, 14*(3), 477–485. https://doi.org/10.1016/0896-6273(95)90304-6.

Gratton, G., & Fabiani, M. (1998). Dynamic brain imaging: Event-related optical signal (EROS) measures of the time course and localization of cognitive-related activity. *Psychonomic Bulletin & Review, 5*(4), 535–563. https://doi.org/10.3758/BF03208834.

Gray, H. (1918). *Anatomy of the human body* (8. Aufl.). Lea & Febiger.

Haeckel, E. (1866). *Generelle Morphologie. I: Allgemeine Anatomie der Organismen.* Georg Reimer.

Hamm, A. O., Cuthbert, B. N., Globisch, J., & Vaitl, D. (1997). Fear and the startle reflex: Blink modulation and autonomic response patterns in animal and mutilation fearful subjects. *Psychophysiology, 34*(1), 97–107. https://doi.org/10.1111/j.1469-8986.1997.tb02420.x.

Hatt, H., & Dee, R. (2010). *Niemand riecht so gut wie du: Die geheimen Botschaften der Düfte.* Piper-Verlag.

Hayward, G., Goodwin, G. M., Cowen, P. J., & Harmer, C. J. (2005). Low-dose tryptophan depletion in recovered depressed patients induces changes in cognitive processing without depressive symptoms. *Biological Psychiatry, 57*(5), 517–524. https://doi.org/10.1016/j.biopsych.2004.11.016.

He, Y., Martin, N., Zhu, G., & Liu, Y. (2018). Candidate genes for novelty-seeking: A meta-analysis of association studies of DRD4 exon III and COMT Val158Met. *Psychiatric Genetics, 28*(6), 97–109. https://doi.org/10.1097/YPG.0000000000000209.

Hickok, G. (2014). *The myth of mirror neurons: The real neuroscience of communication and cognition.* Norton.

Hillyard, S. A., Hink, R. F., Schwent, V. L., & Picton, T. W. (1973). Electrical signs of selective attention in the human brain. *Science, 182*(4108), 177–180. https://doi.org/10.1126/science.182.4108.177.

Hines, M. (2010). Sex-related variation in human behavior and the brain. *Trends in Cognitive Sciences, 14*(10), 448–456. https://doi.org/10.1016/j.tics.2010.07.005.

Hines, M. (2020). Neuroscience and Sex/Gender: Looking Back and Forward. *Journal of Neuroscience, 40*(1), 37–43. https://doi.org/10.1523/JNEUROSCI.0750-19.2019.

Huotilainen, M., Kujala, A., Hotakainen, M., Parkkonen, L., Taulu, S., Simola, J., Nenonen, J., Karjalainen, M., & Näätänen, R. (2005). Short-term memory functions of the human fetus recorded with magnetoencephalography. *NeuroReport, 16*(1), 81–84. https://doi.org/10.1097/00001756-200501190-00019.

Hyde, J. S. (2014). Gender similarities and differences. *Annual Review of Psychology, 65*, 373–398. https://doi.org/10.1146/annurev-psych-010213-115057.

Insel, T. R., & Shapiro, L. E. (1992). Oxytocin receptor distribution reflects social organization in monogamous and polygamous voles. *Proceedings of the National Academy of*

Sciences of the United States of America, 89(13), 5981–5985. https://doi.org/10.1073/pnas.89.13.5981.

Jacobsen, T., Schubotz, R. I., Höfel, L., & Cramon, D. Y. (2006). Brain correlates of aesthetic judgment of beauty. *NeuroImage, 29*(1), 276–285. https://doi.org/10.1016/j.neuroimage.2005.07.010.

Jinek, M., Chylinski, K., Fonfara, I., Hauer, M., Doudna, J. A., & Charpentier, E. (2012). A programmable dual-RNA-guided DNA endonuclease in adaptive bacterial immunity. *Science, 337*(6096), 816–821. https://doi.org/10.1126/science.1225829.

Kaufer, D., Friedman, A., Seidman, S., & Soreq, H. (1998). Acute stress facilitates longlasting changes in cholinergic gene expression. *Nature, 393*(6683), 373–377. https://doi.org/10.1038/30741.

Kemp, A. H., Quintana, D. S., Gray, M. A., Felmingham, K. L., Brown, K., & Gatt, J. M. (2010). Impact of depression and antidepressant treatment on heart rate variability: A review and meta-analysis. *Biological Psychiatry, 67*(11), 1067–1074. https://doi.org/10.1016/j.biopsych.2009.12.012.

Khandaker, G. M., Dantzer, R., & Jones, P. B. (2017). Immunopsychiatry: Important facts. *Psychological Medicine, 47*(13), 2229–2237. https://doi.org/10.1017/S0033291717000745.

Kirschbaum, C., Pirke, K. M., & Hellhammer, D. H. (1993). The „Trier Social Stress Test" – a tool for investigating psychobiological stress responses in a laboratory setting. *Neuropsychobiology, 28*(1–2), 76–81. https://doi.org/10.1159/000119004.

Klimesch, W. (2012). Alpha-band oscillations, attention, and controlled access to stored information. *Trends in Cognitive Sciences, 16*(12), 606–617. https://doi.org/10.1016/j.tics.2012.10.007.

Koelsch, S., Vuust, P., & Friston, K. (2019). Predictive processes and the peculiar case of music. *Trends in Cognitive Sciences, 23*(1), 63–77. https://doi.org/10.1016/j.tics.2018.10.006.

Kosfeld, M., Heinrichs, M., Zak, P. J., Fischbacher, U., & Fehr, E. (2005). Oxytocin increases trust in humans. *Nature, 435*(7042), 673–676. https://doi.org/10.1038/nature03701.

Kuner, R., & Flor, H. (2016). Structural plasticity and reorganisation in chronic pain. *Nature Reviews Neuroscience, 18*(1), 20–30. https://doi.org/10.1038/nrn.2016.162.

Lander, H.-J. (2003). Ebbinghaus war nicht der Erste. Ein Vorläufer Herrmann Ebbinghaus namens Francis E. Nipher (1847–1926). In B. Krause (Hrsg.), *Wissenschaftliche Veranstaltung Band 2. Mess- und Veränderungsmodelle in der Evaluationsforschung – Probleme und Anwendungen* (S. 209–299). Zentrum für empirische Evaluationsforschung e. V.

Lang, P. J., Bradley, M. M., & Cuthbert, B. N. (1997). International affective picture system (IAPS): Technical manual and affective ratings. *NIMH Center for the Study of Emotion and Attention, 1*(39–58), 3.

Lautenbacher, S., Güntürkün, O., & Hausmann, M. (2007). *Gehirn und Geschlecht*. Springer.

LeDoux, J. E. (1996). *The emotional brain: The mysterious underpinnings of emotional life*. Simon & Schuster.

Lee, C. H., & Giuliani, F. (2019). The role of inflammation in depression and fatigue. *Frontiers in Immunology, 10*, 1696. https://doi.org/10.3389/fimmu.2019.01696.

Levine, J. (1983). Materialism and qualia: The explanatory gap. *Pacific Philosophical Quarterly, 64*(4), 354–361. https://doi.org/10.1111/j.1468-0114.1983.tb00207.x

Ley, R. E. (2010). Obesity and the human microbiome. *Current Opinion in Gastroenterology, 26*(1), 5–11. https://doi.org/10.1097/MOG.0b013e328333d751.

Li, N., Wang, Q., Wang, Y., Sun, A., Lin, Y., Jin, Y., & Li, X. (2019). Fecal microbiota transplantation from chronic unpredictable mild stress mice donors affects anxiety-like and depression-like behavior in recipient mice via the gut microbiota-inflammation-brain axis. *Stress, 22*(5), 592–602. https://doi.org/10.1080/10253890.2019.1617267.

Ligeti, G., & Neuweiler, G. (2007). *Motorische Intelligenz: Zwischen Musik und Naturwissenschaft*. Wagenbach.

Lin, D., Boyle, M. P., Dollar, P., Lee, H., Lein, E. S., Perona, P., & Anderson, D. J. (2011). Functional identification of an aggression locus in the mouse hypothalamus. *Nature, 470*(7333), 221–226. https://doi.org/10.1038/nature09736.

Lindsay, P. H., & Norman, D. A. (1972). *Human information processing: An introduction to psychology*. Academic Press.

Loewi, O., & Navratil, E. (1926). Über humorale Übertragbarkeit der Herznervenwirkung. *Pflüger's Archiv für die gesamte Physiologie des Menschen und der Tiere, 214*(1), 678–688.

Lokhorst, G. C. (1996). The first theory about hemispheric specialization: Fresh light on an old codex. *Journal of the History of Medicine and Allied Sciences, 51*(3), 293–312. https://doi.org/10.1093/jhmas/51.3.293

Luczynski, P., Whelan, S. O., O'Sullivan, C., Clarke, G., Shanahan, F., Dinan, T. G., & Cryan, J. F. (2016). Adult microbiota-deficient mice have distinct dendritic morphological changes: Differential effects in the amygdala and hippocampus. *European Journal of Neuroscience, 44*(9), 2654–2666. https://doi.org/10.1111/ejn.13291.

Lykken, D. T. (1959). The GSR in the detection of guilt. *Journal of Applied Psychology, 43*(6), 385.

Maguire, E. A., Frackowiak, R. S., & Frith, C. D. (1997). Recalling routes around london: Activation of the right hippocampus in taxi drivers. *Journal of Neuroscience, 17*(18), 7103–7110. https://www.ncbi.nlm.nih.gov/pubmed/9278544.

Maguire, E. A., Gadian, D. G., Johnsrude, I. S., Good, C. D., Ashburner, J., Frackowiak, R. S., & Frith, C. D. (2000). Navigation-related structural change in the hippocampi of taxi drivers. *Proceedings of the National Academy of Sciences of the United States of America, 97*(8), 4398–4403. https://doi.org/10.1073/pnas.070039597.

Maier, S. F., & Seligman, M. E. (2016). Learned helplessness at fifty: Insights from neuroscience. *Psychological Review, 123*(4), 349. https://doi.org/10.1037/rev0000033.

Malenka, R. C., & Nicoll, R. A. (1999). Long-term potentiation–a decade of progress? *Science, 285*(5435), 1870–1874. https://doi.org/10.1126/science.285.5435.1870.

Marshall, L., Mölle, M., Hallschmid, M., & Born, J. (2004). Transcranial direct current stimulation during sleep improves declarative memory. *Journal of Neuroscience, 24*(44), 9985–9992. https://doi.org/10.1523/JNEUROSCI.2725-04.2004.

Mathias, S. R., & von Kriegstein, K. (2019). Voice processing and voice-identity recognition. In K. Siedenburg, C. Saitis, S. McAdams, A. N. Popper, & R. R. Fay (Hrsg.), *Timbre: Acoustics, Perception, and Cognition* (S. 175–209). Springer.

Melnick, M. D., Tadin, D., & Huxlin, K. R. (2016). Relearning to see in cortical blindness. *The Neuroscientist, 22*(2), 199–212. https://doi.org/10.1177/1073858415621035.

Miller, A. H., & Raison, C. L. (2016). The role of inflammation in depression: From evolutionary imperative to modern treatment target. *Nature Reviews Immunology, 16*(1), 22–34. https://doi.org/10.1038/nri.2015.5.

Miller, H. L., Delgado, P. L., Salomon, R. M., Licinio, J., Barr, L. C., & Charney, D. S. (1992). Acute tryptophan depletion: A method of studying antidepressant action. *Journal of Clinical Psychiatry, 53*(Suppl), 28–35. https://www.ncbi.nlm.nih.gov/pubmed/1429482.

Morgan, H. D., Sutherland, H. G., Martin, D. I., & Whitelaw, E. (1999). Epigenetic inheritance at the agouti locus in the mouse. *Nature Genetics, 23*(3), 314–318. https://doi.org/10.1038/15490.

Müller, M. M., Picton, T. W., Valdes-Sosa, P., Riera, J., Teder-Sälejärvi, W. A., & Hillyard, S. A. (1998). Effects of spatial selective attention on the steady-state visual evoked potential in the 20–28 Hz range. *Brain Research. Cognitive Brain Research, 6*(4), 249–261. https://doi.org/10.1016/s0926-6410(97)00036-0.

Näätänen, R., Paavilainen, P., Rinne, T., & Alho, K. (2007). The mismatch negativity (MMN) in basic research of central auditory processing: A review. *Clinical Neurophysiology, 118*(12), 2544–2590. https://doi.org/10.1016/j.clinph.2007.04.026.

Nave, G., Camerer, C., & McCullough, M. (2015). Does oxytocin increase trust in humans? A critical review of research. *Perspectives on Psychological Science, 10*(6), 772–789. https://doi.org/10.1177/1745691615600138.

Nestoriuc, Y., & Martin, A. (2007). Efficacy of biofeedback for migraine: A meta-analysis. *Pain, 128*(1–2), 111–127. https://doi.org/10.1016/j.pain.2006.09.007.

Noesselt, T., Tyll, S., Boehler, C. N., Budinger, E., Heinze, H. J., & Driver, J. (2010). Sound-induced enhancement of low-intensity vision: Multisensory influences on human sensory-specific cortices and thalamic bodies relate to perceptual enhancement of visual detection sensitivity. *Journal of Neuroscience, 30*(41), 13609–13623. https://doi.org/10.1523/JNEUROSCI.4524-09.2010.

Nottebohm, F. (1981). A brain for all seasons: Cyclical anatomical changes in song control nuclei of the canary brain. *Science, 214*(4527), 1368–1370. https://doi.org/10.1126/science.7313697.

Open Science Collaboration. (2015). Estimating the reproducibility of psychological science. *Science, 349*(6251). https://doi.org/10.1126/science.aac4716.

Pauen, M. (2017). Die weitverbreitete Vorstellung, eine angemessene Beschreibung phänomenalen Bewusstseins könne nur aus der Erste-Person-Perspektive gelingen, ist falsch. In M. Eckoldt (Hrsg.), *Kann sich das Bewusstsein bewusst sein?* Carl-Auer Verlag.

Popper, K. R., & Eccles, J. (1982). *Das Ich und sein Gehirn.* Piper Verlag.

Prinz, W. (2004). Kritik des freien Willens. *Psychologische Rundschau, 55*(4), 198–206.

Prinz, W. (2012). *Open minds: The social making of agency and intentionality.* MIT Press.

Raison, C. L., & Miller, A. H. (2013). Malaise, melancholia and madness: The evolutionary legacy of an inflammatory bias. *Brain, Behaviour and Immunity, 31*, 1–8. https://doi.org/10.1016/j.bbi.2013.04.009.

Ramón y Cajal, S. (1904). *Textura del Sistema Nervioso del Hombre y de los Vertebrados.* Imprenta y Librería de Nicolás Moya

Rasch, B., Gais, S., & Born, J. (2009). Impaired off-line consolidation of motor memories after combined blockade of cholinergic receptors during REM sleep-rich sleep. *Neuropsychopharmacology, 34*(7), 1843–1853. https://doi.org/10.1038/npp.2009.6.

Rauschecker, J. P. (2018). Where, When, and How: Are they all sensorimotor? Towards a unified view of the dorsal pathway in vision and audition. *Cortex, 98*, 262–268. https://doi.org/10.1016/j.cortex.2017.10.020.

Ridaura, V. K., Faith, J. J., Rey, F. E., Cheng, J., Duncan, A. E., Kau, A. L., Griffin, N. W., Lombard, V., Henrissat, B., Bain, J. R., Muehlbauer, M. J., Ilkayeva, O., Semenkovich, C. F., Funai, K., Hayashi, D. K., Lyle, B. J., Martini, M. C., Ursell, L. K., Clemente, J. C., ... Gordon, J. I. (2013). Gut microbiota from twins discordant for obesity modulate metabolism in mice. *Science, 341*(6150), 1241214. https://doi.org/10.1126/science.1241214.

Rinott, E., Youngster, I., Yaskolka Meir, A., Tsaban, G., Zelicha, H., Kaplan, A., Knights, D., Tuohy, K., Fava, F., Scholz, M. U., Ziv, O., Reuven, E., Tirosh, A., Rudich, A., Bluher, M., Stumvoll, M., Ceglarek, U., Clement, K., Koren, O., Wang, D. D., Hu, F. B., Stampfer, M. J., & Shai, I. (2021). Effects of diet-modulated autologous fecal microbiota transplantation on weight regain. *Gastroenterology, 160*(1), 158–173 e110. https://doi.org/10.1053/j.gastro.2020.08.041.

Roberts, A. C., & Glanzman, D. L. (2003). Learning in Aplysia: Looking at synaptic plasticity from both sides. *Trends in Neurosciences, 26*(12), 662–670. https://doi.org/10.1016/j.tins.2003.09.014.

Rohleder, N., Wolf, J. M., Maldonado, E. F., & Kirschbaum, C. (2006). The psychosocial stress-induced increase in salivary alpha-amylase is independent of saliva flow rate. *Psychophysiology, 43*(6), 645–652. https://doi.org/10.1111/j.1469-8986.2006.00457.x.

Ruhe, H. G., Mason, N. S., & Schene, A. H. (2007). Mood is indirectly related to serotonin, norepinephrine and dopamine levels in humans: A meta-analysis of monoamine depletion studies. *Molecular Psychiatry, 12*(4), 331–359. https://doi.org/10.1038/sj.mp.4001949.

Russell, G., & Lightman, S. (2019). The human stress response. *Nature Reviews Endocrinology, 15*(9), 525–534. https://doi.org/10.1038/s41574-019-0228-0.

Sapolsky, R. M. (1998). The stress of Gulf War syndrome. *Nature, 393*(6683), 308–309. https://doi.org/10.1038/30606.

Saucier, D., & Cain, D. P. (1995). Spatial learning without NMDA receptor-dependent long-term potentiation. *Nature, 378*(6553), 186–189. https://doi.org/10.1038/378186a0.

Schachinger, H., Hegar, K., Hermanns, N., Straumann, M., Keller, U., Fehm-Wolfsdorf, G., Berger, W., & Cox, D. (2005). Randomized controlled clinical trial of Blood Glucose Awareness Training (BGAT III) in Switzerland and Germany. *Journal of Behavioral Medicine, 28*(6), 587–594. https://doi.org/10.1007/s10865-005-9026-3.

Schulte, J., & Littleton, J. T. (2011). The biological function of the Huntingtin protein and its relevance to Huntington's Disease pathology. *Current Trends in Neurology, 5*, 65–78. https://www.ncbi.nlm.nih.gov/pubmed/22180703.

Schupp, H. T., Cuthbert, B. N., Bradley, M. M., Birbaumer, N., & Lang, P. J. (1997). Probe P3 and blinks: Two measures of affective startle modulation. *Psychophysiology, 34*(1), 1–6. https://doi.org/10.1111/j.1469-8986.1997.tb02409.x.

Sehm, B., & Obrig, H. (2017). Transkranielle Gleichstromstimulation zur Unterstützung der Sprachtherapie – wissenschaftliche Evidenz und klinische Perspektiven. In K. Bilda, J. Mühlhaus, & U. Ritterfeld (Hrsg.), *Neue Technologien in der Sprachtherapie*. Thieme Verlag.

Seligman, M. E., & Maier, S. F. (1967). Failure to escape traumatic shock. *Journal of Experimental Psychology, 74*(1), 1–9. https://doi.org/10.1037/h0024514.

Seo, D. O., Boros, B. D., & Holtzman, D. M. (2019). The microbiome: A target for Alzheimer disease? *Cell Research, 29*(10), 779–780. https://doi.org/10.1038/s41422-019-0227-7.

Shuai, Y., Lu, B., Hu, Y., Wang, L., Sun, K., & Zhong, Y. (2010). Forgetting is regulated through Rac activity in Drosophila. *Cell, 140*(4), 579–589. https://doi.org/10.1016/j.cell.2009.12.044.

Sniekers, S., Stringer, S., Watanabe, K., Jansen, P. R., Coleman, J. R. I., Krapohl, E., Taskesen, E., Hammerschlag, A. R., Okbay, A., Zabaneh, D., Amin, N., Breen, G., Cesarini, D., Chabris, C. F., Iacono, W. G., Ikram, M. A., Johannesson, M., Koellinger, P., Lee, J. J., ... Posthuma, D. (2017). Genome-wide association meta-analysis of 78,308 individuals identifies new loci and genes influencing human intelligence. *Nature Genetics, 49*(7), 1107–1112. https://doi.org/10.1038/ng.3869.

Soreq, H., & Seidman, S. (2001). Acetylcholinesterase-new roles for an old actor. *Nature Reviews Neuroscience, 2*(4), 294–302. https://doi.org/10.1038/35067589.

Stein, B. E., & Meredith, M. A. (1993). *The merging of the senses*. MIT Press.

Stigler, S. M. (1978). Some forgotten work on memory. *Journal of Experimental Psychology: Human Learning and Memory, 4*(1), 1–4.

Stockhorst, U. (2003). *Klassische Konditionierung bei der Gabe von Pharmaka: Experimentelle Grundlagenstudien und klinische Anwendung*. Pabst Science Publishers.

Stoodley, C. J., & Stein, J. F. (2013). Cerebellar function in developmental dyslexia. *Cerebellum, 12*(2), 267–276. https://doi.org/10.1007/s12311-012-0407-1.

Takeuchi, T., Duszkiewicz, A. J., Sonneborn, A., Spooner, P. A., Yamasaki, M., Watanabe, M., Smith, C. C., Fernandez, G., Deisseroth, K., Greene, R. W., & Morris, R. G. (2016). Locus coeruleus and dopaminergic consolidation of everyday memory. *Nature, 537*(7620), 357–362. https://doi.org/10.1038/nature19325.

Taylor, E. (1990). William James on Darwin: An evolutionary theory of consciousness. *Annals of the New York Academy of Sciences, 602*(1), 7–34. https://doi.org/10.1111/j.1749-6632.1990.tb22726.x.

Thompson, R. F., & Steinmetz, J. E. (2009). The role of the cerebellum in classical conditioning of discrete behavioral responses. *Neuroscience, 162*(3), 732–755. https://doi.org/10.1016/j.neuroscience.2009.01.041.

Tomasello, M. (2020). *Mensch werden: Eine Theorie der Ontogenese*. Suhrkamp Verlag.

Tomasello, M., & Call, J. (1997). *Primate cognition*. Oxford University Press.

Tsien, J. Z. (2000). Linking Hebb's coincidence-detection to memory formation. *Current Opinion in Neurobiology, 10*(2), 266–273. https://doi.org/10.1016/s0959-4388(00)00070-2.

Tsien, J. Z., Huerta, P. T., & Tonegawa, S. (1996). The essential role of hippocampal CA1 NMDA receptor-dependent synaptic plasticity in spatial memory. *Cell, 87*(7), 1327–1338. https://doi.org/10.1016/s0092-8674(00)81827-9.

Tulving, E., & Markowitsch, H. J. (1997). Memory beyond the hippocampus. *Current Opinion in Neurobiology, 7*(2), 209–216. https://doi.org/10.1016/s0959-4388(97)80009-8.

Volkow, N. D., Michaelides, M., & Baler, R. (2019). The neuroscience of drug reward and addiction. *Physiological Reviews, 99*(4), 2115–2140. https://doi.org/10.1152/physrev.00014.2018.

von Bartheld, C. S., Bahney, J., & Herculano-Houzel, S. (2016). The search for true numbers of neurons and glial cells in the human brain: A review of 150 years of cell counting. *Journal of Comparative Neurology, 524*(18), 3865–3895. https://doi.org/10.1002/cne.24040.

Waterland, R. A., & Jirtle, R. L. (2003). Transposable elements: Targets for early nutritional effects on epigenetic gene regulation. *Molecular and Cellular Biology, 23*(15), 5293–5300. https://doi.org/10.1128/MCB.23.15.5293-5300.2003.

Weaver, A. H. (2005). Reciprocal evolution of the cerebellum and neocortex in fossil humans. *Proceedings of the National Academy of Sciences of the United States of America, 102*(10), 3576–3580. https://doi.org/10.1073/pnas.0500692102.

Weaver, I. C., Cervoni, N., Champagne, F. A., D'Alessio, A. C., Sharma, S., Seckl, J. R., Dymov, S., Szyf, M., & Meaney, M. J. (2004). Epigenetic programming by maternal behavior. *Nature Neuroscience, 7*(8), 847–854. https://doi.org/10.1038/nn1276.

Weike, A. I., Bauer, U., & Hamm, A. O. (2000). Effective neuroleptic medication removes prepulse inhibition deficits in schizophrenia patients. *Biological Psychiatry, 47*(1), 61–70. https://doi.org/10.1016/s0006-3223(99)00229-2.

Weisberg, D. S., Keil, F. C., Goodstein, J., Rawson, E., & Gray, J. R. (2008). The seductive allure of neuroscience explanations. *Journal of Cognitive Neuroscience, 20*(3), 470–477. https://doi.org/10.1162/jocn.2008.20040.

Wernicke, C. (1874). *Der aphasische Symptomencomplex: Eine psychologische Studie auf anatomischer Basis*. Cohn & Weigert.

Wetzel, N., Buttelmann, D., Schieler, A., & Widmann, A. (2016). Infant and adult pupil dilation in response to unexpected sounds. *Developmental Psychobiology, 58*(3), 382–392. https://doi.org/10.1002/dev.21377.

Willyard, C. (2018). New human gene tally reignites debate. *Nature, 558*(7710), 354–355. https://doi.org/10.1038/d41586-018-05462-w.

Wundt, W. (1863). *Vorlesungen über die Menschen- und Thierseele* (1. Aufl.). Voss.

Wundt, W. (1928). *Völkerpsychologie, Eine Untersuchung der Entwicklungsgesetze von Sprache, Mythus und Sitte. Siebenter Band. Die Gesellschaft. Erster Teil. Zweite (unveränderte) Auflage*. Leipzig.

Xie, L., Kang, H., Xu, Q., Chen, M. J., Liao, Y., Thiyagarajan, M., O'Donnell, J., Christensen, D. J., Nicholson, C., Iliff, J. J., Takano, T., Deane, R., & Nedergaard, M. (2013). Sleep drives metabolite clearance from the adult brain. *Science, 342*(6156), 373–377. https://doi.org/10.1126/science.1241224.

Yehuda, R., Cai, G., Golier, J. A., Sarapas, C., Galea, S., Ising, M., Rein, T., Schmeidler, J., Muller-Myhsok, B., Holsboer, F., & Buxbaum, J. D. (2009). Gene expression patterns associated with posttraumatic stress disorder following exposure to the World Trade Center attacks. *Biological Psychiatry, 66*(7), 708–711. https://doi.org/10.1016/j.biopsych.2009.02.034.

Young, L. J., Lim, M. M., Gingrich, B., & Insel, T. R. (2001). Cellular mechanisms of social attachment. *Hormones and Behavior, 40*(2), 133–138. https://doi.org/10.1006/hbeh.2001.1691.

Zhang, Z., Mocanu, V., Cai, C., Dang, J., Slater, L., Deehan, E. C., Walter, J., & Madsen, K. L. (2019). Impact of Fecal Microbiota Transplantation on Obesity and Metabolic Syndrome-A Systematic Review. *Nutrients, 11*(10). https://doi.org/10.3390/nu11102291.

Züst, M. A., Ruch, S., Wiest, R., & Henke, K. (2019). Implicit vocabulary learning during sleep is bound to slow-wave peaks. *Current Biology, 29*(4), 541–553 e547. https://doi.org/10.1016/j.cub.2018.12.038.

Sach- und Personenverzeichnis

A
Adipositas, 166
Affekt-Inkontinenz, 105
Aggression, 35, 94, 154, 170, 173
Agoraphobie, 7
Agrammatismus, 71
Akinese, 83, 122
Ali, Muhammad, 83
Alkoholismus, 85
Alzheimer-Erkrankung, 126, 134, 167
Amnesie, 85, 91, 92
Amusie, 100
Analgesie, 82
Angell, James R., 7
Angst, 7, 42, 149, 161, 170, 171, 173–175
Aphasie
　motorische, 71
　sensorische, 72
Arbeitsgedächtnis, 23, 91, 92, 105, 106, 173
Ataxie, 81
Aufmerksamkeit, 18, 32, 36, 37, 40, 42, 47, 53, 54, 57, 84, 93, 100, 104, 109, 112, 124, 126
Aufmerksamkeitsdefizit-Hyperaktivitätsstörung, 122
Autismus, 161, 164

B
Belastungsstörung
　posttraumatische, 174
Belohnung, 105, 123, 143
Belohnungssystem, 86
Berger, Hans, 47
Berkeley, George, 28
Bewegungssteuerung, 121, 122, 158
Bindung, 34, 160, 161
Biofeedback, 27, 41, 63, 158
Bluthochdruck, 158, 172
Borbély, Alexander, 51
Broca-Aphasie, 71
Broca, Pierre P., 71
Brodmann, Korbinian, 95
Bucy, Paul, 93

C
Cannon, Walter, 170
Carlsson, Arvid, 122, 130
Chorea Huntington, 89, 139
Combe, George, 69
Corkin, Suzanne, 92

D
Darwin, Charles R., 6
Dax, Marc, 71
Depression, 42, 120, 121, 163, 164, 166, 167, 173, 174
Descartes, René, 28
Dyslexie, 55, 80

E
Ebbinghaus, Hermann, 72
Eccles, Sir John, 29
Emotion, 10, 18, 39, 41, 53, 54, 57, 85, 87, 94, 102, 104, 171, 173
Emotionsregulation, 105
Empathie, 21, 103
Epilepsie, 47, 92, 101
Evolution, 6, 76, 77, 103, 145
exekutive Funktion, 104

F
Fechner, Gustav T., 46
Feuerbach, Ludwig A., 28
Flourens, Marie J. P., 68
Fodor, Jerry A., 8
Friederici, Angela D., 10, 13, 55, 73
Frontalhirnsyndrom, 70
Furcht, 7, 175
Furchtkonditionierung, 94, 148

G
Gage, Phineas, 70, 105
Gall, Franz J., 68
Gedächtnis, 1, 6, 7, 10, 18, 25, 27, 32, 52, 53, 58, 68, 85, 87, 90–92, 94, 99, 101, 104, 109, 126, 130, 134, 162, 171, 173
  deklaratives, 52, 63, 91, 92, 101
  prozedurales, 52, 91
  räumliches, 25
  sensorisches, 55
Geschlecht, 9, 149–151, 155
Geschlechtsentwicklung, 87, 149, 151, 155
Geschlechtsidentität, 149
Geschlechtsunterschied, 137, 149, 154
Geschwind, Norman, 72
Gesichtererkennung, 101
Goldman-Rakic, Patricia, 105
Golgi, Camillo, 33
Greengard, Paul, 130

Größenwahrnehmung, 19
Guthrie, Woodrow W., 90

H
Habituation, 54, 130, 131
Haeckel, Ernst, 77
Hebb, Donald O., 131
Hemiballismus, 89
Hoffnungslosigkeit, 173
Hubel, David H., 96
Huntington, George, 90

I
Imitation, 103, 155
Impulskontrolle, 105
Intelligenz, 32, 80, 92, 103, 127, 143, 144
Interozeption, 158

J
James, William, 7

K
Kaernbach, Christian, 46
Kandel, Eric R., 130
Klüver, Heinrich, 93
Kognition
  soziale, 13
Konditionierung, 32, 80, 148, 162
kooperatives Verhalten, 13
Korsakoff, Sergei, 85
Korsakoff-Syndrom, 85
Kuhn, Roland, 119
Kurzzeitgedächtnis, 92

L
Langzeitgedächtnis, 92, 101
Lashley, Karl, 69
LeDoux, Joseph, 94

Leibniz, Gottfried W. J., 28
Leib-Seele-Problem, 26, 28, 29
Lernen, 25, 52, 54, 79, 80, 117, 123, 129, 130, 133–135, 137, 143, 174
 kulturelles, 13
Loewi, Otto, 124
Lorenz, Konrad, 130

M
Mach, Ernst, 129
Maguire, Eleanor, 25, 90
Maier, Steven F., 173
Milner, Brenda, 92
Molaison, Henry G., 92
Monogamie, 9
Moser, Edvard, 91
Moser, May-Britt, 91
Motivation, 18, 37, 53, 104, 122
Motorik, 14, 18, 68, 79, 81, 82, 84, 85, 87, 121, 158
Musikpsychologie, 57

N
Neugier, 27
Neuweiler, Gerhard, 103
Nipher, Francis, 72
Nystagmus, 81

O
O'Keefe, John, 91
Ontogenese, 13, 77
Orientierung
 räumliche, 90

P
Parese, 102
Parkinson-Erkrankung, 76, 83, 89, 122, 123, 141
Penfield, Wilder, 101
Perseveration, 104

Phrenologie, 68, 69
Phylogenese, 76, 77
Plastizität, 70, 99, 103, 117, 129, 135
Plegie, 102
posttraumatische Belastungsstörung, 174
Prinz, Wolfgang, 28
Prosopagnosie, 101

R
Ramón y Cajal, Santiago, 33
Rigor, 83, 122
Rindenblindheit, 98, 159
Rothman, James, 118

S
Schekman, Randy, 118
Schizophrenie, 40, 122, 123, 163, 164
Schlaf, 49–52, 84
Schlafdeprivation, 50
Schlafstadien, 49, 52
Schlaf-Wach-Rhythmus, 23, 86, 119
Schlaganfall, 70, 71, 75
Schmerz, 20, 21, 79, 82, 84, 85, 99, 119, 131, 165
Schmerzhemmung, 82
Schreckreaktion, 40
Seligman, Martin E. P., 173
Selye, Hans, 169
soziale Kognition, 13
Sprache, 6, 9, 14, 16, 18, 32, 53, 57, 60, 71, 72, 74, 80, 103, 127
Sprachproduktion, 63, 71–73, 103
Sprachverstehen, 1, 71
Stress, 17, 27, 32, 50, 120, 126, 135, 162, 164, 167–169, 172–175
Suchtverhalten, 134, 174
Südhoff, Thomas, 118

T
Thatcher, Margaret, 51
Tinbergen, Nikolaas, 130
Titchener, Edward B., 7

Tomasello, Michael, 10
Tremor, 122

V
van Vugt, Mark, 9
Verflachung
  emotionale, 105
  motivationale, 105
Verhalten
  kooperatives, 13
Vertrauen, 161
Victoria, Königin, 140
von Aquin, Thomas, 31

von Frisch, Karl, 130
von Kos, Hippokrates, 67, 166
von Pergamon, Galenos, 67

W
Wahrnehmung, 18, 32, 53, 58, 68, 81, 84, 94, 98, 127, 129, 158, 159
Wernicke-Aphasie, 100
Wernicke, Carl, 72
Wiesel, Torsten N., 96
Wille, freier, 27
Wundt, Wilhelm M., 4, 8, 22, 44, 46

MIX
Papier aus verantwortungsvollen Quellen
Paper from responsible sources
FSC® C105338

If you have any concerns about our products,
you can contact us on
ProductSafety@springernature.com

In case Publisher is established outside the EU,
the EU authorized representative is:
Springer Nature Customer Service Center GmbH
Europaplatz 3, 69115 Heidelberg, Germany

Printed by Libri Plureos GmbH
in Hamburg, Germany